明清卷·人物

中国历史知识小丛书

和珅

《其人》

ZHONGGUO LISHI ZHISHI
XIAO CONGSHU | 冯佐哲◎著

以史为骨，以实为肌，以事为络
名家著作，还历史原貌

中国社会科学出版社

图书在版编目（CIP）数据

和珅其人/冯佐哲著.—北京：中国社会科学出版社

2014.1修订重印

（中国历史知识小丛书）

ISBN 978-7-5004-6899-8

Ⅰ.和… Ⅱ.①冯… Ⅲ.和珅（1750～1799）—生平事迹

Ⅳ.K827＝49

中国版本图书馆CIP数据核字（2008）第056483号

出 版 人	赵剑英
责任编辑	丁玉灵
责任校对	刘 智
责任印制	王 超

出版发行	中国社会科学出版社
社 址	北京鼓楼西大街甲158号（邮编 100720）
网 址	http://www.csspw.cn
	中文域名：中国社科网 010-64070619
发 行 部	010-84083685
门 市 部	010-84029450
经 销	新华书店及其他书店

印刷装订	北京市兆成印刷有限责任公司
版 次	2013年4月第2版
印 次	2014年1月第3次印刷

开 本	710×1000 1 / 16
印 张	15.25
插 页	2
字 数	238千字
定 价	29.00元

前言

　　"和珅"这个名字，近年来由于涉及他的影视、戏剧作品颇多，各种有关他的著述、讲座也层出不穷。因此，可以说他已经是一位家喻户晓、妇孺皆知的炙手可热的人物，并成为今天人们日常生活中经常谈论的话题之一。但是，在当今的舞台上、书籍中，同一个"和珅"其实形象却不同，评价有别，真可谓"一人千面"，形形色色，"白脸"、"红脸"脸谱各异；而且对于他的一生，特别是他在清朝乾隆统治时期政治舞台上，活跃的二十多年中的所作所为，人们更是"仁者见仁，智者见智"，众说纷纭，褒贬各异，莫衷一是；也就是说，对于他一生的"是非功过"的评价，尚需认真地探讨和深入研究，并最后做出一个恰当、公允的评价。

　　有关历史的影视、戏剧（包括"戏说剧"与"正剧"）、小说，乃至不伦不类的所谓"历史读物"，本应该是在尊重基本历史事实的框架下，在不违背历史理性与不违背社会常识的基础上，进行艺术加工、升华，进而可以适当的虚构、夸张，成为凝聚着导演和作者无数心血和智慧，蕴含着他们对历史的思考与独到的见解，进行加工和再创造的结晶。而不应该是随意理解，任意炒作，甚至刻意歪曲、篡改、捏造，为了达到某种目的（说到底大多数是为了追求经济利益），结果制造出了一批不负责任地歪曲事实，胡编滥造，东抄西拼，全无体例章法，胡打乱闹，以讹传讹，漏洞百出，招摇过市的伪劣、短命的"产品"。

　　历史上真实的和珅，决不是像《宰相刘罗锅》、《铁齿铜牙纪晓岚》、《梦断紫禁城》、《和珅全传》、《和珅秘传》、《和珅成败论》……其中所描绘的那样完全是一副权谋奸诈的形象，是个只知贪污腐败，龌龊、无能，令人作呕与讨厌的丑类。历史上的和珅其人，不光是个"蠹国肥家，结党营私，贪赃枉法，祸国殃民"的大贪官，同时他"不但不是一个不学无术的人，而且他还是一个年轻有为的大能人"（参见著名清史专家王钟翰先生为《和珅评传》所写的序言）。这就是说，他除了有"贪赃枉法，祸国殃民"一面外，他还是一位长相俊秀、精明强干、机敏聪慧、博学多才，爱好广泛，幽默诙谐，善于理财，长于内务……并且还是一位不错的外交家和处理少数民族事务的能手，因此深得乾隆皇帝青睐、信赖、依靠，成为皇帝"倚以为重"、须臾不能离开的左膀右臂。

话说回来，在中国封建社会中，在众多的文武百官中，"清官"、"勇将"确实是有，但那只是少数，可以说是"凤毛麟角"，而"文官爱财，武官怕死"，那才是大多数。所谓"三年清知府，十万雪花银"，这才是当时的普遍现象和真实写照。因此在那个时代，贪官比比皆是，多如牛毛。中国历史上的贪官数不胜数，特别是受到国君、皇帝青睐的政府大员们（当然也包括掌权的太监），更是如此。例如，秦朝的赵高，汉朝的主父偃，魏晋南北朝时期的嬖臣和士开，唐朝的崔湜、元载，五代十国时期的赵在礼，宋朝的王黼、朱勔、蔡京、秦桧，明朝的严嵩、刘瑾、魏忠贤，以至连万历年间的"改革家"张居正等人，最后或迟或早都走上了贪腐之路，无一例外地都成为了大贪官。其中绝大多数都成为了"刑场上的红顶子"，落得个"身首异处"的可耻下场。因此，从这个意义上讲，和珅从一个三等轻车都尉，一步步地爬上大学士兼军机大臣（即所谓"真宰相"），最后变成一个富可敌国的头号大贪官，是不足为怪的。他平日表现出来的横、狠、贪、骄、诈、奢，爱财、爱色、爱虚荣……这一切都是贪官们的普遍现象、共同规律和人生轨迹所导致的必然结果。

总之，和珅可以说是一位生前死后均有争议的历史人物。虽然嘉庆皇帝亲政后，以"二十大罪状"认为他"十恶不赦"，罪该万死，立刻将其诛杀。但是，在颁布的一系列上谕中，他也不得不承认和珅"精明敏达，原有微劳足录，是以高宗纯皇帝（即乾隆皇帝——笔者注）加以厚恩"。而且，他在处死和珅不久的嘉庆四年二月初五日的上谕中还解释说："朕速办和珅者，原为伊在内蒙蔽、掣肘，使军营不得成功也。"这也就是说，他之所以刚一亲政，就马上处理和珅，主要是因为和珅主持镇压"白莲教起义"不力，同时他还指出其更深层次的原因是："和珅罪之大者，盖由其事权过重"，"弄权舞弊，僭妄多端"，"内外官员畏其声势，不敢违拗"，至于和珅其他"罪状"皆在其次。说实在的，嘉庆皇帝亲政如不立即诛除和珅，"杀一儆百"，那就会影响他独掌朝纲与"肃清庶政，整饬官方"，重新恢复、树立皇帝尊严和威信。同时，他这样做主要是为其父的过错开脱，把一切功劳全部留给乾隆皇帝；把"诸务废弛"等一切罪过，全部推给和珅。因此从这个意义上讲，和珅也是政权更替过程中的"牺牲品"。

此外，英国特使马戛尔尼和副使斯当东等人，都认为和珅"认识问题尖锐、深刻，不愧是一位成熟的政治家"，并对和珅的"机智"和"尊严"以及"和蔼可亲"的态度"不能不深表钦佩"。那么，历史上和珅其人的真面目，到底是什么样？这本小册子的写作初衷，就是想解决这个问题，下面笔者将一一道来。

目录 CONTENTS

【第一章】

家世源流

一　满洲崛起与长白山麓满族大姓
——钮祜禄氏

满洲崛起于中国东北地区，其统治民族满族，最早可以追溯至世代生息在白山黑水之间的女真人（其先人在先秦时期称"肃慎"，两汉三国时期称"挹娄"，两晋南北朝时期称"勿吉"，隋唐时期称"靺鞨"，唐末五代时期开始称"女真"）。明朝时，女真人分为建州、野人、海西三大部。建州女真主要分布在长白山北部至牡丹江、绥芬河一带，是三部中实力最强，受汉族文化影响最深，社会经济发展最快的一部。明朝中叶，由于野人女真的不断侵扰，建州女真开始往南迁移，宣德年间，主要活动于图们江、鸭绿江流域，最后在明英宗统治时期，迁居到浑河、苏子河上游一带，并在以"费阿拉"（亦称"费雅郎阿"，即所谓"旧老城"）与"赫图阿拉"地方（此二地均在今辽宁省新宾满族自治县境内）为中心的地区定居下来。

明朝政府对"女真三部"的统治，主要是采取"使其各自雄长，不相归一"的"分而治之"政策，常常是打一部，拉一部，在他们之间制造各种矛盾，再加上实行防、抚、剿三管齐下的手法，使其各部相互牵制，不相统一。因此，直到明朝后期，中央政府对女真各部还实行着有效的统治。后来明政府看到建州女真逐渐强大起来，便将其一分为三，分别设立了建州卫、建州左卫和建州右卫。

后金创始人努尔哈赤就出身于建州左卫的头领（"都指挥使"）之家，姓爱新觉罗。据说他的先祖布库里雍顺是仙女佛库仑在长白山天池沐浴后，吃了放在她衣服上的灵鹊衔来的（红）果子所生。当然这只是神话传说而已，不

2

必认真。但是，他的六世祖猛哥铁木耳（亦称孟特穆）确实做过建州左卫的都指挥使；其曾祖父福满柱（亦称福满）与其祖父觉昌安（亦称叫场）也都做过建州左卫的都指挥使；他的父亲塔克世（亦称塔失、他失）后来继任该职。努尔哈赤10岁时，其生母去世，因受不了继母虐待，19岁时与其父分家另过。此后，他曾带着当地的土特产到抚顺城与汉族商人进行贸易，也曾在明将李成梁部下当差，从而使他深刻了解了汉族文化、习俗（如受《三国演义》和《水浒传》影响很深），并初步掌握了明朝在辽东的实际情况。万历十年（1582年），李成梁在帮助建州卫苏克素护部图伦城主尼堪外兰攻打建州右卫酋长阿台时，误杀了觉昌安和塔克世。事后明政府虽然任命努尔哈赤承袭建州左卫都指挥使、都督金事，并加封龙虎将军头衔，同时还赐他30余封敕书和30匹马以表歉意，但这一切始终也未能平息努尔哈赤心中的怒火，误杀一事成了他日后反明的口实。当年五月，努尔哈赤以其父留下的13副盔甲起兵，以为父、祖父报仇为名，率众讨伐尼堪外兰，并从此开始了统一女真各部的战争，经过20余年的征战，最后统一了女真各部，并创立了"八旗制度"〔这是一种兵民合一的制度。原来女真人进行狩猎、生产和军事行动时，每10人为一基本单位，名为"牛录"（满语，汉译为"箭"），其头目称"额真"（满语，汉译为"主"），即所谓汉译"佐领"。实力壮大后，改为每300人为一"牛录"，5个"牛录"为一"甲喇"（满语，亦称"札兰"，汉译"世"、"代"、"辈"等意），总共1500人，其头目为"甲喇额真"（满语，汉译为"参领"）。5个甲喇为一"固山"（满语，汉译为"旗"），共7500人，其头目为"固山额真"（满语，即旗主，汉译为"都统"）〕，随即在万历四十四年（1616年）又建立了后金国，公开与明朝分庭抗礼。

钮祜禄氏是满洲八旗氏族中的大姓和望族。它是一个既古老，又人口较多的姓氏，其地域分布也较广。清朝的许多名人与文臣武将都为此姓，甚至连皇后、皇妃亦有不少人出自此姓。例如，康熙帝的孝昭仁皇后、雍正帝的孝圣宪皇后（乾隆帝的生母，额亦都的后裔）、嘉庆帝的孝和睿皇后与恭顺皇贵妃、道光帝的孝穆成皇后和孝全成皇后（咸丰帝的生母），以及咸丰帝的原皇后孝贞显皇后等。由于钮祜禄氏分布地区不同，因此在《御制八旗氏族通谱》

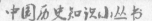

中又往往分为××地方钮祜禄氏。和珅一家属于英额地方钮祜禄氏。英额系指辽宁省东部的"英额（嶻）峪"地方。此地盛产一种名叫"英嶻秋"的野生小果子，酸甜可口，非常好吃，在清朝是一种进贡品。"英额峪"地方，现在叫"英额门"，是今辽宁省清原满族自治县境内的一个乡镇。此地有一条小河名"英额河"，从这里流向西南兴京（今辽宁省新宾满族自治县）界，最后注入浑河。当时此地是一个小小的军事、交通要地，设有"柳条边门"（即明朝所修"柳条边墙"的"边门"，即"英额门"）。此地离后金国的都城"费阿拉"与"赫图阿拉"不远，地位比较重要。

"英额地方钮祜禄氏"，原来都生活在长白山地区，后来也是跟随建州女真部迁移至此的。例如，清朝开国元勋、五大臣之一的额亦都，就"世居长白山"，后来他祖父阿陵阿跟随建州左卫一起"移居英额峪"。额亦都一家是满族的巨室大户，颇具资财，殷实富裕，一直雄踞乡里，远近知名。阿陵阿在部族中很有声望，被人们称为"拜颜"（满语，亦称"巴延"、"巴颜"，意为"富翁"）。额亦都尚在童年时候，父母就被仇家所杀，他本人因躲藏在邻村友人家中，才得以幸免。当时他怀着对亲人的无比思念与对仇人的刻骨仇恨，发誓一定要报此深仇大恨。于是当他刚刚13岁时，就只身找到仇人家里，"手刃其仇人"。然后为了避难便投奔到嘉木湖寨长、姑父木通阿家，依靠姑母、姑父生活。万历八年（1580年），他在姑父家与努尔哈赤相遇，两人一见如故，彼此结成生死之交。从此他一直跟随努尔哈赤南征北战，成为努尔哈赤的左膀右臂，是当时著名的勇将，为后金国的建立立下了汗马功劳。和珅虽非额亦都的直系，但他们同属同一个地方的同一姓氏，推测他们之间应该多少会有血缘关系。

■ 二 先祖噶哈察鸾与和珅的家庭出身 ■

据《御制八旗满洲氏族通谱》一书记载，和珅的直系先祖叫噶哈察鸾，其旗籍属于满洲"正红旗"。他在后金国建立初期，就归顺了努尔哈赤，成为了八旗军的一员战将。他是赖卢浑都督的亲伯父。他的四世孙倭琛在清军入关时，曾以"前锋"的身份从征山西，攻打蒲城（今永济县）时，首先登上城楼，攻克该城后，因军功被赐予"巴图鲁"（满语，即"勇士"、"英雄"之意）称号，授骑都尉官职。后来，由于他在攻打浙江舟山时又立下战功，而加一等云骑尉，官至杭州副都统。噶哈察鸾的另外三个四世孙，一个叫阿尔吉禅官至郎中兼佐领，另两个分别叫雅尔吉与达珠瑚都曾任护军校的官职。五世孙锡礼浑也曾任护军校，纳鼐曾任山西布政使，常绥曾任给事中，图尔泰与爱唐阿二人都曾担任过御史兼佐领。六世孙拉汉泰曾任郎中；察哈达曾任笔帖式；郎深泰曾任佐领；尼雅哈纳，为闲散兵丁随清军入关经北京，征伐山东，由于梯攻河间府时首先登上城墙，于是清军很快攻下该城，因战功赐"巴图鲁"称号，并被授予三等轻车都尉世职（正三品，每年的俸禄大约为禄米80石，奉银160两）。死后其子鄂锡礼袭职，遇恩诏加二等轻车都尉。死后由其弟蒙鄂绰袭职。他死后由其子武勒袭职，武勒死后由其亲叔之子（即堂弟）长生袭职。长生死后由其子阿哈硕色袭职，并兼任佐领；同时由于他在从征新疆准噶尔的战争中，在一个叫和通呼尔哈脑尔的地方，"击贼身亡"而受到嘉奖。其叔父伊兰泰袭职时，削去了恩诏所加之职，仍袭三等轻车都尉，历任护军统领，兼佐领。其死后由尼雅哈纳的四世孙常保袭职；后因追叙阿哈硕色战功，赠一等云骑尉。他死后由其长子善宝（即和珅）承袭其职。

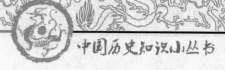

下面简单地把和珅家系列表如下：

	噶哈察鸾
	↓
子侄辈	赖卢浑
	↓
四世孙	倭琛、达珠瑚、阿尔吉禅、雅尔吉
	↓
五世孙	锡礼浑、纳萧、常绶、图尔泰、爱唐阿
	↓
六世孙	拉汉泰、尼雅哈纳、察哈达、郎深泰
	↓
七世孙	鄂锡礼→蒙鄂绰
	↓
八世孙	伊兰泰、武勒→长生
	↓
九世孙	阿哈硕色、常保（尼雅哈纳四世孙）、
	↓
	善宝（和珅）、和琳

从以上叙述中不难看出，和珅家族世代行伍，并获有战功；特别是其高祖（即五世祖）尼雅哈纳凭借战功，为其后代挣下了一个三等轻车都尉的世职，可以"世袭罔替"。和珅的父亲常保袭职后，还曾担任过福建副都统的官职；此时，皇上还因追叙他兄弟阿哈硕色的军功，又特别赐予了他家一个一等云骑尉的官职。

"和珅"是其满语名字的音译，如果译成汉文应该是"三纲之纲"的意思。他的乳名叫"善宝"，字致斋，生于乾隆十五年（1750年），八旗满洲正红旗二甲喇人。他一家在顺治元年（1644年），与其他八旗军民一起从龙入关进入京师（今北京）后，便按着当时的规制：汉人全部迁出内城，其房屋由八旗军民居住；又按"旗分制"规定八旗军民严格按照旗分不同划分住处。特别是在清朝前期，京师的内城设有按满洲、蒙古、汉军等旗籍划分的24个都统衙门，各旗分别有自己的驻防领地和固定教场、学校等设施。至于各旗人员的家居住处，也是按旗分不同，分别住在不同的区域。一般说来，这一规定从清初至清末大体上没有什么变化。当时的具体规定如下：

镶黄旗居安定门内（清皇族属于此旗）；

正黄旗居德胜门内；

正白旗居东直门内；

（以上三旗为"上三旗"，由皇帝亲自统领）

镶白旗居朝阳门内；

正红旗居西直门内；

镶红旗居阜成门内；

正蓝旗居崇文门内；

镶蓝旗居宣武门内。

（以上五旗为"下五旗"）

据清史档案与和珅的《嘉乐堂诗集》的"诗注"记载，他家隶属于满洲正红旗二甲喇，其原来的宅第坐落在西直门内驴肉胡同（民国后改为"礼路胡同"，即今"西四头条"胡同）的东头，坐落在著名古刹"广济寺"（今中国佛教协会驻地）后面，离该寺不到一箭射程的地方。和珅与其弟和琳都出生在那里，一直居住到他家的旗籍被抬入正黄旗，和珅家才迁至正黄旗领地德胜门内什刹海畔的大宅第，即今北京西城前海西街的恭王府。

然而，关于和珅的出身，以往人们总认为他出身"低微"、"贫贱"，甚至有人说他家出身"包衣"（满语，汉译为家里供使用的"奴仆"、"用人"等）。这种观点也影响到了一些外国人。例如，乾隆五十八年（1793年）来华的英国特使马戛尔尼在他的回忆录《乾隆英使觐见记》中就写道："皇帝之首相，即和中堂，其人乃一鞑靼，出身颇微，然很具有才干。"不管怎么说，我们认为这种看法是不大妥当的，也是不符合实际的。和珅在乾隆三十四年（1769年），20岁时，其父常保故去后，承袭了三等轻车都尉世职。虽然这已经是他家第五代人承袭该职了，并且在乾隆年间，三等轻车都尉这个官职已是屡见不鲜的一般官职，但常保所任的福建副都统一衔，却是有职有权的高级武官官职，这个官职在清朝属于正三品，相当于现代军队中的"中将"一级，并且后来皇帝又赏给了他家一个一等云骑尉的官职，这在当时众多的八旗军民中，并不是人人都可得到的。和珅的生母乃河道总督嘉谟的女儿，继母系吏部尚书伍弥泰之女，也都是有头有脸人物的后代，这怎么能说他们的儿孙出身

"低微"呢？因为在那个时代，讲究门当户对，哪家达官贵人，肯把自己的心爱女儿，嫁给比自己地位低的人呢？再有，和珅在乾隆三十七年（1772年），被授予"三等侍卫，挑补黏竿处"。黏竿处是通俗的称呼，它的官称应叫"上（尚）虞备用处"。通常该处由侍卫10人组成，主要任务是每当皇帝出行时，服侍在皇帝乘舆（轿）左右，负责扶轿、打灯笼等工作，俗称"打执事的"，另外有"司库一员（由内务府委派），掌黏竿、钓竿及一切用具"。人们通常说，和珅曾在銮仪卫当差，做过"拜唐阿"（满语，亦称"柏唐阿"，汉译为"听差的"、"执事人"），是给皇帝抬轿子的，言外之意认为他的社会地位很"低微"。其实则不然，"拜唐阿"一职，就是"上虞备用处"辖下的属官，是清朝武官中的一个级别，比蓝翎侍卫低一级。对此清礼亲王昭梿在《啸亭杂录》中，做了较为详细的解释："定制，选八旗大员子弟中的捷者为执事人，司上巡狩时扶舆、擎盖、捕鱼、罝雀之事，名曰'上虞备用处'。盖以少年血气债张，故令习劳勚，以备他日干城侍卫之选。实有类汉代羽林制也，而精锐过之，盖善于宠驭近侍之制也。"从上面的文字中不难看出，当"上虞备用处"的"拜唐阿"，不但不说明和珅的社会地位"卑贱"、"低微"，反而说明他是"八旗大员"的优秀子弟，是皇帝特意从众多旗人青少年中挑选出来的杰出人才，专供在自己身边使用，并且对他们经常进行各种"磨炼"，准备日后另有重用。因此，我们认为和珅出身虽非十分显贵，但说他出身于清朝中叶满洲封建统治阶级中的中上层武官家庭，这个定位是比较恰当的。

三 在"康乾盛世"中度过的青少年时期

和珅出生的年代与他生活的整个青少年时期，正赶上是清朝的"鼎盛"时期，即人们常说的"康乾盛世"。当时上距清军入关已经有一百余年，清朝历经顺治、康熙、雍正三朝实施的一系列积极措施与励精图治，缓和了民族矛盾和阶级矛盾，全国统一，疆域扩大，政权巩固。与此同时，恢复并发展了社会生产力，使广大人民有了一个较为安定、祥和的生产与生活的氛围，经济有了长足发展；学术文化也达到了相当高的水平，有集以前各代大成之趋势。这个时期人们安居乐业，普遍都感到有奔头。例如，康熙帝从亲政开始，为了长治久安，使百姓休养生息，他接连发布了一些"惠民"的诏谕，宣布停止"圈地"，实行"更名田"；奖励开荒；兴修水利，治理黄河、淮河、永定河，并多次亲临工程现场视察，指导治河工作；改革赋役制度，重视发展农业生产，蠲免钱粮，改革地丁银的征收方法，宣布滋生人口永不加赋。此外，康熙帝特别是在其统治前期，还大力整顿吏治，裁减冗员，惩治贪污，表彰清廉，为"康乾盛世"进入"鼎盛"，打下了基础。雍正帝统治时期，从实际出发，大刀阔斧，雷厉风行，以"猛严"的作风与姿态，惩治各种弊端，一改其父康熙帝统治后期的"宽仁"之法。从而一扫康熙末年以来的固守因循之风，使全国呈现出一派"政治一新"的景象。他"立志以勤先天下，凡大小臣功奏折，悉皆手批"，"朱批奏折，不下万余件"。国家大政，事无巨细，他均要经过熟思详虑，然后下达诏令。他亲自处理奏章，每日批阅文件往往至深夜。此外，雍正统治时期，十分重视选拔、使用人才。他深知"治天下惟以用人为本，其余皆枝叶耳"。例如，他对鄂尔泰、田文镜、李卫等人的重用就很能说明情况。这几个人都不是科举出身，且原来地位低微，但因为他们都有办事的能力，又精明强干，认真踏实，富有经验，故而将他们都提升为封疆大吏（即总督、巡抚），独当一面，成为朝野闻名的股肱之臣。同时他十分重视整顿吏治，采取坚决措施粉碎朋党，对八旗大员也进行了各种限制，并严惩贪官污吏，使政风为之一新。为了保证官吏清正廉洁，他决定实行"耗羡归公"制度，并以发放"养廉银"作为补充。为了加强中央集权，巩固封建专制制度，他决定设立"军机处"。这是皇帝亲理政事，独揽军政大权的有力措施。在他统治时期还实行了开豁"贱民"，废除各种人身依附关系，从而缓和了尖锐的阶级矛盾，解放了部分生产力。为了促进生产发展和社会繁荣，他下令实行"摊丁入亩"的政策，这样就减轻了无地、少地，而人口多的贫苦农民的负担。他为了巩固边疆，笼络少数民族的上层人士，增加其"向心力"与凝聚力，继续实行其父康熙帝所采取的重视藏传佛教（即喇嘛教）的做法。与此同时，他还在西南地区，实行"改土归流"政策，这对于消除分裂割据，巩固边疆，从而进一步促进各民族经济、文化交流，加快民族融合都起到了积极作用。由于雍正帝的一系列政治、经济改革，使社会繁荣昌盛，面貌为之一新。具体表现在国家财政收入显著增加，国库存银数量不断上升。例如，康熙六十年（1721年），户部银库实际存银为3262余万两，可是到了雍正七年（1729年），短短的七八年间，就迅速增加到存银6000余万两，史载当时"积贮可供二十余年之用"。

乾隆统治时期，采取了"宽"、"严"结合的持"中"政策，缓和其父统治时期社会各阶层间的紧张关系。他采取了"罢开垦，停捐纳，重农桑，汰僧尼"与八旗家奴"开户"等一系列措施。为了发展生产，他继续注意兴修水利工程，加紧治理黄河、淮河，兴建海塘，提高预防自然灾害的能力。每当遇有灾荒之年，政府还借贷灾民口粮、种子、"耕牛价银"，只要借贷人按期归还，一般都不收取利息；或以工代赈，甚至蠲免不还。因此，这一系列积极措施，提高了农民生产的积极性，以至农业生产力不断提高，耕种面积不断扩大。例如，顺治八年（1651年），全国耕地面积只有200多万顷，到雍正二年（1724年），就增加到680多万顷，至乾隆三十一年（1766年）又增加到740余万顷。与此相应的是粮食产量有了较大的增长，农作物种类有了增加。此时是农产品生产开始向商品生产转化的重要时期。

当时的手工业生产也有了较大发展，例如，制盐、冶铁、冶铜、采煤、纺织、陶瓷和造船等行业，均比前代有了长足的进步。商业活动也比前代更加活跃，商业贸易与商品流通亦很发达。皇商、徽商、晋商、闽商、粤商、秦商、江右商人，以及吴越商人集团都十分活跃，他们几乎垄断了国内、国外的商品交易和外贸往来。随着社会生产的恢复和发展，特别是商品经济的发展，使农业、手工业的资本主义萌芽，在原来的基础上，又缓慢地发展起来。具体表现为社会生活中人身依附关系削弱，工农业生产中使用雇工进行商品生产的作坊、手工工场比以前增多，生产中雇佣关系比前代更有发展。

乾隆帝统治时期，进一步加强了对新疆蒙古厄鲁特四部、回部与西藏的统治，基本上奠定了我国现有的疆域。当时我国的疆域北自恰克图，南到南海诸岛，西始葱岭巴尔喀什湖，东至黑龙江库页岛与太平洋西岸。当时中国是世界上少有的、亚洲最大的繁荣昌盛的大国之一。当时中国空前统一，社会相对和平安定，封建经济繁荣发展。这就是所谓"康乾盛世"的鼎盛时期。和珅一生几乎都生活在这一时期，他从降生以至童年、少年到青、壮年都是在这一时期度过的。这种条件与氛围为他展示才华、实现抱负提供了有利条件；当然也为他凭借着手中的权力，蠹国肥私，大肆贪污提供了可能。

【第二章】

八旗子弟中的翘楚

一 咸安宫的官学生

和珅的启蒙教育是从自己家中的私塾开始的。据史料记载，一开始和珅是与比他小三岁的弟弟和琳一起，专门请私塾先生启蒙，开始无非是学一些《百家姓》、《三字经》、《千字文》之类的初级读物。当然也适当接触了一些"四书五经"的知识，但很不系统、规范。在他刚刚13岁的时候，就与弟弟和琳先后被选入了咸安宫官学读书，接受系统的教育。咸安宫官学坐落在皇宫西华门内（此地在康熙年间，曾经拘禁过皇太子胤礽），与武英殿毗邻。这所学校是一座非同一般的官学，它最早是于雍正六年（1728年）十一月，在雍正帝亲自提议下，由内务府负责创办的。一开始雍正帝看到咸安宫房屋空闲，而"景山官学生功课未专"，于是命令"于内务府佐领管辖下的幼童及官学生内，选其俊秀者五六十名，或百余名，委派翰林等着住居咸安宫教习"。于是在雍正七年（1729年）四月，内务府遵旨在景山官学生，以及内务府佐领管辖下的闲散幼童中，视其俊秀可以造就者，选了90余名学生就学。从以上情况可以看出，这所学校一开始主要是为了培养内务府人员的优秀子弟上学而专门设立的。到了乾隆年间，学校的性质便发生了一些变化，它除了继续供内务府官员的优秀子弟就读外，主要是大量招收八旗官员优秀子弟入学。关于这个问题，嘉道时期做过云贵总督和翰林院编修的吴振在其所著《养吉斋丛录》中就有具体描写："咸安宫官学，在大内西华门内，为八旗官员子弟读书处。总裁以满、汉翰林各二员充。其后由掌院派充，满二员，汉四员。按日稽课，西配殿读满洲书者，则满总裁稽之。"在该校担任讲课的教师主要由翰林充任，至少也得是进士、举人出身。学校分为汉书十二房，清（即"满"）

书三房。课程的设置主要有文、武两科。文的有《四书五经》等儒家经典、清文（满文）、蒙古文、藏文；间有诗词、书画等方面的培训。武的则有骑射、摔跤，以及如何使用火器等军事课程。朝廷每年都要对学生进行考核，成绩优异者授予相应的官职。一般来说，一等的为笔帖士（满语为"巴克什"，意"学者"也；汉译为"书记手"，主要从事记录、誊写档案、文书，以及翻译满、汉奏章等事）。又据英廉后人福格（字申之）所著《听雨丛谈》中记载："'笔帖式'为文臣备储材之地，是以将相大僚，多由此途历阶。"二等的为库使、库守。乾隆初年，该校的学生组成情况大致如下；在乾隆元年二月间，乾隆皇帝亲自下令，在内务府所管辖的镶黄旗、正黄旗和正白旗所属"上三旗"的90名学生内，从中挑选出30名优秀者送咸安宫官学读书；此外，再令八旗都统等，将可以造就的俊秀子弟每旗选10名，如果大臣子弟中有情愿读书者，也可以在份额内准其入咸安宫官学读书。凡在咸安宫读书的学生，除了每年可以得到一份粮饷外，学习时间也不仅仅局限在10年之内（八旗官学的学生，必须10年内完成学业），一直到出任为官前，均可在校学习。

当时在京师城内有许多学校，例如，宗学、觉罗学、八旗官学、琉球官学、俄罗斯学、算学学、国子监南学、景山官学和咸安宫官学等。在这些众多的学校当中，咸安宫官学是一所优秀的学校。清朝许多精英都在该校读过书。例如，大学士英和的父亲德保、军机大臣兼大学士阿桂、中丞良卿等人，都曾先后在该校学习过。他们都是在中了举人或进士后才离开这所学校的。他们所学的各种知识基础十分扎实，有人甚至到了古稀之年，"四书五经"还能倒背如流。从以上叙述可以看出，咸安宫官学的学生绝非等闲之辈，他们都是从众多的八旗子弟中经过仔细挑选，择优录取的，这些学生不但品学兼优，而且长相漂亮，个个都是一表人才。在这所学校里任课的教师，绝大多数都是进士出身的翰林。该校课程多样、全面、正规，要求严格，教学效果好，成绩显著，培养了一大批为封建统治阶级服务的干才。这说明咸安宫官学是清朝各种学校中的佼佼者，即今天的重点学校。在这里就读的学生，大多数是人品出众、才貌双全的八旗后生。

和珅13岁进入咸安宫官学，由于他天资聪慧，记忆力强，过目不忘；再

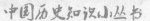

加上他有一股向上的精神，非常用功，因此经常得到老师们的夸奖、表彰。例如，后来得到他信任、照顾与提拔的老师就有吴省兰、李潢和李光云诸人（这些人有的还曾在他家任教）。

由于和珅的博学强记，在咸安宫官学学习期间，他不仅"四书五经"背诵得滚瓜烂熟，而且他的满、汉文字水平也提高得很快。此外，他还掌握了蒙古文和藏文，以及一些西域秘密咒语。与此同时，他的诗词、书法与绘画水平也都有了一定提高。和珅在他的诗句中就有记述他幼年与其弟和琳一起读书吟诗的记载："幼共诗书长共居。"此外，当时著名学者袁枚也曾表彰和珅、和琳兄弟"少小闻诗通礼"。这些都表明他们兄弟聪明、机智，知书达理。

和珅在诸同学中也是一个出类拔萃的优等生。因为在清朝中期，八旗子弟的大多数都已腐化堕落，终日沉浸在"花天酒地，纸醉金迷"之中；他们整日养尊处优，饭来张口，衣来伸手，无所事事。于是，他们把养鹌鹑、斗蟋蟀，平日提着鸟笼子进戏园、逛妓院视为人生最大快事，其他别无所求。许多人已完全腐化透顶，无一技之长，过着寄生的生活，成为地道的纨绔子弟。

二　英廉的孙女婿

　　和珅18岁（乾隆三十二年，1767年）时结婚，妻子为大学士英廉的孙女冯氏。

　　关于英廉的情况，这里作些简单介绍。英廉，字计六，号梦堂。他家原来本姓冯，祖籍辽东，内务府包衣籍汉军镶黄旗人。雍正十年（1732年）中举，最初为笔帖式，从事文秘工作；后来几经升迁官至淮安府同知、永定河道台、内务府主事、内务府正黄旗护军统领、内务府大臣、户部侍郎、刑部尚书、正黄旗满洲都统、协办大学士、直隶总督、东阁大学士、太子太保等；同时他还兼任过《四库全书》正总裁等官职。可以说他是乾隆朝颇得皇帝青睐、信赖的有名的高官之一。乾隆四十八年（1783年）他病故时，乾隆皇帝特赐白银5000两为其治丧，祀贤良祠，谥文肃。由此可见，英廉在乾隆朝始终为官，而且大部分做的都是高官，可以说是身居显位，并没有受到他出身低微的影响。他为官清廉，政声较好，因此受到乾隆皇帝的青睐。他一生到底有几个儿子，目前还不大清楚，但至少有一个儿子和儿媳是在他健在时就先后去世了，并留下了一个小女孩。因为孙女自幼失去双亲，作为祖父就对其格外怜爱，精心呵护、培养。当其长大成人后，为了给她挑选一个理想的佳婿，英廉确实费了一番苦心。他想为孙女找一个既品行端正，又年轻貌美；既才气出众，又善解人意的好后生。他左挑右选，最后选中了和珅。

　　论相貌，和珅确实是很难寻见的美男子，他是一个英俊青年，一表人才，百里挑一，讨人喜爱。在《秦鬟楼谈录》中，描写他"躯干如中人，面白皙而事修饰，行止轻缳，不矜威仪，言语便给，喜欢诙谐……然性机敏，过目辄能记诵，每有所言，皆能悉举其事之本末"。总之，他是一位少年英俊、才华横溢、能说会道、办事干练、人才出众、人见人爱的好苗子。由此可见英廉亦是一位颇有眼力和远见的人，他料定和珅日后会有所发达，非等闲之辈，因此他决心将心爱的小孙女许配给和珅。

和珅家虽说是属于中上等家庭，一般生活不会有多大困难，但因其父长年在外任职，开销较大。也可能他和弟弟与继母关系不和，因此经济来源枯竭，以至经常手头拮据，捉襟见肘。据说这个时期，他常常带着他家的仆人（车夫）刘全，四处找人借钱，有时甚至跑到离京千里之远的外祖父嘉谟的任所去讨钱，以补助他与弟弟和琳的日常花销。这可能就是史书中所说的"少贫无籍"的依据吧！

在英廉的多方关照下，和珅顺利地完成了在咸安宫官学的学业。其间他还参加了"童试"（亦称"小考"、"小试"），考取了"生员"（即秀才）。待到乾隆三十二年（1767年）和珅18岁时，英廉为其孙女准备了丰厚的妆奁，并亲自主持、操办了和珅与冯氏的婚事。

和珅与冯氏结为伉俪后，两人相亲相爱，感情颇好；也可以说是夫唱妇随，比翼双飞，彼此相约百年好合，白头到老。这种感情，从嘉庆三年（1798年）冯氏去世时，和珅所表现出来的沉痛、悲伤与寂寞的心情，就可以略知一二。那年，他曾为妻子冯氏一连作了六首"悼亡诗"，其中一首写道：

> 结缡三十载，所愿白头老。
> 何期中道别，入室音容杳。
> 屏帏尚仿佛，经卷徒潦例。
> 泪枯挽莫众，共穴伤怀抱。
> 游川分比鳞，归林叹支鸟。
> 追思病时言，尚祝余足好（时余足疾复作）。

从以上诗句中我们可以看出，和珅与冯氏夫妇结婚30余年间，彼此关系一直很好，恩恩爱爱，相互关怀，感情很深。

　　和珅结婚后第二年，也就是乾隆三十三年（1768年），他参加了戊子科的顺天府乡试，这是属于省一级的考试。清朝规定乡试每三年举行一科，考中者为"举人"，可以参加次年在京师举行的"会试"（亦称"春闱"）。乡试年亦称"大比之年"，又因乡试多在秋天八月举行，因此又称"秋闱"。乡试的文体与会试的文体一样，为"八股文"，即以破题、承题、起讲、入手、起股、中股、后股和束股八部分组成。题目主要出自"四书"（《大学》、《中庸》、《论语》、《孟子》）、"五经"（《诗》、《书》、《礼》、《易》、《春秋》）等经典。但是非常可惜，由于种种原因，和珅名落孙山，没有中举。

三　入仕"奇缘"

　　乾隆三十四年（1769年），20岁的和珅，承袭了三等轻车都尉的世职。可是这个官职在当时已经算不得什么显贵了。乾隆三十七年（1772年），他被授为三等侍卫，挑补黏竿处。前面已经提及黏竿处，又称"上（尚）虞备用处"，主要负责皇帝出巡等一切仪仗事宜，俗称"打执事"，在该处服务的人员，又叫"执事人"。不久，他又被调任到銮仪卫充当侍卫，接触皇帝的机会比以前更容易，次数也更多了。这一时期，和珅虽然轿前马后地侍候皇帝，比较辛苦，但可以经常接近天子，对于他日后发达，也是一个良机。因此想到这些，他心里不由得溢出一种喜悦。为此他在诗中曾有流露："莫嗟行役苦，时接圣人宽。"

　　侍卫亦称校卫，满语为"吓"、"辖"、"下"或"虾"等。清朝初年，皇帝在镶黄旗、正黄旗和正白旗所谓的"上三旗"中，挑选其子弟中武艺高强，人品出众的俊秀青年，担任随侍宿卫，扈从左右，更番轮值。后来有时也在镶白、正红、镶红、正蓝和镶蓝的"下五旗"中，选拔一些合适的人才，入侍卫处行走。史载："旧有钦选侍卫一等'虾'，学习二、三、四品服奉名目，今为一、二、三等侍卫。"当时侍卫处的编制是一等侍卫60人，二等侍卫150人，三等侍卫260人。在此之外，尚有一种"蓝翎侍卫"60人。全部由领侍卫内大臣统领。侍卫名目繁多，例如，乾清门侍卫、銮仪卫侍卫、上驷院侍卫、司辔侍卫、司鞍侍卫、茶膳房侍卫、伞上侍卫、奏蒙古事侍卫、上虞备用处侍卫、鹰鹞房侍卫、鹘房侍卫、狗房侍卫、十五善射及善骑侍卫，以及善射鹄、善强弓、善扑等侍卫多种。侍卫一般多由满洲、蒙古及觉罗子弟充之，宗室成员一般不充任侍卫。此外，又有"汉侍卫"，系在汉军八旗科甲出身的武进士中简选。一甲两名授二等侍卫，二甲三名授三等侍卫及蓝翎侍卫等；每科共点18名至20名。从顺治朝开始，在御前服务的侍卫，皆以上三旗侍卫充任，即以镶黄旗居首，正黄旗居中，正白旗殿后。凡遇各项差使及随上行营，俱镶黄旗居左，正黄旗在右，正白旗左右分之，名曰："花里雅密"（满语，汉译为"和"、"协和"之意）。每旗各有领侍卫内大臣管辖，系武职正一品，向以王、贝勒及尚书、都统充之。每旗各有六班，以章京领之，其中以乾清门侍卫地位较高，无定额，由大门侍卫选其优者充之，缺者仍归大门。

随着封建专治制度的加强，清朝皇帝身边的侍卫的地位、权势也在不断提高。他们不仅卫护殿陛，警跸扈从，并且成为皇帝借以行使专制统治的特殊工具，拥有传旨、奏事、出使、授将与拘捕犯人等广泛权力。

在清朝的侍卫中，确实出现了不少出类拔萃的人物，以及统治阶级中的干才、精英。但是一般的侍卫却满足现状，贪图安逸，得过且过，当一天和尚撞一天钟，不求上进。这些人读书很少，有的人连满文、蒙古文都不会，甚至连普通彼此见面的寒暄语都不能应付，甚至"有假讹歪文，不但反失本来面目，以致每每丢丑"的。在他们之中"间有一二能读鼓词、小说及满洲传片能直数念下者，必群哄而哗曰：某也'满汉皆通'。续办事章京亦有不识汉字，甚属可鄙"。这些虽然说的是道光朝时期的事情，但它可以反映整个清朝中后期侍卫的大致情况。但是，在他们当中有的人却能以"武功"被提升为将军。可他们即使成了将军后，仍是不愿意学习，乃至终生目不识丁。

和珅在这帮人中属于出类拔萃、鹤立鸡群者，再加上他上进心强，又肯于动脑筋，因此各方面都提高很快。侍卫这种职务平日是比较清闲的，因为皇帝并不是天天出行，值班时可以读书自学。和珅就是常常利用这些时间看书、习字、画画，以及吟诗作赋等，天长日久积累了不少知识，学习了不少本领。

在经过三年小心翼翼的"三等侍卫"的生活后，到了乾隆四十年（1775年），26岁的和珅终于等到了在乾隆皇帝面前一展才华的机会。这一年，他从三等侍卫被提升为乾清门侍卫、御前侍卫兼副都统。第二年正月，刚刚27岁的他，就被乾隆皇帝任命为户部侍郎，作为户部尚书的副手协助管理全国的户

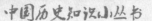

口、田亩、赋税以及财政收支等各种事宜。刚刚过了一个月，到三月，他一下子便升任为军机大臣，这是他进入中央核心集团，成为皇帝心腹，步入管理中枢政务的开始。该年四月，又兼任内务府总管。八月，兼任镶黄旗副都统。过了三个月，到该年十一月，又被任命为国史馆副总裁，赏戴一品朝冠。十二月，乾隆皇帝又让他管理内务府三旗官兵事务，并赐他可以在紫禁城内骑马。总之，在这一年内他先后六次升迁，同时其全家的旗籍也从正红旗被抬入了正黄旗，由"下五旗"成员，变成了"上三旗"成员，身份、地位都有了显著提高。紧接着和珅又被任命为御前大臣、议政大臣、领事卫内大臣、理藩院尚书、户部尚书、四库全书馆正总裁、文华殿大学士（进入"内阁"）等一系列官职。在当时只有大学士同时又是军机大臣的人，才能称为"真宰相"，而和珅在37岁时，就成了"真宰相"。这真可谓官运亨通，飞黄腾达。在清朝历史上像和珅这样被破格重用，迅速晋升的官员，是空前绝后、绝无仅有的。

关于乾隆帝发现和珅，君臣相遇的传说有多种说法，其中有一种说法（如薛福成在《庸盦笔记》中记载）为：有一次，乾隆皇帝"大驾将出"，仓促中怎么也找不到"黄盖"（皇帝出行时仪仗队使用的一种"伞"），于是乾隆帝十分生气，问道："这到底是谁的过错呀？"只见底下的人个个都瞠目结舌，不知所措地相互对望，一下子都傻了眼。这时只见和珅赶忙跑上前去应声答道："典守者不得辞其责。"乾隆帝抬头一看，好一个"仪度俊雅"的美小伙，不由得怒气顿消。于是问道："是何出身？"和珅答道："生员。"又问："你参加过乡试吗？"答曰："戊子（一说庚子）曾赴举。"又问："何题？"答曰："孟公绰一节。"接着乾隆皇帝说："你能把你做的文章背下来吗？"于是和珅便滔滔不绝地背诵起来，且声音洪亮，字字清晰。乾隆帝听后，龙颜大悦，说道："很可以呀，完全能够中举啊！"于是君臣知遇便从此开始，遂派和珅总管仪仗，没过多久又提升为乾清门侍卫、副都统、尚书……此后官位节节高升，直至大学士、军机大臣。另有一种说法（如陈康祺在《郎潜纪闻》中记载）与上大同小异：一日，乾隆皇帝"警跸出宫"，在轿中翻阅"边报"，当他看到有一篇文章中提及，一个重要犯人逃脱了，显得有些生气，便顺嘴说出《论语》中"虎兕出于柙"一语。当时扈从的侍卫和羽林军们听后，个个都惊呆了，不知皇帝说的是什么。彼此交头接耳，小声地相互询问。这时只见和珅跑上去对曰："爷（当时宫内人都称乾隆皇帝为'老佛爷'或'老爷子'）谓'典守不得辞其咎耳'。"乾隆帝听后连连点头，十分高兴，仔细一看，身边站着一个长相清秀的翩翩美青年，便问道："你读过《论语》吗？"和珅赶忙答道："奴才读过了。"接着皇上又问起了和珅的出身、家世、年龄等，亦对答如流，头头是道，奏对得十分得体，因此颇得上意。于是"恩礼日隆"，官运亨通。第三种说法（如陈焯在《归云室见闻杂记》中记载）：和珅在担任銮仪卫侍卫时，扈从乾隆帝巡幸山东，皇上喜欢乘坐一种"小辇车"，用骡子拉辇车，每行十里更换一次骡子，非常快捷。有一天，和珅跟随在辇车旁边侍奉，皇上看他长相清秀，举止文雅，便问他："是何出身？"和珅答道："生员。"皇上又问："你参加过乡试吗？"和珅对曰："庚寅曾赴举。"皇上问："是什么题目？"和珅答："《论语》中'孟公绰'一节。"皇上问道："你现在还能把你所做的文章背下来吗？"答："能。"于是和珅边走边背，十分流利，"矫捷异常"。皇上听后，连连点头说："你的文章做得不错呀！完全可以中举啊。"于是君臣知遇由此而起，很快和珅的官位就连连升迁，没有几年他就当上了户部尚书、大学士，以及军机大臣等高官，"凡朝廷大政俱得与闻，朝夕论思，悉得上意"。此外，关于和珅发迹、得宠的原因，还有一些情节离奇，而且荒诞不经的传说，大都不可相信。例如，在《清朝野史大观》中记载：据说在雍正朝时期，雍正帝有一位长相十分娇艳、漂亮的妃子，非常招人耳目。当时宝亲王（即后来的乾隆帝）已经20岁左右了，情窦初开。有一次他因事入宫，从这个妃子身边走过，看见她正对着镜子梳妆，于是突然用双手将她的双眼捂住，情不自禁地与其嬉戏、挑逗。没想到妃子吓了一跳，她不知其身后是宝亲王，于是顺手用梳子向后击去。一下子正好打在了亲王的脸上，并将其划破出血，于是宝亲王只好悻悻离去。第二天，正赶上是次月"初一"，宝亲王又要入宫给母后请安。当其母后看到儿子的脸上有伤痕时，忙问儿子是怎么搞的，开始儿子不肯透露真情，后来在皇后的一再追问下，只好说出实情。皇后听后，愤怒不止，怀疑该妃子调戏其子，立即令该妃子上吊自尽。当宝亲王知道这个消息后，感到很伤心，对

不起这位妃子，想立即找母后申诉是其冤枉了这位妃子，可是又不敢承认是自己的过错，犹豫不决之下，他跑到书房用小手拇指沾点朱砂，迅速来到妃子住处，看到妃子已经气绝，十分悲伤，于是顺手将朱砂点在妃子的脖子上了。并说："是我害了你，如果你在天有灵的话，等到二十年后，我们一定会再相会的。"说罢便径直返回了寓所。事过多年，当和珅在銮仪卫做侍卫时，有一次乾隆帝驾出，仓促中找不到"黄盖"，于是皇上十分生气，便问："是谁的过错呀？"和珅便应声答道："典守不得辞其责。"乾隆帝看到应声者似曾相识，恍惚想到眼前这个人好像在什么地方见过，可是一时又想不起来了，于是脑子里总也忘不了这件事。回到宫中，他左思右想，从幼年想到青壮年的种种事情，终于想起和珅的相貌与当年死去的雍正帝的妃子相貌相似。于是便秘密把和珅召入宫中。令其跪在自己面前，低头看其脖子上果然有一颗红痣，很像自己当年的朱砂指痕，因此默认和珅就是当年那个妃子转世。从此对其"倍加怜惜"，恩遇有加，屡屡提拔他，以至使其官至大学士、军机大臣。

在以上列举的有关和珅发迹的事例中，尽管情节各有不同，彼此存在差异，但是它们之间有一个共同点，那就是和珅青年时期曾在乾隆帝身边服侍，由于一个偶然的机会，他的才华引起了乾隆帝的注意。再加上和珅五官端正，文弱可爱，讨人喜欢，同时又由于他口齿伶俐，生性乖巧，善解人意，随机应变，办事机敏，聪颖能干，因此乾隆帝对他十分赏识，格外青睐，破格提拔，一跃成为了皇上的左膀右臂、股肱之臣。

四　邀恩取宠受青睐

和珅在乾隆四十年（1775年，时年26岁）被乾隆皇帝发现、赏识后，便经常跟随在皇上左右。他除了悉心侍奉，笑脸相赔主子外，便仔细观察乾隆帝的饮食起居、一言一行，小心翼翼地揣摩其心理与爱好。天长日久便知晓了皇上的脾气与秉性。乾隆帝想做什么，想说什么，他都能猜个八九不离十。不等皇上开口，他就操办停当了，并且干得干净利索，得心应手。把皇上服侍得舒舒服服，特别称心，于是乾隆帝愈发对他喜爱和信任了。此外，世间也流传着一些传说，那就是说乾隆皇帝与和珅有"同性恋"之嫌，因此和珅才能得到乾隆帝的特殊恩遇。笔者认为不排除有这种可能性。因为自古以来，人们通往仕途的门径，以及升官的阶梯乃是科举与察举，或靠武功过人，才能步入堂奥。但也有一种人是靠长相俊秀，头脑灵活，聪明伶俐，讨人喜欢，从而飞黄腾达爬上高官之位的。例如，汉朝的董贤、南北朝时期的嬖臣和士开，以及清朝的和珅等人皆由相貌出众，脸蛋漂亮，聪明伶俐而得到了恩宠，从而被破格提拔，一步登天，这真可谓飞来的礼遇。

乾隆皇帝用人，特别是对身边的近臣，更是多方挑剔，不但要求官员机警敏捷、聪慧多谋，办事干练，而且要相貌俊秀，年轻漂亮，惹人喜欢。例如，乾隆朝的和珅、王杰、于敏中、董诰、梁国治与福长安等人都是"美男子"，故得到了他的格外重用。相传福长安在乾隆晚年受宠信，固然是由于他死心塌地追随和珅，与其结成死党；但另一个重要原因，就是因为他年轻漂亮，讨人喜欢。诚如英国特使马戛尔尼在其著作中所描绘的那样：福长安"英气崭然，一翩翩少年贵胄"。

相反，在乾隆朝有一些名臣尽管很有本事，才华出众，但因其长相不合皇上心意，则往往得不到应有的重用。例如，名臣阿桂，文武双全，虽然名列"首辅"，但因个子矮，于是经常被派往外地出差办事。再如，大名鼎鼎的才子纪昀（字晓岚，谥文达），曾在翰林院任职，并参加了《四库全书》的编纂工作。但因其人晚年心宽体胖，又是近视眼，长相不美，虽然其才华横溢，诗文俱佳，满腹经纶，本应重用，可乾隆帝却将其"目为腐儒，不予重用"。正如清史专家邓之诚先生在《骨董琐记》卷3《乾隆时侍从之臣》中所言："于时大臣响用，颇以貌取，文达貌寝短视，且江北人，故不为纯帝（即乾隆帝——笔者注）所喜。一时若翁覃溪、朱竹君、王兰泉、邹一桂皆不得仕，际遇颇相似；纯帝所许为明敏之才，率外擢督抚。若于文襄、梁文定、董文恭皆以弄臣蓄之。"

和珅的发迹与汉朝的嬖臣董贤受宠何其相似。董贤本来是西汉末年的一个小小郎官，又学识平平，并没有什么出众之处。但因其善于胁肩谄笑，溜须拍马，迎合上意，更重要的是年轻漂亮，相貌英俊，故被汉哀帝刘欣看中，从此一跃龙门，连升高官，飞黄腾达，不可一世。据史书记载，在汉哀帝建平二年（公元前5年）的某一天，董贤正在官内大殿下等待皇帝上朝时，偶然被哀帝发现，两人恨相遇太晚。哀帝刘欣"悦其仪貌"，上殿后便立即下诏，马上让董贤单独觐见。董贤诚惶诚恐，连忙上殿与皇上对话，二人此次谈话非常投机，哀帝高兴异常，对董贤的应对十分满意和赏识，于是立即把他从郎官擢升为黄门郎。这便是董贤贵幸的开端。汉哀帝在结识董贤还不到一个月时，由于两人频频接触，总觉得赐给董贤的官位太低，索性又加封他为驸马都尉侍中。常言说得好，"一人得道，鸡犬升天"，董贤一家老小皆因他受皇帝宠信、礼遇而沾光，个个飞黄腾达，官运亨通。董贤的父亲首得其益，由御史、君中侯征为霸陵令，没有多久，又被提升为光禄大夫；不久他又被任命为少府，并赐爵关内侯，后来又迁官卫尉。与此同时，董贤的岳父擢升为将作大匠。他的内弟（俗称"小舅子"）被任命为执金吾。董贤的胞弟也被封为驸马都尉侍中，董贤的胞妹则被封为仅次于皇后的昭仪。这样一来，董氏一家亲族布列朝廷的各个领域，其权势甚至超过了当时名声赫赫的傅、丁两家外戚。

董贤受宠于汉哀帝，两人关系亲密，可以说是终日相伴，形影不离。董贤在汉哀帝宠遇下"出则参乘，入御左右，旬日间赏赐累巨万，贵倾朝廷"。汉哀帝对董贤关怀、体贴备至。他们二人经常同吃同眠，亲密异常。传说有一天午间二人同床共寝，董贤睡梦中头枕到了汉哀帝的衣袖上，可是这时汉哀帝已经睡醒，想要起床，为了不惊醒正在熟睡的董贤，便索性用佩剑割断了衣袖，这就是有名的"断袖而起"的历史故事。汉哀帝为了日日夜夜都能与董贤厮守在一起，便索性下旨让董贤的妻子也搬入皇宫中来居住。一时间董贤所受到的荣宠是当时任何人也赶不上的。这正如丞相王嘉在元寿二年（公元前1年）时的一份上疏中所言："驸马都尉董贤亦起官寺上林中，又为贤治大第，开门乡北阙，引王渠灌园池，使者护作，赏赐吏卒，甚至于宗庙。贤母病，长安橱给祠具，道中过者皆饮食。为贤治器，器成，奏御乃行，或物好，特赐其工；自贡献宗庙三官，犹不至此。贤家有宾婚及见亲，诸官并共，赐及苍头奴婢，人十万钱。使者护视，发取市物，百贾震动，道路灌，群臣惶惑。诏书罢苑，而以赐贤二千余顷，均田之制从此隳坏。"汉哀帝对此还嫌不够，竟为董贤的身后之事操起心来，他下谕旨让将作大匠在义陵附近，为年仅二十多岁的董贤大修坟墓。此坟规模宏大，周围墙垣数重，林木葱茏，蔚为壮观，可与帝王陵寝相媲美。此外，汉哀帝还绞尽脑汁为董贤封侯寻找理由，恰好就在此时发生了所谓东平王刘云夫妇"谋反"事件。本来此事是待昭孙宠、息夫躬向汉哀帝告密的，可等到"谋反"被平定，将东平王刘云夫妇处死后，汉哀帝又指使孙宠、息夫躬二人上奏，提出检举东平王"谋反"的首功应归于董贤，并请皇上为董贤封功嘉赏。这样，汉哀帝在接到他们二人奏疏的当天，就急不可耐地立即下诏封董贤为高安侯。可是丞相王嘉对东平王刘云夫妇"谋反"一事表示怀疑，便对董贤、孙宠、息夫躬提出弹劾，追究他们的责任。于是引起了汉哀帝的不满，下令将王嘉下狱致死。于是，在元寿二年（公元前1年），年仅22岁的董贤又被汉哀帝晋封为大司马将军。就是这样，汉哀帝还嫌他对董贤的恩宠与喜爱不够，后来干脆想把皇位拱手让给董贤。史载，有一次，汉哀帝在皇宫麒麟殿宴请群臣，席间君臣彼此劝酒，气氛十分热闹。酒过三巡，哀帝已略有醉意，突然站起身来，走到董贤面前，笑眯眯地对董贤说：我打算效法古时贤君尧禅位给舜的做法，把皇位让给你，不知爱卿意下如何？在这出其不意的情况下，董贤感到很惊讶，弄得他目瞪口呆，不知所措，非常尴尬。此时，坐在一旁陪宴的侍中王闳（王莽之侄）挺身立起，严肃地对汉哀帝说：天下是高祖皇帝（刘邦）打下来的，并非陛下一人所有。陛下承继大位，就应该传位刘氏子孙，永保汉室祖业亿万年不变。您作为天下至尊，地位显重，岂能随随便便开玩笑呢！汉哀帝面对王闳的严正指责，酒意已有些清醒，知道自己失言，于是便没有再说什么。但他内心里却老大不高兴，讨厌王闳多嘴，感到很不痛快。宴会之后，他越想越不是滋味，于是，没过多久便找茬下诏罢掉了王闳的官。

董贤在汉哀帝的纵容、包庇和卵翼下，不可一世，为所欲为，十分放纵。平日他可以自由出入宫禁，随意将宫中收藏的稀世珍宝往自己家里拿。以至他家中堆满了珠宝美玉与各种珍奇的器物，有的其精美程度甚至超过了皇家藏品。总之，董贤在汉哀帝当政时期简直变成了个"二皇帝"。

董贤由一个微末小臣，由于某种偶然的机遇，靠一副漂亮的相貌被汉哀帝看中，在不到三年的时间内飞黄腾达，连连高升，直至被擢升为执掌朝廷军政大权的司马。无独有偶，在时隔一千七八百年后，和珅亦由一个微末的銮仪卫下属黏竿处的拜唐阿，也同样是由于一个偶然的机会，靠一副漂亮的脸蛋被清高宗乾隆皇帝看中，在短暂的时间内被迅速擢升为军机大臣、大学士、一等公的高位，亦被人们称为"二皇帝"。

然而，乾隆皇帝远非汉哀帝可比，和珅的本事也不是董贤所能赶得上的。但和珅与董贤的受宠、发迹，却又是多么惊人的雷同，两者何其相似乃尔。其中一个重要的原因，都是由于其相貌俊秀，善解人意，从而赢得了君主的欢心。这种历史现象难道不令人深思吗？！

【第三章】

青云直上

一 君主的嬖臣与佞臣

和珅在乾隆四十年（1775年）被乾隆帝发现和赏识后，地位有了显著变化，他可以常常跟随在皇上左右，随时听候主子使唤。在此期间，他以奴才自居，除了小心翼翼地悉心侍奉、笑脸相赔乾隆帝外，便是注意观察皇上的一言一行，仔细揣摩其心理与爱好。久而久之便知晓、摸透了主子的脾气、秉性。乾隆帝的所思所想，他都能揣摩得十分贴切。许多事情不等皇上开口，他都能服服贴贴、干脆利落地操办妥当。平日他对乾隆帝侍奉得体贴入微，甚至连皇上咳嗽两声，他都赶紧把痰盂端着奉上。把主子服侍得舒舒服服，十分满意，皇上因此对他更加喜爱和信任了。再加上和珅本来就聪明伶俐，思维敏捷，才华横溢，精明干练，很会办事，记忆力强，可以过目不忘，同时，他还会写一笔好字，并且他还能模仿乾隆帝的字体。对于和珅，就连外国使节对他也都赞不绝口。例如，英国特使马戛尔尼就曾说过，他"容貌端重，长于语言，谈吐隽快纯熟"。又如，朝鲜使臣在记载中也认为，每当乾隆帝问起一件事情，和珅不但能立即回答得有条有理，而且能把事情的来龙去脉都说得一清二楚，头头是道。同时还指出了和珅的一大特点，那就是："为人狡黠，善于逢迎。"

和珅与乾隆帝天天接触，两人关系非同一般。和珅在围着乾隆转的过程中，逐渐了解了皇上的爱好、脾气、起居、饮食等生活习惯，也可以说对皇上的所思所想，都已经揣摩到家了。乾隆帝想什么，他就想什么，有时甚至连皇上还没想到的事，他也预先想到了；皇帝说什么，他也说什么，并且能常常说到皇帝的心坎上，那真是心领神会，心有灵犀也。这怎么不叫皇帝喜欢呢！例如，乾隆帝平日非常喜欢吟诗作赋，写字绘画，于是和珅也就在这方面狠下工夫，闲暇时间便赋诗习字，并以"骚人"自视。平心而论，和珅所作的诗文有的还是不错的，正如他同时代的学人钱泳所说，和珅的诗是有佳句可采的，很通诗律。在他的诗作中，有不少就是奉乾隆帝之命而作的。例如，在他的诗集——《嘉乐堂诗集》中，有一首《奉敕敬题射鹿图·御宝匣戊申》的诗，就是奉命而作的，现在兹录于下：

> 木兰较猎乘秋冬，平野合围坳鹿竞。
> 霜叶平铺青嶂红，角弓晓狭寒风劲。
> 图来制匣宝装成，贮就天章玉采莹。
> 文修武备双含美，犹日孜孜体健行。

乾隆皇帝好虚荣，讲排场，喜享乐。和珅早已摸准了他的脾气，心领神会，并深解其意。因此，他百般侍奉，小心翼翼，生怕惹皇上不高兴。他多次陪同乾隆帝巡幸江南、热河避暑山庄、围场"木兰秋狝"（即狩猎）、东巡祭祖、祭陵、朝拜"三孔"（即孔庙、孔府、孔林）、西巡五台山拈香拜文殊菩萨等。除此之外，他还极力鼓动乾隆大兴土木，亲自主持扩建圆明园、避暑山庄"外八庙"，修缮皇宫大内殿阁楼台等工程，并且还为乾隆帝准备好了日后做太上皇时居用的"宁寿官"。与此同时，为了筹集这笔款项，和珅还使出了他善于敛财的本领，制定了一系列广开财源、扩大财路的措施，尽量少用或不用国库的存银，使乾隆帝十分满意，非常高兴。

和珅因为摸准了乾隆帝的秉性、爱好，他深知天子喜欢收藏欣赏古董、字画，以及中外各种工艺品，于是便绞尽脑汁，挖空心思，想方设法满足皇上的喜好与需求。例如，乾隆五十四年（1789年），朝鲜使臣就曾看到过和珅献给皇上的金佛。他曾在其著述中记载："京城内有佛铺子，互相买卖。朝臣用此作为贡献，皇帝亦以此赏赐贵臣。千秋节晨朝，有进贡覆黄帕架子，盛以金佛一座，长可数尺许，舁入阙中，闻户部尚书和珅所献。"因为平素知道皇上笃信佛教，进奉金佛使老主子格外高兴，从而进一步加深了他对和珅的信赖，

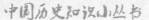

同时也更加深了彼此的关系。

在日常生活中，和珅对乾隆帝更是体贴入微，甚至不顾大学士和军机大臣的身份，"每当皇帝有咳唾之时，和珅以溺器进之"。为了表示自己只是一条看家犬，一生忠于主子，和珅平日对皇帝从来"言不称臣，必曰奴才，随旨使令，殆同皂隶"。于是把个老皇上哄得心满意足，眉开眼笑，皇上怎么能不喜欢这个后生呢！再加上和珅很会办事，在吏治与财政方面都做了某些改革与更张。这样做不仅加强了皇权，而且增加了内务府的收入。对于这一切乾隆帝是看在眼里，喜在心头的。换句话说，那就是：和珅办事，乾隆放心。

乾隆帝原本就是一个才华横溢、精明能干的君主，他所需要的臣下，自然也不能是平庸无能之辈。正如英国特使马戛尔尼所见到的那样，尽管乾隆皇帝到了晚年，"刚躁之性，仍不以此少减，即如现在所存皇子，仅只四人，而此四人之中，乃无一人能略握政柄。宁举全国政柄，畀诸相国和中堂一人，而绝不计及将来承继问题，其意见如何，颇非他人所能揣测，然论者每谓现存之皇子四人，均为皇帝所不喜之。"由此可见，乾隆帝依信和珅，超过了相信自己的亲儿子。

不能否认，和珅确实有超人之处，他有一技之长，并有一些特殊的才能。他除了精通满文、汉文之外，还通晓蒙古文与藏文等多种文字。他能熟练地用蒙古文和藏文替皇上书写诏谕，这一点深受乾隆帝的欣赏，并不止一次地夸奖和珅："承训书翰兼通满汉"，"清文（即满文——笔者注）、汉文、蒙古文、西番文（即藏文——笔者注），颇通大意。"由于乾隆皇帝认为和珅年轻有为，精明能干，因此他能"不次升擢，宠幸无比"。

乾隆帝对和珅可以说是做到了"用而不疑，疑而不用"的地步。因此，不管有人直接反映也好，还是旁敲侧击也罢，一概都是充耳不闻，视而不见；或者是做和事佬，从中调和，大事化小，小事化了，更有甚者是压制、打击敢于弹劾和珅的人。这便应了"来说是非者，便是是非人"那句老话。对于敢说和珅"坏话"的人，乾隆帝常常首先想到的是那个人是否别有用心，挑拨离间，企图拆散他的"左膀右臂"。久而久之，使和珅变得更加虚骄、专横，目中无人，肆无忌惮，为所欲为，有时甚至连皇子、皇孙们都得让他三分，都对他表示敬畏。

　　和珅当政后，乾隆帝有意把他留在自己身边，以备随时召用。无论乾隆帝住在皇宫大内，还是住在圆明园、避暑山庄，乃至祭祖、出巡游幸、狩猎等，都要带上和珅，可以说他们两人是形影不离，难舍难分。和珅长期以来，主管着户部和内务府，掌握着大宗钱财，乾隆帝对他从不怀疑，有时甚至还直接叫人把成千上万两的银子交给和珅，由其任意支用。

　　此外，凡是地方督抚官员们贡献的方物，或是外国使臣朝贡的礼品，准进与否，都必须事先经过和珅的同意与批准，由其定夺。而乾隆帝每次只从其中挑选一小部分，剩下的绝大部分都流入了和珅内宅，偶尔也有少数退回给进贡者本人。这样，久而久之，和珅家的奇珍异宝、金、银、玉等各种器物，比起皇宫大内的藏品并不逊色，甚至个别的对象比宫内的藏品还要出色。例如，整块的宝石和珅家收藏的比宫内收藏的还要多，还要大。他家的珍珠手串也比宫内所藏多出数倍。他家所藏的一颗大珍珠比皇上御用冠顶的珍珠还要大，还要好。他家收藏的大玉盘、大朝珠……甚至比乾隆帝收藏的还要大，质地更好，成色更佳。事实证明，和珅是乾隆帝的大红人，是乾隆帝最宠信的嬖臣、佞臣。难怪英国特使马戛尔尼、斯当东等人都认为和珅是当时中国的"二皇帝"。事实也是如此，当时和珅确实也是"一人之下，万人之上"一手遮天的权臣。

二　连年升迁　飞黄腾达

和珅由于得到乾隆帝的青睐与宠幸，因此他的地位也就不断变化，平步青云，官运亨通，甚至在一年之内，就接连几次擢升。他的权力越来越大，管辖的部门越来越多，就好像随风借力的风筝，扶摇直上。

和珅不但当文差，而且也还兼任武职。刚开始，乾隆帝把和珅从銮仪卫侍卫擢升为乾清门侍卫，不久又迁任为御前侍卫，同时兼任正蓝旗副都统。乾隆四十一年（1776年）正月，和珅擢升为户部侍郎。当年三月，又提升为军机大臣，进入军机处办事，朝夕围绕在皇帝左右，随时听候乾隆帝调遣。四月，又让他兼任总管内务府大臣，管理皇家事务。八月，乾隆帝又让其兼任镶黄旗副都统。十一月，授其为国史馆副总裁，戴一品朝冠。十二月，又兼任总管内务府三旗（即镶黄旗、正黄旗与正白旗）官兵事务，赐紫禁城内骑马。与此同时，和珅全家的旗籍也从正红旗抬入正黄旗。乾隆四十二年（1777年）五月，乾隆帝下谕旨令和珅、英廉、梁国治与刘墉等人，负责修改《明史》中有关蒙古人名、地名音译不准之处，命令他们共同"将原本逐一考核添修，务令首尾详明，辞义精当"。同年六月，乾隆帝任命和珅任吏部左侍郎，兼署右侍郎，负责官员任命、使用与检察、考核等。十月，又让其兼任京师步军统领（也就是人们常说的"九门提督"）。乾隆四十三年（1778年）初，吏部尚书永贵等人上奏，有关京察降革司员参罚事件，免其随带。此事也牵涉到了和珅，结果他以扶同瞻徇的"罪名"，受到处罚，降官二级，但是仍留任继续工作。此事对和珅并没有什么影响，没过多久，乾隆帝就让他兼任崇文门税务监督，总管行营事务。崇文门税务监督一职，是个肥缺，日进斗金。这个差事一般均由王公、国戚担任，现在这个差事给了和珅，说明皇上对他的照顾与信任。与此同时，乾隆帝还让和珅兼任了镶蓝旗满洲都统。同年六月，乾隆帝又授予和珅正白旗都统和领侍卫内大臣等职。乾隆四十四年（1779年）八月，他被任命为在御前大臣上学习行走。乾隆四十五年（1780年）三月，乾隆帝又授予和珅户部尚书，并正式擢升为御前大臣，同时还兼任正白旗都统、正白旗领侍卫内大臣和议政王大臣等职。同年四月，乾隆帝把最心爱的第十女和孝固伦公主许配给了和珅的长子丰绅殷德。当时和孝公主与丰绅殷德都只有六岁。从此，和珅成了皇亲国戚，成为了皇上的儿女"亲家"，因此，"宠任冠朝列矣"。这一切就足令那些王公显贵以及列朝文武官员们刮目相看；同时也为他日后弄权提供了极为有利的条件。十月，又充任《四库全书》正总裁，同时兼任理藩院尚书。乾隆四十六年（1781年），乾隆帝又让和珅兼任了兵部尚书，并负责管理户部三库；并且还兼任了方略馆总裁。乾隆四十七年（1782年），他以原衔充任经筵讲官，并晋封为太子太保，同时兼任《钦定日下旧闻考》一书总裁。乾隆四十八年（1783年），乾隆皇帝赏赐和珅戴双眼花翎，并充任国史馆正总裁，兼文渊阁提举阁事、清字（即满文）馆总裁。乾隆四十九年（1784年）七月，乾隆皇帝再次授予他轻车都尉世职，并再次任命他为吏部尚书、协办大学士，并兼管户部事务如故。同年九月，乾隆帝授予他一等男爵。这一年，他还依旧兼任正白旗满洲都统和镶蓝旗满洲都统。乾隆五十一年（1786年）七月，乾隆帝授予他文华殿大学士，并让他仍然管理户部。乾隆五十三年（1788年）二月，和珅晋封为三等忠襄伯爵，并赐予紫缰。乾隆五十四年（1789年）四月，充任殿试读卷官。同年五月，充任教习庶吉士。乾隆五十五年（1790年），乾隆帝赏赐和珅黄带四开契袍。乾隆五十六年（1791年），和珅又兼任篆刻"石经"的正总裁。此时，和珅在朝中的地位仅次于领班军机大臣、武英殿大学士、内阁首辅、一等诚谋英勇公阿桂。但是，阿桂只是名义上的朝臣"一把手"，而和绅才是实际上掌握朝廷实权的"第一人"。因为阿桂经常奉命外出督师、治河、勘察工程和查案等，这期间京城朝廷事务皆由和珅全权处理，军机处也由和珅代理领班。当时来华的朝鲜使臣就曾经说："户部尚书和珅，贵幸用事。阁老阿桂之属，充位而已。"乾隆五十七年（1792年），和珅兼任翰林院学士。乾隆五十八年（1793年），乾隆帝觉得和珅权力还没有达到极致，于是又让他兼管了太医院和御药房。乾隆六十年（1795年）四月，和珅被任命为殿试读卷官。五月，又兼任教习庶吉士。是年九月初三日，乾隆帝决定把皇位禅让给自己的第十五个儿子永琰（即位后改"永"字为"颙"字，年号"嘉庆"），自己当上了"太上皇"。可是乾隆帝让位，却不让权，一切实权仍然牢牢掌握在自己手中。和珅依然仰仗着太上皇的声威发号施令，作威作福，不可一世。嘉庆元年（1796年）正月，和珅调任为正黄旗领侍卫内大臣。同年六月，又兼任镶黄旗满洲都统。这一年，领班军机大臣、大学士阿桂年已八十岁了，再加上疾病缠身，故请求休致回家，颐养天年，得到批准。可是没有多久，他的病情加重，医治无效，到了第二年八月就去世了。

从此和珅名正言顺地成为了朝臣中的第一把手。嘉庆二年（1797年），和珅奉命调管刑部，但仍然兼管户部。嘉庆三年（1798年）正月，奉命充任参赞机政，并兼管各部部务事宜，可以说总揽了朝廷事务的一切大权。同年八月，和珅被晋封为一等嘉勇公。

从以上简单按年罗列的和珅历任官职，便可以清楚地看出和珅的发迹史。他的官位是越做越高，权力越来越大，几乎是各种高官都做遍，风光享尽，真正是"一人之下，万人之上"的"二皇帝"了。用一句通俗的话说，他真是坐着直升机登上高位的。在政治上，他大约从乾隆四十年至嘉庆四年的24年间，担任军机大臣就长达23年，以军机大臣兼任步军统领22年，以军机大臣、大学士、步军统领，又兼任户部尚书长达15年之久，这在整个清朝历史上是极为少见的。在政治上，和珅从三等轻车都尉晋封为一等男爵，再晋封为三等忠襄伯，最后晋封为一等嘉勇公。从侍卫擢升为军机大臣、御前大臣、领事侍卫内大臣、大学士，掌管吏、户、兵、刑等部及内务府、三库、理藩院、圆明园、茶膳房、造办处、上驷院、太医院及御药房等事务。在经济上，和珅除了担任户部尚书外，还控制着崇文门税务监督这个要职，掌握着国家的重要财源。在军事上，和珅除了担任过兵部尚书外，还长期担任京师步军统领等职，并控制着健锐营与火器营，这是清军中执掌新式武器的特种部队。在文化上，和珅曾担任《四库全书》总裁，《钦定热河志》、《钦定日下旧闻考》、《大清一统志》、《清三通》、《清字经》等大型书籍编纂的正总裁、总裁，以及担任经筵讲官、殿试读卷官、教习庶吉士、日讲起居注官、翰林院掌院学士等职。总而言之，和珅一生高官做遍，权势赫赫，是一个炙手可热的人物。特别是他在乾隆晚年、嘉庆初年，充任首席军机大臣、文华殿大学士，并兼管吏、户、兵、刑等部事务，从而控制了官吏任免升迁、财政开支、诉讼裁判等大权，这在整个清朝历史上是绝无仅有的，实乃一特殊事例。和珅其人对清朝中期的政治、经济、文化和军事等各方面均产生了一定影响，而且这种影响还直接波及后世，给清朝由盛转衰，以至陷入危机的境遇埋下了种子。

和珅之所以得到如此殊荣，受到乾隆帝的特别信任、宠遇，究其原因，除长相俊秀外，还有以下几个原因：第一，和珅出身八旗满族世家。清朝，尤其是在清朝前期、中期，满族人受到皇帝的特殊恩遇、信任。虽然朝臣中从中央到地方的各级政府机构，都设置了汉官，但是历来都是以满官为主，汉官为次，实际大权均掌握在满官手中。这一点畛域分明，绝不含糊。其次，和珅所以受到重用，也说明他确实聪明能干，办事能力强，干练机敏，其知识、能力等均在同辈满族人之上。并且他多年集政治、经济、军事、文化大权于一身，同时还是乾隆帝的儿女亲家，与皇室有联姻关系，因此，成为了乾隆帝一时一刻也离不开的人。

三　查审李侍尧

尽管乾隆帝一开始就青睐、宠幸、重用和珅，但如果和珅在政绩上没有突出的表现，做出点令人们信服的举动，那也就很难使别人，特别是那些资深的同僚们服气。恰在此时，乾隆帝给了和珅一个表现自己"才能"的机会。乾隆四十五年（1780年）正月，云南粮储道并曾任贵州按察使的海宁解除旧任，被任命为沈阳奉天府尹，来京陛见，按惯例皇帝均要询问一下该省地方大吏的一些表现。海宁其父明山曾是前任云贵总督，故他对云贵两省的情况比较了解。当面海宁并没有反映出什么重要的情况，特别是还替云贵总督李侍尧说了不少好话，说他很能干，有本事。可是，背地里海宁又对别人说了不少李侍尧在云南贪赃枉法的事情。例如，他对和珅说，李侍尧贪得无厌，自己怕他报复，在李过生日时，曾向他贡献黄金二百两。和珅抓住这个机会，马上向皇上作了汇报。乾隆帝听到这个消息后，十分生气，于是下谕将海宁交给军机大臣审讯，让他说出实情。军机大臣们遵旨严厉审讯海宁，因此海宁只好全盘交代了有关李侍尧的侵贪事情。其中主要有以下两件：（1）李侍尧曾派遣部下孙允恭赴江苏购买进贡物品，借此机会收取所属官员汪圻、庄肇奎和素尔方阿等人贡献银，共计1.6万余两。（2）李侍尧派人修缮自家房舍，向属员勒索白银1万余两。于是乾隆帝下谕派遣户部右侍郎和珅与刑部侍郎喀宁阿等人，前往贵州、云南查办云贵总督李侍尧。为了防止走漏消息，乾隆帝特别下达密旨，命令沿途湖南、贵州等省巡抚派人把守关口，严密稽查往来人等，如若遇到私骑驿站马匹由北往南的人，一定要严行截拿，详加审讯，然后上报。

李侍尧，字钦斋，祖籍辽东铁岭，原为汉军正蓝旗人。乾隆四十年（1775年）其家被抬入汉军镶黄旗。他是明末将领李如柏的后代，其四世祖李永芳，原本是明朝镇守抚顺城的最高长官。在万历四十六年（1618年）初，当清太祖努尔哈赤率军攻打抚顺时俯首投降。努尔哈赤为了奖励他，授予他三等副将官衔，并把自己的孙女下嫁给他，因此俗称其为"抚顺额驸"。从此李永芳为新主子效尽了犬马之劳，立下了赫赫战功。李侍尧的父亲叫李元亮，曾做过户部尚书。从这个意义上说，他也是八旗勋旧大臣的后裔。乾隆八年（1743年），李侍尧以荫生身份得补印务章京一职。乾隆十四年（1749年），乾隆帝第一次接见李侍尧时就留下了极好的印象，认为他是"天下奇才"，立即破格提升他为副都统。当时有人以违例谏劝，乾隆帝却说："李永芳孙，安可以他汉军比。"不久，李侍尧先后又转任工部侍郎、户部侍郎、广州将军等职。乾隆二十一年（1756年）便任代理两广总督，至乾隆二十四年（1759年）正式实授。因为广州从隋唐时期开始，就是中国对外贸易的重要港口，到了清朝乾隆时期，广州又成为了中国对外通商的唯一港口。一切贸易均由洋行（俗称"十三行"）经理。因此，"十三行"商人，若想保持其垄断地位，就必须向广州地方官行贿、献纳。于是两广总督一职，一向是个发财的肥缺。乾隆二十六年（1761年），李侍尧被召回京师，充任户部尚书、正红旗汉军都统，袭勋旧佐领。乾隆二十八年（1763年），专任湖广总督。次年，再任两广总督。不久，因丁忧回到京师，守制期满，任工部尚书。乾隆三十二年（1767年），又任两广总督，袭二等"昭信伯"。乾隆三十八年（1773年），被授予武英殿大学士，仍留两广总督任。他前后在两广总督任上干了十五年。直到乾隆四十二年（1777年），才调任云贵总督。李侍尧是位能人，其才干尽人皆知。《清史稿》记载：此人"短小精悍，过目成诵，见属僚，数语即辨其才否。拥几高坐，语所治肥瘠利害，或及其阴事，若亲见，人皆悚惧"。礼亲王昭梿在其所著《啸亭杂录》中也说："公短小精敏，机警过人，凡案籍经目，终身不忘。其下属谒见，数语即知其才干，拥几高坐，谈其邑之肥瘠利害，动中要害，州县有阴事者，公即屡屡道之，如目睹其事者。"再加上，李侍尧也很会讨好乾隆帝，在他为官期间，在同僚中以进贡方物最得主子满意驰名。

乾隆帝曾夸奖他与山东巡抚国泰的贡品最好，超过其他人，非常喜欢。因此，他一向为乾隆皇帝倚任、器重。于是，在这种情况下，李侍尧逐渐沾染了当时官场上的种种恶习、陋规，并滋生了骄娇二气，趾高气扬，轻易不把别人放在眼里。因其"年老位高，平日儿畜和珅，珅衔之"。这也就是说，他凭着资格老，地位高，没把和珅放在眼里，经常在语言上和行动上对和珅不尊重，于是就得罪了和珅。因此，和珅也总想找机会整整他。和珅本来就心胸狭窄，又本性阴毒。"少有嫌隙，必致中伤。"李侍尧也确实存在贪赃、受贿、索贿、侵吞、勒派等一系列问题。例如，他曾强行把一颗珍珠卖给昆明知县杨奎，然后索要白银3000两，将另一颗珍珠卖给云南的一个同知方洛，索要白银2000两。后来两人并不敢把珍珠收为己有，于是又作为礼物送给了李侍尧。此外，李侍尧曾令云南鲁甸通判索尔方阿管理乐马银厂，每月向其交纳1000—2000两白银。再说，乾隆帝早已知道李侍尧以筹办贡品为名，借机营私肥己。因此，他一方面派当时正在随銮南巡的户部右侍郎和珅与刑部侍郎喀宁阿为钦差大臣，从山东长清县灵岩寺行宫出发，每日行程200里左右，迅速赶往贵州、云南。与此同时，乾隆帝又谕令在京师的户部尚书英廉，在正月二十七日，率人查抄了李侍尧的在京家产。

和珅、喀宁阿等人一路晓行夜宿，急急忙忙于二月二十六日，赶到了昆明府。首先把李侍尧的大管家张永受拘捕起来，连夜严加审讯，并查抄了他的随身携带物品。张永受实在挺不住了，只好供出了李侍尧派他承收各级地方官员馈送的贪污营私的有关事情。三月初七日，和珅与喀宁阿查审李侍尧，在事实面前，李侍尧不得不俯首认罪。承认收取迤南道庄肇白银2000两，收取鲁甸通判索尔方阿总共白银8000两，收取东川知府张珑白银4000两，收取云南按察汪圻白银5000两，收取临安知府德起总共白银1万两。此外，他在查办一起案件时，查获黄金600两、白银1000两，然后将存单改为黄金60两，白银7500两，按照当时金银比价从中贪污白银3300两。经过核实，李侍尧贪污白银3.5万两左右，其实这只是他侵吞、勒索非法收入的一部分。乾隆帝对于李侍尧的贪污行为十分生气，他在上谕中说："侍尧身为大学士，历任总督，负恩婪索，朕梦想不到，夺官，逮诣京师。"按照乾隆帝的谕令，和珅、喀宁阿将李侍尧革职拿问，解送京师，进一步审查。经过多次审问，李侍尧对于自己所犯罪行供认不讳，和珅等人拟判其"斩监候，夺其爵以授其弟奉尧"。和珅之所以判李侍尧"斩监候"，并不是他不想将李侍尧立即斩首，而是他早已揣摩到乾隆帝是想抄没李侍尧的家产后，网开一面，给他留一条生路，才这样宣判的。接着便是大学士、九卿等和议和珅审拟的李侍尧贪污营私各款罪行，结果是将原拟"斩监候"，改判为"斩立决"。五月七日，乾隆帝发布上谕说："李侍尧历任封疆，在总督中最为出色，是以简用为大学士，数十年来受朕倚任深恩，乃不意其贪黩营私，婪索财务盈千累万，甚至将珠子卖与属员，勒令缴价复将珠子收回。又厂员调回本任，勒索银两八千余两之多，现在直省督抚中令属员购买物件短发价值及不发价者不能保其必无。至李侍尧之赃私累累逾闲荡检，实朕意所想不到，今李侍尧既有此等败露之案，天下督抚又何能使朕深信乎？朕因此案实深惭憿。近又闻杨景素有声名亦甚狼藉，但此人已死，若至今存，未必不为又一李侍尧也。各督抚须痛自猛省，毋谓查办不及幸逃法网，辄自以为得计。总之，有则改之，无则加勉。触目警心，天良具在，人人以李侍尧为炯诫，则李侍尧之事未必非各督抚之福也。所有此案核拟原折，即发交各督抚阅看，将和珅照例原拟之斩监候及大学士、九卿从重改拟斩立决之处酌理准请各抒己见定拟具题，毋得游移两可。"大多数督抚都同意判李侍尧斩立决，只有极少数人（如安徽巡抚闵鹗元）同意和珅的意见——"斩监候"，打算给李侍尧一条活路。因为他也揣摩到乾隆帝的意图是不想处死李侍尧的。因此上奏说："侍尧历任封疆，干力有为，请用'议勤'、'议能'（此二'议'均为清朝法典中的'八议'之一，其他六议分别为'议亲'、'议故'、'议功'、'议贵'、'议实'和'议贤'等——笔者注）之例，宽其一线。"于是乾隆帝在十月初三日，下诏改定为"斩监候"。同时决定把查抄的李侍尧的家产，除一部分珠宝珍品留在宫内外，其他衣物、器具等物送至崇文门税关变卖，所得银两悉数交给内务府广储司库收存。并将李侍尧在京房产查抄入官，将其中一所宅居，内有大小房间143间的院落，赏赐给和珅，作为和孝十公主的公主府第。

对李侍尧一案的处理不但显示了和珅的办事才能，而且也显示了和珅与

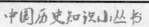

乾隆帝心心相通，甚解上意。此外，和绅在云贵两省逗留期间，了解到两省地方官员，"赃私狼藉，吏治废坏，府州县多有亏空，须彻底清查，清厘积弊。"于是他给乾隆帝写了一份详细汇报，并提出了自己的处理办法。乾隆帝阅后，非常满意，本来打算任命和绅为云贵总督，但是考虑到此案是和绅本人处理的，恐怕别人有什么想法；再说，他也不愿意和绅长久远离自己身边，于是便任命福康安为云贵总督。同时命令和绅火速回京。还未等和绅人到京师，乾隆帝就急不可耐地提升他为户部尚书，兼议政王大臣。待乾隆四十五年（1780年）五月，回到京师后，和绅又向乾隆帝面陈了有关云贵两省设关、盐务、钱法，以及边务（例如，与缅甸的关系、与越南的贸易等）诸事，均合乎主子的心意，得到了乾隆帝的首肯，并批准实施。接着皇上又授予他御前大臣。

和绅通过处理李侍尧案，不但使乾隆帝进一步了解了他的办事能力，而且也达到了乾隆帝让他在百官中提高威信的目的。从此乾隆帝对他更加宠信，两人的关系也更加密切，在仕途上和绅进一步飞黄腾达了。

四 攀高枝与皇室联姻

和珅官运亨通的另一个标志，就是他的一家及其家族与皇室结亲。当然这同样也反映了乾隆帝对和珅的青睐与宠信。乾隆四十五年（1780年），乾隆帝赐和珅长子名字丰绅殷德（"丰绅"一词为满语，意为"有福泽"也——笔者注），同时还把自己的掌上明珠，年仅6岁的最小的女儿和孝固伦十公主许配给了他，"待年及岁时，举行指婚礼"。从此，乾隆帝与和珅两人结下了"娃娃亲家"。当年乾隆帝年已古稀，而和珅刚刚31岁。

乾隆帝一生共生育了十个女儿，其中有五个因早殇没有加封，更没有下嫁。和孝固伦公主是乾隆帝的第十个女儿，也是他最小的一位公主。她生于乾隆四十年（1775年）正月初三日。那一年乾隆皇帝已经65岁。和孝公主的生母汪氏，是乾隆帝所册封的18位有名位的后妃之中的第十七位。她排在容妃（即所谓维吾尔族妃子"香妃"）的前面。惇妃汪氏是满洲正白旗人，她的父亲名叫四格，曾做过都统。惇妃生于乾隆十一年（1746年）三月初六日，乾隆二十八年（1763年）十月，被选入宫。乾隆帝比较喜欢她，故在当月十八日就封她为"永常在"。乾隆三十三年（1767年），被晋封为"永贵人"，接着又在乾隆三十六年（1771年）十月，晋封她为"惇嫔"。乾隆三十九年（1774年）十一月，因其怀孕在身，被晋封为"惇妃"。第二年（1775年）正月，便生下了和孝公主。

惇妃脾气暴躁，比较骄横，也许自以为生了个皇上喜欢的女儿，有了本钱就飞扬跋扈，不可一世起来，动不动就发火，并经常拿下人出气。她于乾隆四十三年（1778年）借故打死了一名使女，乾隆帝知道后非常生气，把她降为

"嫔"。可是不久又恢复了她的"妃"位。这也许是"母以女贵",因为和孝公主深受乾隆帝宠爱的缘故吧。

乾隆四十一年(1776年)正月初三日,是和孝公主的周岁纪念,即所谓"碎盘日"。那一天,乾隆帝赏赐给她许多玩物与珍宝,其中有汉玉撇口钟、汉玉娃娃戏狮、青玉匙、红白玛瑙仙鹤、油珀圆盒与汉玉扇器等。和孝公主生来活泼好动,聪明伶俐,讨人喜欢,长相也颇似其父乾隆帝,而且她又是乾隆皇帝最小的女儿,就是俗话所说的"老闺女",因此,皇上就格外喜欢、宠爱她,视其为"掌上明珠"。在《清史稿·公主表》中记载:"主,高宗少女,素所钟爱,未嫁赐金顶轿。"

在和孝公主14岁时,乾隆帝就破格封她为"固伦(满语,汉译为'国'之意)公主"。按照清朝体制,皇后之女才能封为"固伦公主",其品级相当于亲王。而妃、嫔所出,或由皇后所收养的宗室之女,则只能封为"和硕公主"。其品级相当于郡王。乾隆帝的其他四个女儿,分别为:第三女和敬固伦公主,乃孝贤皇后所生,乾隆十二年(1747年)三月,下嫁给色布腾巴尔珠尔额驸(蒙古族);第四女和嘉和硕公主,纯惠贵妃苏氏所生,乾隆二十五年(1760年)正月,下嫁给傅恒之子福隆安额驸;第七女和静固伦公主,孝仪纯皇后所生,乾隆三十五年(1770年),下嫁给拉旺多尔济额驸;第九女和恪和硕公主,孝仪纯皇后所养,乾隆三十七年(1772年),下嫁给扎兰泰额驸。和孝十公主在诸皇女中是备受乾隆帝宠爱、娇惯的一个,从小就被养育在皇帝身边。乾隆帝以其相貌非常像自己,因此就格外钟爱她、呵护她,并经常对她说:"假如你是个皇子,那朕一定立你为皇储。"和孝公主自幼就具有阳刚之气,喜欢把自己打扮成男孩子,更喜欢与男孩子一起玩耍,做一些男孩子们的游戏。青少年时期,她经常随乾隆帝出巡、木兰秋狝,驰骋在密林与一望无际的大草原间,显现出她那飒爽英姿,"不爱红装爱武装"的气魄。当年她进哨行围,用过的各种小型弓箭、撒袋、马鞍等狩猎用具,后来还常被乾隆帝的皇孙辈的孩子们使用。据史料记载:她"性刚毅,能弯十力弓,少尝男装随上较猎,射鹿丽龟,上大喜,赏赐优渥"。

乾隆四十五年(1780年),和孝公主6岁时,就被乾隆帝许配给和珅的长子丰绅殷德为妻。那一年，丰绅殷德也恰好是6岁，他与和孝公主同年同月所生，只是比公主小半个月。他长得与其父和珅几乎一模一样，也是个英俊貌美的少年。他号称"润圃"，含有"恩蒙尚主，入趋禁廷，退乐钟鼓思义"的意义。和孝公主与丰绅殷德订婚以后，和珅好像吃了一颗定心丸，分外地高兴、得意。他认为自己在朝中的地位进一步巩固了，也是乾隆帝最信任的人。他知道，今后只要讨得和孝公主高兴，乾隆帝也一定会高兴。因此，他就变着法儿地向和孝公主献殷勤，讨喜欢。当时和孝公主尚在童年，经常管和珅叫"丈人"（公主称和珅为"丈人"不知何因，也许是因为其年少时喜欢打扮成男孩子的缘故，把"公爹"叫成"丈人"吧）。有一年春节期间，乾隆皇帝带着和孝公主逛圆明园内同乐园的"买卖街"〔在圆明园中，每年新春伊始（即正月初一）到"燕九节"（所谓"燕九节"，是一个道教的节日，即农历正月十九日。因为，这一天是道教"全真派"的主庭北京白云观的创始人丘处机的生日）期间，仿照民间的"庙会"，临时设立的"买卖一条街"——笔者注〕。和珅当时也陪同他们父女二人逛街，逛来逛去当他们一行来到一家卖衣服的铺子前，乾隆帝看见了一件"大红呢子夹衣"，便走上前去翻看，和孝公主与和珅也赶紧跑了过去，公主十分喜欢这件衣服，爱不释手，乾隆帝看到这种情景，赶忙说："还不叫你'丈人'给你买下！"于是和珅花了28两银子买了这件衣服，送给了和孝公主。

乾隆五十三年（1788年），当和孝公主14岁时，被破格晋封为"固伦公主"。也就是从这一年的三月二十日开始，和孝公主开始留起了头发，准备下嫁。据清朝档案记载，乾隆帝这一天赏赐给她一批丰厚的礼物，其中包括大批绫罗绸缎和珠宝玉器。三月二十六日，乾隆帝又下谕旨赏赐给和孝公主金镶松石如意一柄、伽南香念珠一盘、汉玉扇器四件。同时还赏赐给丰绅殷德金镶松石如意一柄。

乾隆五十四年（1798年），和孝公主与丰绅殷德按原来的规定，将要举行指婚大礼。当年闰五月初二日，乾隆帝又下谕旨说："凡下嫁外藩固伦公主，例支俸银一千两。如系在京住者，即照下嫁八旗之例支给。从前和敬固伦公主，虽系在京居住，而俸银、缎匹仍照外藩之例支领，年久未便裁减，是以降旨仍照旧关支。今和孝固伦公主，系朕幼女，且在朕前承欢侍养，孝谨有加，将来下嫁后，所有应支俸禄，亦着一体赏给一千两，以昭平允，而示嘉奖。"这也就是说，和孝公主的俸禄是诸皇女中，属于最高一级的，与下嫁外藩的固伦公主相同，很显然这是乾隆帝对和孝公主的偏爱。与此同时，乾隆帝还下谕旨："命固伦额驸丰绅殷德在御前行走。"没有多久，他又被任命为散秩大臣。

这一年的十一月二十七日，是个黄道吉日，一切准备停当，刚刚15岁的和孝公主与丰绅殷德举行了婚礼。为此，乾隆皇帝除了赏赐给她大量土地、庄丁和奴仆外，还赏赐给她一大批妆奁。现在这份赏赐她的清单，还完整地保存在中国第一历史档案馆中，现录列于下：

> 红宝石朝帽顶一个，嵌二等东珠十颗。
>
> 金凤五只，嵌五等东珠二十五颗，内无光七颗，碎小正珠一百二十颗，内乌拉正珠二颗，共重十六两五钱。
>
> 金翟鸟一只，嵌粿子一块，碎小正珠十九颗，（随）金镶青金桃花垂挂一件，嵌色暗惊罍小正珠八颗，穿色暗惊罍小正珠一百八十颗，珊瑚坠角三个，连翟鸟共重五两三钱。
>
> 帽前金佛一尊，嵌二等东珠二颗。
>
> 帽后金花二枝，嵌五等东珠五颗。
>
> 金（银）珊瑚头箍一围，嵌二等东珠七颗，重四两七钱。
>
> 金镶青金方胜垂挂一件，嵌色暗惊罍小正珠二十四颗，穿碎小正珠二百四十九颗，珊瑚坠角三个，重四两五钱五分。
>
> 金镶珊瑚项圈一围，嵌二等东珠五颗，五等东珠二颗，重五两四钱。
>
> 鹅黄辫二条，松石背云二个，珊瑚坠角四个，加间三等正珠四颗，四等正珠四颗，重五两三钱。
>
> 双正珠坠一副，计大正珠六颗，二等正珠六颗，加间碎小正珠六颗，金钩重一两七钱五分。

金手镯四对，重三十五两。

金菏莲螃蟹簪一对，嵌无光东珠六颗，小正珠二颗，湖珠二十颗，米珠四颗，红宝石九块，蓝宝石二块，锞子一块，重二两一钱。

金莲花盆景簪一对，嵌暴皮三等正珠一颗，湖珠一颗，无光东珠六颗，红宝石十二块，子一块，无挺，重一两五钱。

金松灵祝寿簪一对，嵌无光东珠二颗，碎小正珠二颗，米珠十颗，子二块，红宝石四块，蓝宝石二块，碧牙二块，重二两。

碎小正珠小朝珠一盘，计珠一百八颗，珊瑚佛头塔记念，银镶珠背云，嵌小正珠一颗，米珠四颗，小正珠大坠角，碎小正珠小坠角，加间米珠四颗，金圈八个，连绦结，共重一两八钱五分。

碎小正珠小朝珠一盘，计珠一百八颗，珊瑚佛头塔记念，银镶珠背云，嵌色暗五等正珠一颗，米珠四颗，小正珠大坠角，碎小正珠小坠角，加间米珠四颗，金圈八个，连绦结，共重一两四钱五分。

珊瑚朝珠一盘，青金佛头塔，金镶绿碧牙背云，碧牙大坠角，松石记念，碧牙黄蓝宝石小坠角，加间色暗暴皮五等正珠四颗。

珊瑚朝珠一盘，催生石佛头塔，铜镶宝石背云，嵌子一块，红宝石二块，蓝宝石二块，碧牙一块，绿晶一块，松石记念，红宝石大坠角，红宝石小坠角二个，蓝宝石小坠角一个，加间无光东珠一颗，小正珠三颗，饭块小正珠十四颗，珊瑚蝙蝠二个。

青石朝珠一盘，珊瑚佛头塔记念，铜镶嵌背云，红宝石四块，碧牙一块，蓝宝石二块，碧牙大坠角，红宝石小坠角，加间假珠四颗。

催生石朝珠一盘，珊瑚佛头塔记念，松石背云，黄宝石大坠角，碧牙小坠角，加间饭块小正珠一颗，碎小正珠三颗。

松石朝珠一盘，碧牙佛头塔记念，蓝宝石背云，红宝石大坠角，珊瑚记念，红宝石碧牙小坠角，加间碎小珠四颗。

松石朝珠一盘，碧牙佛头塔记念，蓝宝石背云，黄宝石碧牙大坠角，珊瑚记念，红宝石碧牙小坠角，加间变色小正珠一颗，饭块小正珠三颗。

蜜腊朝珠一盘，碧牙佛头塔，背云，记念，坠角，加间碎小正珠四颗。

蜜腊朝珠一盘，碧牙佛头塔，背云，记念，小坠角，红宝石大坠角，加间碎小正珠三颗，假珠一颗。

酱色缎貂皮袍两件，青缎天马皮袍一件。

酱色缎灰鼠皮袍一件，酱色缎羊皮袍一件。

酱色绸羊皮袍一件，酱色缎上身羊皮，下接银鼠袍一件。青缎貂皮褂二件，石青缎绣八团白狐鏤皮褂一件，青石缎四团夔龙银狐褂一件，青缎灰鼠皮褂两件。以上俱换面改作。

绣五彩缎金龙袍料五匹、绣五彩缎蟒袍料二十三匹、绣五彩纱蟒袍料二匹、织五彩缎八团金龙褂料十八匹、绣五彩纱龙袍料三匹、片金二十匹、蟒缎二十匹、大卷闪缎三匹、小卷闪缎三十二匹、羊绒三十卷、妆缎三十匹、上用金寿字缎二匹、大卷八丝缎一百六十四匹、上用缎六匹、大卷官绸二十五匹、大卷纱二十二匹、大卷五丝缎一百六十四、小卷五丝缎七十五匹、潞绸八十匹、官纱二十匹、绫一百匹、纺绸一百匹，共九百四十匹。

金镶玉草筋二双、商银痰盒二件，每件重七两八钱；银粉妆盒一对，重三十八两一件，三十七两一件；银执壶一对，每件重二十一两；银茶壶一对，每件重三十两五钱；银盆二件，重九两七钱一件，重十两三钱一件；银盒一对，重一百三十两一件，六十一两一件；银壶一把，重七两五钱一件；银盒二件，重九两七钱一件，十两三钱一件；银盒一对，重七两五钱一件，重七两四钱一件；商银小碟一对，重二两五钱一件，一两七钱一件；镀金盒一对，重三两一钱一件，三两二钱一件；银杯盘十份，共重三十二两五钱；银壶四把，重十三两二件，十两二件；银匙四把，每件重六钱；玉杯八件。

象牙木梳十匣、黄杨木梳二十匣、篦子十二匣、大抵二十匣、别刷一匣、刷牙刮舌十二匣。

摆紫檀格子（即多宝格）用：青汉玉笔筒一件，紫檀座青玉杠头筒一件，紫檀座青玉执壶一件，紫檀座汉玉仙山一件，乌木商丝座汉玉鹅一件。紫檀座摆紫漆案用：汉玉璧磬一件，紫檀架随玉半璧一件、汉玉半璧一件、紫檀座汉玉磬一件、紫植商丝架随玉夔龙一件、汉玉璧一件、紫檀座青玉瓶一件。紫檀座摆黑漆笔砚桌用：汉玉笔架一件、紫檀座青玉瓶一件、紫檀座汉玉水盛一件、紫檀座紫檀画五屏峰（风）筒妆二座（每座随玻璃镜一面）、红漆长方屉匣十对、雕紫檀长方屉匣六对、红填漆菊花式捧盒二对。

以上乾隆帝的赏赐物品，大体上可分为七大类，即（1）头饰品。（2）皮衣。（3）朝珠。（朝珠乃皇家的一种象征着高贵身份的特殊装饰品。这种朝珠可以用宝石、珠玉缀成，非常华贵，只有皇室主要成员和少数特别高级的官员才能佩戴。）（4）衣料。（5）梳妆用品。（6）陈设品。（7）文房四宝等各种用具。这些赏赐用品，有的是乾隆帝特别照顾和孝公主的，比她的几个姐姐都要丰富得多。

乾隆帝不但赏赐给和孝公主大批妆奁，而且就在同一天还赏赐给额驸丰绅殷德大量礼品，其中主要有：

椰子朝珠一盘，珊瑚佛头塔，银镶蓝宝石背云，嵌红宝石四块，碧牙记念，蓝宝石小坠角，加间养珠四颗。

蜜蜡朝珠一盘，碧绿牙佛头塔，银镶碧牙背云，大小坠角，珊瑚记念，加间碎小正珠四颗。

红宝石朝帽顶一个，嵌二等东珠六颗。

帽前金佛一尊，嵌五等东珠二颗。

帽后金花一只，嵌五等东珠一颗。

镀金嵌碧牙四块瓦一副，随手巾束一副。

银镀金嵌温都鲁四块瓦一副。

象牙牙签筒一件，鳅角牙签筒一件。

集锦荷包二匣，每匣金黄大带。

花大荷包一对，珊瑚豆小荷包四个，套二个，扳指套一个，火镰一把，扇套一个。

哈吗一副，小刀二把，灰色青貂袍一件，蓝绸貂皮袍一件，酱色缎灰鼠皮袍一件，蓝色银鼠皮袍一件。

蓝绸羊皮袍一件，石青锻貂皮褂二件。

石青缎灰鼠皮褂一件，石青缎羊皮褂一件。以上十二件，系四执事，俱换面改做。

此外，乾隆帝还赏给丰绅殷德额驸头等女子四名，二等女子四名，三等女子四名。每名女子各赏有皮、棉、夹衣、丝缎衣料、银项圈、铜耳坠等物。同时还赏给了户口男人十一人，女人十一人，户口管领二人，也各赏赐了他们一些衣物和用具等。

乾隆帝觉得以上这些妆奁和礼品，还不大够，于是又格外赏赐给和孝公主与丰绅殷德额驸一些物品，内有包括做衣服、被褥、床单与帐幔等物的丝绸、锦缎、绫罗、绣纱、毛毡和绒线等八百五十九匹。其中包括：

大卷八丝缎一百七十六匹、妆缎二十二匹、小卷八丝缎二匹、锦十一匹、倭缎四匹、小卷闪缎十六匹、大卷纱六十九匹、春绸八十二匹、绉绸二百四十七匹、纺绸一百二十三匹、绫八十八匹、小卷金寿字缎十九匹，以及黄猩猩毡二丈一尺、红猩猩毡一丈八尺七寸、绣缎领、袖十副、绣纱领、袖三副，绒线四十四匣、三等金线七百三十四子。

此外，乾隆帝还另加赐给和孝公主妆奁如下：

紫檀嵌玉如意一盒（计九柄）、红漆填金捧盒二对、红填漆菊花式捧盒八对、黄彩漆八方捧盒七对、填漆透风八方捧盒八对、彩漆皮圆盒五十件、银珐琅里镶嵌玳瑁面盒七件、广珐琅面盆四件、铜镜四件、玛瑙把镜四件、珐琅把镜四件、紫檀支镜十件、翠顶花钿边三十份、翠凤二十匣、翠花六十匣、小抿二十匣、篦子八匣、刷牙刮舌八匣、剔蓖二十匣、剔刷十九匣、旧锦缎绸实例夹被三件、大红缎绣花卉高桌围四个、刻（缂）丝扇套片十片、刻（缂）丝香袋片十四片、绣香袋片五十六片、绣缎镜套料三十六片、未做成小荷包八十八对、刻（缂）丝镜套料二片、西洋线络单一块、绣纱帐子一件、绣纱幔子二件。

除此之外，在和孝公主与丰绅殷德举行正式结婚大典后六日，即十二月初三日，按清朝皇家的礼节，和孝公主与丰绅殷德额驸还要进宫举行回门礼。就在那一天，乾隆帝又赏赐给他们俩大批礼品。其中赏赐给和孝公主的东西主要有：

金年年如意簪一对，嵌小正珠三颗，碎小正珠九颗、无光东珠二颗、红宝石十四块、蓝宝石四块、子二块、子玉一块、羊睛一块，重二两四钱。

金菊花簪一对，五等饭块正珠六颗，红宝石四块，蓝宝石二块，重一两四钱。

金喜荷莲簪一对，嵌无色东珠二颗，米珠八颗，子二块，红宝石六块，蓝宝石二块，重一两四钱五分。

金喜荷莲簪一对，嵌四等正珠一颗，五等东珠一颗，小正珠七颗，湖珠三颗，无光东珠三颗，碎小正珠一颗，红宝石十块，蓝宝石一块，羊睛二块，子三块，重一两五钱。

金喜荷莲簪一对，嵌五等正珠二颗，小正珠四颗，碎小正珠二颗，米珠四颗，红宝石七块，玻璃一块，重一两四钱五分。

银镀金龙头吉庆寿字流苏一对，穿饭块小正珠八十颗，红、蓝宝石坠角十个，重一两七钱四分。

金喜荷莲簪一对，嵌色暗惊璺二等正珠一颗，无光东珠一颗，五等正珠一颗，五等东珠一颗，小正珠六颗，碎小正珠十四颗，红宝石十块，蓝宝石二块，子二块，重一两七钱。

金灵芝蜘蛛簪一对，嵌五等正珠一颗，湖珠三颗，小正珠二颗，红宝石十一块，蓝宝石三块，碧牙一块，子二块，松石一块，重二两三钱。

黄汉玉诗意夔纹如意一柄，青玉方朔一件，紫檀乌木商丝座白玉连环节一件，白玉鱼磬一件，紫檀架碧玉夔凤双孔花插一件，紫檀牙座铜牧牛一件，紫檀座水晶灵芝双环瓶一件，乌木红牙座白地红花甘露瓶一件，紫檀座玛瑙葵花碗一件，锦二匹，大卷八丝缎四匹，大卷宁绸三匹。

赏赐给丰绅殷德额驸的礼品主要有：

珊瑚朝珠一盘，绿玉佛头塔，碧牙背云，大坠角，松石记念，红宝石小坠角，加间碎小正珠一颗，米珠三颗。

据当时目睹和孝公主下嫁丰绅殷德家的朝鲜使者记载："皇女于归，特赐帑银三十万。""大官手捧如意、珠贝，拜辞于皇女轿前者无虑屡千百，虽以首阁老阿桂之年老位尊，亦复不免云。"

当时朝鲜使者还把和孝公主下嫁丰绅殷德额驸与乾隆帝的另一个女儿和嘉公主下嫁富隆安额驸时的情景作了比较，他说：乾隆皇帝对和孝公主"宠爱之隆，妆奁之侈，十倍于前驸马福隆安时，自过婚日，辇送器玩于主第者论其直（值），殆过数百万金"。这还不算，乾隆帝不久借着和孝公主过生日之际，又赏赐给她一批礼物，其中主要有：

紫檀嵌玉如意一柄，汉玉开璧磬一件，上栓青玉鸠一件，紫檀架白玉仙山一件，紫檀座汉玉葵花洗一件，紫檀座碧玉双孔花插一件，茜牙座青玉海棠洗一件，紫檀商丝座青绿双瓶一件，绿晶蕉叶花插一件，紫牙白檀座八成金五两重金锞九个，藏香九束，自鸣钟一座，五十两重银元宝九个，绸缎九表九里（外库）。

由此看来，当时乾隆帝对这场婚姻非常满意、高兴，爱女之心意犹未尽，就连和孝公主的母亲惇妃也沾上了光。乾隆帝又在当月的二十一日，赏赐给惇妃白银三百两，其名为是给惇妃过生日的祝贺礼。可是惇妃的生日是三月初六日，离那时还差两个多月呢！由此可见，乾隆帝肯把自己最心爱的小女儿和孝公主下嫁给和珅的儿子丰绅殷德，并赏赐给他们极其丰厚的妆奁与礼物，这不仅意味着乾隆帝对和珅极为宠幸，同时也是提高和珅身份与地位的一个手段。另一方面，也意味着和珅从此与乾隆帝结成了儿女亲家，双方彼此关系更进一步加深了，这是其他高官显贵们所望尘莫及的。这也说明和珅实际上已成为当朝第一权臣，是别人望眼欲穿的勋贵国戚。

其次，和珅家族与皇家攀亲，除了其子丰绅殷德娶了和孝公主为妻外，和珅的女儿也嫁给了皇族。他的女儿是贝勒永鋆（号"丽斋"）的福晋（满语，亦作福金、夫金，系汉语"夫人"的音译）。永鋆乃是康熙皇帝的曾孙。丰绅殷德曾有《赠丽斋姐丈》一诗，其中写道："莫厌山居太寂寥，绝超城市困喧嚣。自由自在神俱爽，无事无非梦亦调。茅舍竹篱偏得趣，清风明月不须邀。布衣蔬食吾犹愿，况有花时酒一瓢。"丰绅殷德的这首诗写于和珅家产被抄没后，亲属们个个如丧家之犬，心灰意冷眷恋着昔日富贵生活。而丰绅殷德却有一种看破红尘之情感，并以此劝慰其姐丈既来之，则安之，安于现状，得过且过的真实写照。

和珅家族与皇室成员有亲缘关系的另一个事例，就是和珅的侄女，即其弟和琳之女嫁给了乾隆帝的孙子绵庆。绵庆为永瑢的第六子，乾隆五十五年（1790年）袭质郡王，嘉庆九年（1804年）去世，谥号为"恪"。绵庆年幼时聪明伶俐，讨人喜欢。13岁时，曾经陪同乾隆帝到避暑山庄练习射箭，他因

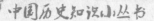

连中三箭，得到乾隆帝嘉奖，赏赐给他一件黄马褂及三眼孔雀花翎。他精通音律，比较好学，但是身体比较孱弱，经常生病，嘉庆九年（1804年）死时，只有26岁。嘉庆帝对于他的死十分惋惜，曾经赐银5000两，为其料理丧事。其父永瑢为乾隆帝第六子，后来过继给允僖为后。乾隆二十四年（1759年），袭贝勒爵位，乾隆三十七年（1772年）晋封为质郡王，乾隆五十四年（1789年）晋封为质亲主，次年，得病去世。谥号为"庄"。有关绵庆与和琳之女结为伉俪一事，在丰绅殷德的诗作《延禧堂诗抄》中也有反映。嘉庆十一年（1806年），他曾写了一首《极乐寺少憩用紫幢轩独游水南韵》的诗，其诗注中有："乾隆己酉年（即乾隆五十四年，1789年）秋，先叔希斋（即和琳）公巡漕回觐，曾宿此室。予自城来接待，谈竟日，回忆忽已十八年。而妹倩质恪郡王'书香世界'额，犹悬楣端，伊已下世将二载矣。追思二事已成千古，曷胜憾怆。"关于此事，和珅本人也曾有诗记载，他在一首《希斋弟督军苗疆受瘴而卒，痛悼之余为挽词十五首，言不成声，泪随笔落，聊长歌以当哭云》的诗中写道："看汝成人瞻汝贫，子婚女嫁任劳顿。如何又为营丧葬，谁是将来送我人。"这说明和琳女儿嫁给质恪郡王一事，是由和珅一手为之操办的。此外，朝鲜使臣也记述了和珅家族与皇室联姻之事："吏部尚书和珅，去年升为军机大臣，子尚皇女，女配皇孙，权势日隆。皇帝遣内侍轮番其第，势焰熏天，缙绅趋附。"和珅从此成为了朝廷炙手可热的新贵。

由以上几例和珅家族与皇室联姻之事，不仅反映了和珅与乾隆帝彼此关系非同一般，而且也反映了和珅家族与整个皇室也是亲上加亲，关系很深。

五　奉使济南查办国泰、于易简

刚弹劾陕西巡抚毕沅不久的监察御使钱沣，紧接着在乾隆四十七年（1782年）初，又上疏弹劾山东巡抚国泰和布政使于易简。其罪证是"贪纵营私"、"纵情攫贿"、"吏治败坏"、"属员升迁调补，多索贿赂"与"勒派州县属员贿赂，以致历城等处仓库多有亏空"等。国泰，富察氏，满洲镶白旗人。出身贵族，其父文绶曾任四川总督。他原本是一位少年得志的贵胄纨绔子弟，终日与一伙人鬼混，"嗜酒"、"好声伎"，花天酒地，挥霍无度，而且他性情怪僻，喜怒无常。可是此人有些小聪明，又出身高贵，因此在仕途上还很顺利。他曾先后做过刑部主事、郎中、山东按察使、布政司，并于乾隆四十二年（1777年），升任为山东巡抚。再加上乾隆皇帝对他某些方面有所偏爱与赏识（例如，曾夸奖他与两广总督李侍尧两人进贡的物品，又多又好，很称自己的心意）。因此，他更加得意扬扬，踌躇满志，促使他愈加盛气凌人，目空一切，性格愈发急躁、任性、贪婪和骄横跋扈，动不动就大发脾气，以致其妻妾、仆人都很难与其相处。于易简，江苏金坛人，宦门出身，其祖父于翰翔曾任陕西学政，父亲于树范曾任浙江宣平知县，哥哥于敏中是当朝的大学士。他自己原为济南知府，后来由于国泰的提携、保荐，升任为山东布政使。此人性情懦弱，胆小怕事，因此善于见风使舵，溜须拍马。对于恩人和上司国泰更是感恩戴德，卑躬屈膝，言听计从，甚至在国泰盛怒时，他竟不惜双膝下跪求饶。再加上他们二人兴趣相投（例如，两人都喜欢昆曲，甚至有时还粉墨登场同台演出。在昆曲《长生殿》中，国泰饰演贵妃杨玉环，于易简饰演唐明皇李隆基），从而两人进一步沆瀣一气，狼狈为奸，共同勒索属员、贪纵营私、胡作非为。没有几年就闹得全省不少州县银库、仓廪亏空，吏治废弛，民怨载道。于是在乾隆四十七年（1782年）二月，刚刚弹劾完陕西巡抚毕沅的江南道监察御使钱沣，就马不停蹄地上奏疏弹劾贪婪成性、骄横跋扈的山东巡抚国泰，及其同伙山东布政使于易简等人。于是乾隆帝在该年四月初四日，派军机大臣兼吏部尚书和珅、左都御史刘墉与工部侍郎诺穆亲，偕监察御使钱沣等人，前往山东查办此案。与此同时，乾隆帝还谕令曾经在山东查办过盐务的前长芦盐政伊龄阿如实汇报在该省的所见所闻。并责令已升任为河南布政司的前山东按察使叶佩荪和前济南知府吕尔昌等人，据实揭发国泰贪赃枉法、营私舞弊的种种罪行，不得稍有回护、欺隐。国泰本为和珅党羽，和珅总想包庇、袒护国泰过关。早在事发之前，和珅就用欺骗的手法使大学士阿桂、富隆安等人与自己联名，请皇上将国泰调回京师任职了事。可是乾隆帝觉得这样做不妥，便"谕令于易简来京面询，以国泰居官如何？有无贪赃不法疑迹？令其据实直陈"。而于易简则心甘情愿、死心塌地做国泰死党，不肯透露一点实情，并为其掩饰、开脱。他只说国泰性情不好，脾气暴躁，对于下属要求过严，动不动就训斥、辱骂别人，于是难免别人对他说三道四，怀有怨言，"其实并无别疑迹"。乾隆帝听了于易简的话半信半疑，于是看了钱沣的奏疏后才派和珅、刘墉等人赴山东查办此案。

一般史书（如《清史列传》）记载：钱沣请求先行启程，他微服至京郊良乡住下，看见有一公差模样的人，骑着一匹快马也路过此地。他便问此人欲往何地，得知此人乃和珅差往山东送信的家仆。没有几天，在路上他又遇到了返京的这个家仆，于是钱沣就以御使的身份对其进行审问，并搜了他的身。结果搜到了国泰写给和珅的私人信件。内容是说："借款填补亏空的库银，已经准备齐备，请您放心。"另外，信中还夹杂着不少"隐语"，一时还搞不清。于是钱沣马上把这件事上报了乾隆帝。待和珅、刘墉等一行都来到山东济南后，钱沣先不动声色，也不顾和珅的利诱、威胁，并冲破和珅的种种阻挠、牵制，坚持到各地银库一一核实。在刘墉的配合、支持下，很快查清结案。事情的经过大致如下：一日，和珅、刘墉与钱沣等人来到历城县，和珅看到该县银库的帑银已经补齐，便命令"抽视库银数十封无缺，即起还行馆"。但是当时钱沣发现这些"库银"的成色不对，认为它们多是"市银"，而不是"库银"。于是他请求暂时封库待查，第二天，发出布告说，这些"库银"如果是从商家挪借，则诸商家赶快来库认领，倘若迟来的话，"则封库入官矣"。于是商贾们纷纷到库认领，很快库藏为之一空。最后查出历城县银库亏空4万两；粮仓缺少仓粮3000石。接着又复查了章丘、东平和益都等州县银库，也是库库亏空，最后统计山东全省各州县银库，总共亏空200多万两白银。在事实面前国泰不得不承认他娈索下层属员的罪行。于是乾隆帝一怒之下把国泰、于易简处以死刑，并籍没全部家产。可是，如果仔细对照档案等其他史料认真考证、研究的话，就会发现这段记述存在一些问题。例如，据清史档案记载，和珅、刘墉与钱沣等人，奉乾隆帝谕旨是于乾隆四十七年（1782年）四月初四日一同从京师出发前往山东的，并于同年四月初八日到达济南。这就是说，在短短的四天时间内，钱沣没有可能事前就单独一人先行，在途中与和珅派去的送信人相遇，并守候其从济南返回途中，进行审问。再说，钱沣作为一名监察御史（从五品，属"小京官"之列——笔者注），也没有资格无缘无故随便审问别人，甚至搜别人的身呀！其次，从时间上看，在当时的交通条件下，无论是骑马、乘船、坐车、坐轿，都是不能在短短的四天之内往返于京师与济南之间的。再则，既然乾隆帝事前就已接到钱沣的奏报，知道和珅派人通风报信，还怎么可能轻易地再派和珅参与此案的查办呢！？由此可见，世传和珅曾派家仆给国泰通风报信，让他事先有所准备的说法是靠不住的。不过国泰事先确实是知道京城有人要来山东查办案件的，因此也相应做了些准备。而这个通风报信的人不是别人，正是国泰的弟弟国霖的家仆套儿。因为当时国霖正在皇宫中做头等侍卫，当他得知这个消息后，便在钦差大臣们离京之前，偷偷派家仆套儿假借到济南探望其母的名义（当时国泰的母亲正在济南逗留），给其兄国泰送信的。

还有一件事应该澄清，这就是关于和珅与刘墉为首的钦差们清查历城县银库的一些细节，在许多书籍的记载中也是不正确的。一般的说法是：他们先后盘查该银库至少两次，第一次只"抽查至数十封"便停止了；第二次才进行了"彻底清查"。其实，在乾隆四十七年（1782年）四月十一日，和珅、刘墉给乾隆帝的奏折中就有明确记载："臣等即同诺穆清（有时也写作'亲'——笔者注）、钱沣并随带员司前往历城县彻底清查，按款比对，逐封弹对，查得该县应储诸项银数虽属相符，但内中颜色掺杂不一，又将仓谷逐加盘验，计缺少3000余石。据该县郭德平称：'自仓廒坍塌，谷石霉烂，恐新任知府到任盘查，是以赊取本城钱铺刘玉昆银四千两抵补空项。'及传刘玉昆到案，坚不承认。臣等复诘郭德平，看其语涉支吾，甚多疑窦，恐有预闻盘查信息，挪移掩盖情弊，遂严查藩司于易简。据称：'本月六日，巡抚国泰闻有钦差前来公干之信，就对我说：历城现有亏空，若来盘查恐怕破露。我有交州县变卖物件的银子在济南府里，叫他挪动，暂且顶补便了。郭德平就向冯埏署中要了银两四万两归入了库内。'臣等又询问于易简，此项交州县变卖银系何款？据称：'国泰借办买物件，巧于婪索，交州县办了物件，随意发些价值，又将所办物件另定高价勒交各州县变卖，各州县按件交银，俱是冯埏经手，是以存府等语。'是以历城库项亏缺掩盖情弊显然，……遵旨询问臬司梁肯堂，据称：国泰勒索属员实有其事，俱系济南府冯埏经手等语。臣等即传到原任济南府调任漳州府冯埏，严加究诘。随据冯埏将以上情节供认确凿，矢口不移。又讯，据历城县知县郭德平所供：'县库亏缺，又将国泰交存首府银两挪移顶补臣处。与于易简、梁肯堂、冯埏、郭德平各供相符'。诘讯国泰，始犹狡唇，不肯如实承认；后令于易简、冯埏、郭德平当面指证，国泰方肯供认前情。"由此可以确定，盘查历城县库实际上只有一次，并非两次。而且国泰用以抵补库银的银两，也不是从商人处挪借的，而是他存放在济南府的勒索地方州县的银两。进而可以推测，世传历城县银库借各商家银子的说法是不准确的，很可能就是根据郭德平所供："赊取本城钱铺刘玉昆银四千两抵补空项"的伪证演绎而成的传闻。

通过以上的叙述，可以看出和珅在这次去山东济南查办国泰、于易简贪污案的过程中，并没有明显暴露出他与国泰之间的关系，他与左都御史刘墉之间的关系也基本是和谐的。因此，可以说这次办案取得了圆满成功，乾隆帝对此也比较满意。他认为和珅在山东的所作所为，都很符合自己的心意，是按照他的旨意办事的，既妥当地处理了国泰和于易简，也维持了社会秩序与封建统治的正常运转。于是，擢升刚刚33岁的和珅为太子太保，并充任经筵讲官。常言说得好："位不期骄，禄不欺侈。"和珅年轻得志，得此宠遇，高官厚禄，得意扬扬，踌躇满志，未免便渐渐滋生了"骄"、"娇"二气，变得骄横起来。

六 敛财能手与守财奴

乾隆帝之所以特别宠信和珅，原因虽然很多，但是其中一个重要原因，那就是和珅天生有一套敛财的本事。和珅为了满足乾隆帝中年以后穷奢极侈的生活开支，与好大喜功的各种排场，以及连年征战所消耗的巨额费用，确实费了不少心思。

乾隆帝一生爱好很多，兴趣极广。例如，他平生除了诗词歌赋外，还喜收藏文物、搜罗珍宝、异物奇器，凡是棋琴书画以及印玺、铜器、瓦当、古玩等无所不好。这样不但耗费了大量钱财，而且也扰得百姓终年不安。正如朝鲜使者所说："皇帝穷奢极侈，故赋重役繁，生民困苦，不自聊活矣。"不少百姓为了采玉、淘金、挖银、冶铜和制造各种工艺品，冒着风险，终年辛苦，不得温饱。例如，为了从新疆和田运一块大玉石到京城，沿途不知要用多少人力，千辛万苦，风餐露宿，耗时几年才能到达目的地。这样日久天长使得不少地区经济衰败，民不聊生，已经到了"农民举末息肩，商船或不通津。虽值丰登，无异歉荒。至于桑蚕，安失其时"的局面。

尽管乾隆帝统治的前半期，国力强盛，国库也较为充裕，百姓生活也比较安定，可是抵不住他中晚年以后无限制的挥霍和穷兵黩武。眼看着国库存银日见空虚，入不敷出。为了满足他好大喜功与粉饰太平的欲望，乾隆帝身边非常需要有一个善于理财，又能广开财源的能人，而此时和珅正是适应乾隆帝的要求应运而生的。

由于阶级和当时社会历史的限制，再加上和珅生性贪婪、好财的局限性等原因，决定了和珅不可能从发展社会生产，安定社会秩序着眼去增加社会财富和人们的收入。他首先考虑的是如何尽快来钱，于是他把眼睛盯上了地方官吏们的钱袋子。他千方百计，无休止、无限制地利用各种方法让地方官员们向皇帝贡献。当然在这个过程中，和珅本人也做了不少手脚，得到了许多好处。白花花的银子源源不断地流入了户部银库和内务府的广储司，同时也流入了和珅的私囊。

当时，上自中央政府各部官员，下至地方的封疆大吏、知府、知州、知县，以及各地的盐商、行商、票号商人们，每年都要把他们搜刮来的大量钱财和稀世珍宝献给皇上，以讨其喜欢与青睐。尤其是在皇太后、皇上和皇后过生日的时候，借着做寿的机会，和珅便乘机向各级官员和商人们大肆搜刮。虽然表面上乾隆帝也曾下谕旨，表示反对地方官员们挖空心思、争奇斗艳地准备各种贡品。其实这只是官面文章，说说而已。官员们照送，和珅照收；而乾隆帝睁一只眼，闭一只眼，顺其自然。不但国内官员、商人们送，连朝鲜、安南（今越南）、琉球（今日本冲绳）、暹罗（今泰国）、吕宋（今菲律宾）、缅甸、廓尔喀（今尼泊尔）以及英国、西班牙、葡萄牙等许多国家的朝贡使臣也进贡了大量珍宝。保存至今的清朝传世珍宝，有相当一部分是乾隆时代的，可以充分说明这一点。

和珅有这样一种本事，那就是在不大动用国库库存的情况下，满足乾隆帝奢华享用的需要与庞大的开支。平日他把乾隆帝服侍得舒舒服服，并且许多事都不用他操心，使其十分高兴。于是他越发觉得和珅聪明、能干，是他得力的助手，值得他信赖。因为乾隆帝所需要的不只是会吹拍庸庸碌碌的无能之辈，而且也需要那种既能"巧于迎合"，又"工于显勤"，肯动脑筋的机灵干练之才。

其实和珅从地方官吏和商人们那里收敛的钱财，既不是他们自己生产的，更不是把他们自己的家私拿出来献给皇上的。他们只有加紧向百姓巧取豪夺，加重盘剥才能获得，因此在这种情况下，广大下层的劳苦大众的生活就更加困苦了。

和珅平日对户部和内务府的管理，以及对崇文门税关的控制非常严格，他深知"开源节流"的道理。他为了多收入、少开支确实动了不少脑筋。他对

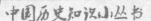

于钱财"精打细算","铢铢计较"。为了增加收入，他几乎到了"雁过拔毛"的程度。例如，他所掌握、控制的重要进财口——崇文门税关就是一个明显的例子。崇文门税关的正门设在今崇外上三条胡同与上四条胡同之间。明朝时，北京内城九门均设有征税关卡，向过往客商、官员以及进京赶考的"举子"收取课税，作为国家的收入财源。到了清朝，把九门征税，改为只有崇文门税关统一征税，另外设有几个巡查税口。崇文门税关设有正、副监督各一人。本来崇文门税务监督一职，应该由内务府包衣出身的官员担任，但是到了乾隆年间，有时皇上也常常把这一进财的肥缺委任给自己的亲信大臣和勋贵国戚担任。因此，和珅为了更好地敛财，便兼任了这一职务。据陈康祺在《郎潜纪闻》一书记载："天下榷税之关，以京师崇文门胥吏为最侈且暴"，十分凶悍、贪婪。虽"言官屡劾，谕旨屡戒，而积习如故也"。崇文门税关的胥吏们，个个如狼似虎，对于过往客商行旅、进京官员和赶考的试子，甚至小商小贩等一律征税。例如，凡是外省官吏入京办事，不论尊贵，官级高低，一律都要收税。而且"官职愈尊，则需索愈重"。据说江苏吴江人陆中丞以山东布政使的身份进京陛见皇帝，可是由于崇文门税吏索要过关税实在太多，他一时拿不出来，于是他干脆就把随带行李、衣被统统放在了崇文门外，决定只身带着一个仆人进城。到了关口，他对收税的官员说："我现在只有光秃秃的一条身子了，还何税之有？"进城之后，他只好向朋友借些被褥，勉强对付办完事情，才回到山东济南。这些税吏们对待朝廷命尚且如此，而一般平民百姓所受的敲诈勒索更是苦不堪言，几至敲骨吸髓的地步。按清朝的税务规定，凡小商小贩携带的少许筐篮、簸箕、扫帚、线袜、鞋子、粮食、布匹、棉麻、蔬菜、瓜果，以及各种食物等都可以免税入城。但实际上并非如此，而是照收不误，一点也不能少。据说当时京畿一带的商民、百姓每当入城时，人人均在帽檐边上插上两文制钱，走到城门由税吏自行拿取，彼此用不着搭话，几乎成了惯例。如果小商小贩偶不交钱，税关的税吏、巡丁就要扣下货物，人们只能眼睁睁地看着，敢怒不敢言。在《燕都杂咏》一书中有一首讽刺诗，真实地反映了明清时代的税收情况。该诗写道："税榷九门全，权归阉寺专，村氓挑负至，任取鬓边钱。"但当时并不只有崇文门税关是这种情况，也不是崇文门税关一家索要苛刻，而是户部所属的30个榷关全都如此。和珅倒台后，核减户部所属税关的盈余数目时，崇文门税关的定额为每年17.32万两白银，在30个税关中乃居第四位，仅次于粤海关、九江关和浒野关。

此外，崇文门税关，除了日常收税外，还承担着一些其他任务。如，代替内廷变卖抄没来的王公贵族、大臣的家奴与财产等。它虽然名义上也与其他税关一样列于户部名下，而实际上却是直属于内务府，是内廷直接控制的机构。因此，它是一个名副其实的"肥缺"，皇上让谁当上崇文门税务监督，谁就有大发其财的机会。

正因为崇文门税关每年的收入可观，故和珅千方百计地要长期把持这个进财口，虽然后来由于种种原因，他辞去了崇文门税务监督一职，但接替他的不是别人，正是他的儿子丰绅殷德，真正负责税关具体事务的人也并没有变，这个人就是和家的大管家刘全。

和珅由于天资聪颖、勤敏练达，头脑灵活、办事机灵，善于理财，又能源源不断地供给乾隆帝大量金银财宝，使其能毫无顾忌地任意挥霍，因此，乾隆帝对他非常满意，用起来也十分应手，对于这个能"搂钱的耙子"，越到晚年越离不开他。当时国家的财政大权，由和珅一人掌握；国家重大的财政开支也由其把持。他先后做过户部侍郎、户部尚书、内务府大臣等职多年，并长期负责管理内务府"三库"（即广储司银库、缎库、颜料库）。虽然一度由于他兼职太多，乾隆帝曾让他辞去户部事务，转让他管理吏部、刑部事务。但没隔多久，湖南、贵州爆发苗民起义，接着又发生了规模更大的川、陕、楚等五省白莲教大起义，需要筹集巨额军费。乾隆帝（当时已为太上皇）和嘉庆帝父子，此时又想到了和珅，认为他多年管理经济，是理财的"熟手"、能人。因此，又赶紧发布上谕，命令和珅"兼理户部部题奏报销事务"。从此户部一切事务，又由和珅"一人把持"。他独断专行，任意"变更成例，不许部臣参议一字"。由此可见，和珅在财政事务上独断专行到了极点，这给他从中上下其手，侵吞国家资财，贪污中饱提供了极大方便。

和珅利用各种方法聚敛钱财，每年从各级官员与商人手中搜刮大量金银和稀世珍宝，充分显示出他是一个招财进宝的能手。他所管辖的内务府，负责内廷的会计、服御、物饰、宫御和武装守备等各方面的事务。皇帝的一切开销都要由内务府筹措。和珅担任内务府大臣以前，内务府常常在财政方面入不敷出时，便要动用户部库银作为接济，以致造成银库库存减少。可是，在和珅接手后，还不到几年工夫，内务府银库就"岁为盈积，反充外府之用"。而内务府所需要的各种物料、用品的费用也大部分由崇文门税关支出，然后再把银两交给"各省敬谨采办"。这就是说，崇文门税关名义上虽然隶属于户部，但实际上是由内务府直接管辖，成为内务府收入的主要来源之一。和珅掌管内务府时，不但能自负盈亏，而且还常常把多余的银两支持户部银库。当时作为皇帝（包括皇室）的私家收入，主要来源是皇庄（称内务府"官庄"）和用内务府帑银的生息银两（如，开当铺、钱庄赚钱、生息）两大类。"皇庄"就是直接隶属于皇家个人的庄园，古已有之，秦汉时期称为"苑"，唐宋时期称为"庄园"、"官庄"……明朝以后始称"皇庄"。清朝初年，皇室除了霸占明朝皇室、勋贵的庄园外，还通过跑马圈地方式，在京畿地区圈占了大量土地，建立了自己的"皇庄"。每年"皇庄"向皇室提供大批米麦、粮食、蔬菜、柴草、鸡鸭、鱼肉、水果等等。其次，利用内务府帑银生息，主要是通过经营当铺与钱庄放高利贷谋求高额利润。

乾隆皇帝晚年无休止的奢华开销，有增无减，皇室正常的收入，已经入不敷出。于是乾隆帝没有钱就向和珅要；和珅要想尽办法，保证将聚敛来的钱财用来满足乾隆帝的需求。正如著名明清史专家邓之诚在其所著《中华二千年史》中所说："乾隆的军旅之费，土木游观，与其不出正供之费，岁无虑亿万，悉索之和珅，和珅索之督抚，督抚索之州县。"然后州县官吏再索之平民百姓。

乾隆五十五年（1790年），乾隆帝八十大寿，和珅理所当然是操办"万寿庆典"的主要负责人。他为了讨得主子的欢心，肆意虚张，尽情挥霍，借机大捞一把，来个"一举两得"。乾隆帝表面上也曾指示要节俭办事，不要过分铺张。可和珅以下的大小官员，哪里顾得这些，一切讲求豪华奢侈，贪多贪大，所有宫殿内外设施、器物，"无不新办"。例如，自皇宫（紫禁城）的西华门一直到西郊的圆明园，所有的"楼台饰以金珠裴翠，假山亦设寺院人物，动其机栝，则门窗开阖，人物活动"。其他庆典所需物品也多由南京、苏州筹办，简直是巧夺天工，极尽奢华。虽然操办的费用非常巨大，往往一个项目动不动就要成千上万两白银，可是一点都不用从国库开支。和珅规定地方各省凡是官位三品以上的官员，都要有所贡献，而京城各部院堂官全部都要捐献俸禄（即所谓"米俸"）。在商人当中筹集的款项更是多得惊人。仅仅两淮盐商就捐纳出来四百万两白银，作为赞助。乾隆帝对和珅的敛财术是十分欣赏的，也是支持和肯定的。和珅不但善于给乾隆帝招财进宝，扩大财源，满足皇帝的巨大消费。而且他也善于理家，满脑子生财之道，颇有发家致富的本事。同时他还是个斤斤计较的"守财奴"，他治家的原则是"开源节流"，即广开财源，也就是"什么赚钱干什么"，只要能来钱，他什么手段都使得出来。他在理家的过程中非常注意节省每一个铜板，珍惜一分一文钱的开支。在日常生活中，除了他个人及其几个与他亲近的家属外，他是能省就省，能抠就抠，决不宽待别人。昭梿在《啸亭杂录》中说：和珅"赋性吝啬，出入金银，无不持筹握算，亲为称兑。宅中支费，皆由下官承办，不发私财，其家姬妾虽多，皆无赏给，日飧薄粥而已"。昭梿是和珅同时代的人，从他这段话我们了解到和珅本性吝啬，平日把金钱看得非常重要，可以说是个典型的"守财奴"。他家每日进出的银两，他都要亲自过问，并拿着算盘和戥、称等计量工具进行操作，一一过目。一般他家的花费开支，都不动用和珅的私人钱财，而是由具体承办的下人自己承担。于是这些人就要想方设法到处捞钱，盘剥别人。其实这种方法，就是他服侍乾隆帝的手法，他又用同样的手法对待自己的下官和管家。他家的姬妾、用人众多，平日开销很少，甚至根本就不给什么奖赏，就连平日的晚餐也多是稀粥而已。

　　总之，乾隆帝与和珅在财务上的关系，是乾隆帝把和珅当成招财进宝的财神爷，缺钱、用钱就向他要。和珅则打着乾隆帝的旗号，发号施令，改革成法，尽力捞钱，不但满足了皇上的欲望，同时也肥了自家。

七　不囿旧规　变更成法

和珅在他当政的二十余年中，在乾隆帝的承允下，对清朝前期所制定的有关在政治、经济、文化，乃至军事方面的一系列成法，都做了一些改革与更张，可惜在他被处死后，许多原始档案文件都被销毁、遗失了，因此现在已无法了解他当年的改革方案与具体做法，这一点在嘉庆帝的上谕中就有所反映。例如，嘉庆十九年（1814年）五月，国史馆向皇帝进呈"和珅列传"时，嘉庆帝看后非常生气，他在上谕中说："和珅逮问伏法，迄今已越十五年，始将列传纂进，大觉迟缓，迨详加批阅，其自乾隆三十四年袭官，以至嘉庆四年褫职，三十年间但将官阶履历挨次编辑，篇幅寥寥，至伊一生事实全未查载，惟将逮问之后各谕旨详细叙述，是何居心不可问矣。"

这就意味着在和珅被处死后不久，有关他的生平事迹，特别是他对清朝前期的政治、经济、文化与军事等方面变革的资料，绝大部分都被有意、无意地销毁了，并没有载入史册，以至他个人的传记也是非常简略的。因此，今天我们只能从只言片语的资料中搜集有关他变更成法的一些事实。现在从几方面叙述：

（一）在政治方面，和珅利用大学士、军机大臣的地位，以乾隆皇帝作为后台，先后对内阁与吏、户、礼、兵、刑、工六部，以及军机处等衙门进行了改造，并对一些成例作了更张。关于这一点乾嘉时期的学者洪亮吉曾说："十余年来，其更变祖宗成例，汲引一己私人，犹未尝平心讨论。内阁、六部各衙门，何为国家之成法，何为和珅所更张，谁为国家自用之人，谁为和珅所引进，以及随同受贿舞弊之人，皇上纵极仁慈，纵欲宽胁从，又因人数甚广，不能一切屏除。"这也就是说,和珅当政期间,利用手中的权力,对当时的国家中央机关各衙门的许多制度、章法、成例等都作了许多变更、改革,以至在他被处死后,哪些是国家原来的旧法,哪些是被和珅改动变革的,均已模糊不清。对衙门中的工作人员(即各级官员)都进行了更换,以至于哪些是国家原来任用的官员,哪些是和珅私人引进的,也都弄不清了。甚至在嘉庆帝亲政若干年后,也没能完全"屏除",有的依然实行着。

和珅刚刚掌政时期,老臣阿桂任首席军机大臣,因此他的行动不得不有所顾忌。但等到阿桂一死,他便名正言顺地成为军机处的第一把手,独霸军机处;再加上他文华殿大学士的身份,于是成为了名副其实的内阁"首辅",俗称"真宰相"。首先,在用人上做了不少变动,他规定军机处章京人数不设具体定额,"其挑补俱由军机大臣自取,并不带领引见。"也就是说军机处用什么人,由谁来担任章京,全部由和珅说了算。以致就连皇上也不知道什么人在军机处办事,什么人离开了军机处,因为和珅并不把新任军机章京引见给皇上。这样和珅就可以选用他自己的党羽、私人,把军机处办成了一个"和家班子"。其次,和珅还将朝臣以前可以直接把自己的奏章送达御前,皇上可以亲拆亲阅的传统做法,改为凡是大臣有奏折必须准备正、副两本,即一式两份,正本送给皇上阅看,而副本则要交送军机处备案。这就是说大臣们的奏折必须送给和珅过目,于是他便把朝臣们上疏言事渠道完全控制了。这样,谁人还敢轻易举发、弹劾他呢!?另外,和珅在得到乾隆帝首肯的情况下,他规定凡是各级官员、外国使臣向皇帝进贡土特产品、稀世珍宝等一切物品,都要事先向他打招呼,准进与否要由他来决定,这样他便可以从中渔利,上下其手了。

台谏之臣(即"言官")是皇帝的耳目喉舌,他们对国家各级官员有监督、弹劾的权力。和珅为了使他们"缄默不言,免于纠劾",也就是封住他们的嘴,便来了个双管齐下。一方面他拉拢一些御史,力使他们成为自己的党羽,为己所用。另一方面,他又规定今后如果再遇到御史名额出缺,则一律提名年龄60岁以上的"年老平庸之司员"充任。因为这些饱经世故的老官僚,处世圆滑,平日关心的是自己的禄位和升迁,谁还敢多嘴多舌,说三道四惹是生非呢!于是舆论的渠道也被和珅控制了。

（二）在经济方面，和珅变革、更张了成例，其中最主要的就是在军机处内设立"密记处"，正式实行"议罪银"制度。而其主要目的就是向封疆大吏（即总督、巡抚等）等地方官员进行搜刮、索取，以增加皇帝个人和皇室的收入。

"议罪银"亦称"认罪银"、"罚款"、"罚项"、"自行议罪银"与"自行议罚银"等。它是产生在乾隆统治中后期的一种旨在增加皇帝个人收入的特殊的财政制度。诚如监察御史尹壮图所说："高宗（即乾隆帝弘历——笔者注）季年，督抚坐谴，或令缴罚款贷罪。"这就是说，一旦督抚等地方官员犯有错误、轻罪，以至根本就谈不上什么错误、罪行（如，工作稍有失职、疏忽，其中包括税务少额、不能按时交纳、犯人脱逃或受亲朋犯罪牵连等），只要皇帝认为你有"罪"，那你就要自动掏银子。对于地方官说来，这种"议罪银"比停止发放"养廉银"，或"罚银"、"罚俸"要轻一些。它是当事人根据自己的情况，量力而行，所罚银两的数量并没有统一的标准。从目前所能找到的资料，特别是专门记载"议罪银"的档案——《密记档》来看，议罪银制度正式实行于乾隆四十五年（1780年）前后，此时正是和珅飞黄腾达，官运亨通，掌管户部、吏部与内务府"三库"等国家财政大权的时期。这种制度一直到乾隆帝去世，嘉庆帝亲政（嘉庆四年，1799年）初，才告终止。

"议罪银"与历来的"罚银"不同。"罚银"又叫"罚俸"，是我国历史上传统的处罚犯罪官吏的一种做法，由来已久。这种制度大约肇始于春秋战国时期。清朝入关以前就公开实行这种制度，它是对犯有过失官员的一种行政处分。清朝前期，罚俸数额分别为一个月、两个月、三个月、六个月、九个月，乃至一年、二年七个等级。到乾隆统治时期，个别人也有被罚俸四年以上的。例如，《四库全书》总纂官纪昀在担当覆校官时期，因发生文津阁《四库全书》古烈女传尧二女"颂内祜"误为"祜安"等错误，按照乾隆帝的谕旨规定，凡是"积算有五字错误者，……罚俸一个月"的标准，进行了处罚。罚俸权一般由户部承担，所罚款项也由户部追承，所得银两亦由户部封存。而"议罪银"一般是非公开进行的，它是皇帝借机叫臣下，尤其是总督、巡抚和布政使等地方高级官吏，以及掌管盐政、织造和内务府的官员，当然也包括一些富裕商人，如皇商、盐商、行商与参商等自行认罪的制度。它由军机处所属的"密记处"具体负责，所得款项由内务府保存，以备皇帝个人需用。长期以来由于议罪银不是公开进行的，故人们一般对议罪银是怎么一回事还不甚了了，因此常常把"罚银"与"议罪银"混为一谈。

"议罪银"并非如乾隆帝所说是一种非正式的，只不过是偶尔实行的一种非定例的制度。它是一种经过精心策划，认真准备，并实行了较长一段时间的罚款制度。

和珅和议罪银制度的制定与正式实施有密切关系。他是使议罪银成为一种制度的主要倡议者，又是该制度付诸实施的主要负责人。著名历史学家牟润孙先生曾说："这种议罪银做法极可能是和珅在乾隆四十五年任户部尚书后，替弘历策划出来的，也就从那个时候实行起来。"乾隆帝之所以采纳和珅的建议，是因为此时他极需要开辟新的财源，以弥补其巨大的开销。和珅也就是在这期间步步高升，势焰熏灼，大展"才华"的。他于这一年当上了户部尚书、崇文门税务监督与内务府大臣等要职，使他几乎一生都与钱打交道，处理财政事务就是他日常的重要工作之一。

和珅在建立"密记处"与实行议罪银制度的过程中，发挥了非常关键和决定性的作用。这从现存的《密记档》中就可以反映出来。例如，乾隆五十二年（1787年），和珅在一份上奏中说："臣等遵旨将各关例应交纳并裁革陋规，以及寓例等项银两删除不入外，今将各员自行议罪、认罚各项分析缮写清单，恭呈御览，嗣后遵此办理，按季具奏。"从这些话语中可以得知，和珅是有关议罪银事宜的负责人。他大概每隔一季，至多半年，就要向乾隆帝汇报一次工作，并列有"清单"呈给乾隆皇帝御览。这在同年六月初一日，他与福长安共同上奏的一份奏折中反映得更为清楚。他说："臣和珅、臣福长安遵旨查办各处关税应交银两，并自行议罪银两各折，自乾隆五十一年十二月十三日查明奏后，陆续存记之案，统计二十七件，现已解到二件，已交尚未完全者十三件，未解到者七件，交往浙江海塘工程备用者五件，分别缮写清单恭呈御览。所有稽久未经交纳者，除臣等别行查催外，为此谨奏。"像这样的奏报，在乾隆五十三（1788年）初、乾隆五十九年（1794年）十月、乾隆六十年（1795

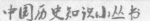

年）闰二月十一日等奏折中也都有大致相同的记载。

和珅负责议罪银工作的同时，还承担着议罪银代奏的任务。因为在清朝时不是所有的官员都可以直接向皇帝上奏折的。按规定，只有在京城的宗室王公贵胄，以及文职官员中的六部尚书等官员，在地方只有总督、巡抚和按察使以上的官员才有资格向皇帝上奏。但是，在京城不准直接向皇帝上递奏折的人员，如果有皇帝的特殊旨令，派往外省查办专门事件，或者出任学政、织造、税关监督，以及科道人等，也可以直接向皇帝上递奏折。可即使是有权向皇帝直接上奏的官员中，在个别情况下也有时不能上奏，而需要由其他大臣代奏。例如，和珅就利用其特殊身份为原任巡抚杨魁之子杨超铮（官职为"主事"）、浙江巡抚福崧、直隶总督梁肯堂、闽浙总督雅德、布政使李天培、内务府退休总管西宁、长芦盐政董椿、苏州织造全德（此人后来又担任过两淮盐政）等代奏过自行议罪银等事宜，他是所有为人代奏议罪银大臣中最多的一个。由此可见，他在议罪银制度实施中是起到了承上启下的特殊作用。当然和珅在代奏自行议罪银的过程中，也得到了不少好处，他可以乘机弄权、捞钱、索贿，上下其手，因为许多地方官吏一旦"出事"，就要走和珅的门子，给他送钱、送物，通过他摸一摸乾隆帝的心事，自己认领多少银两，才能使皇帝满意。

和珅一般是通过密记处来处理有关议罪银事宜的。因为议罪银是非公开的，所以密记处也是秘密设置的，它隶属于军机处。该处的负责人皆由满族人充任，没有汉族官员涉及。并且在清朝《吏部则例》中找不到有关这一衙门的任何记载。可是这一机构又千真万确、实实在在地存在过，目前保存在中国第一历史档案馆的《密记档》中，就有诸如"前件交密记处领讫"、"交密记处库使德楞额领讫"等字样的记载，这就明显地证明了密记处的存在。密记处的工作人员除库使外，还设有若干笔帖式。例如，在中国第一历史档案馆中收藏的一件《密记档》中就有这样的记载："四月十六日，片一件，广储司银库呈报三月份收过明兴议罪银一万两，交密记处笔帖式和宁领讫。"和珅曾经指示属下人员，将所有密记处经办的银两统统交给圆明园、广储司和造办处银库。并说："嗣后将收到的何项银两，数目若干，并收到日期，按月呈报军机处，以备查核汇奏。"这里所说的"按月呈报军机处"，实际上就是呈报军机处属下的日常办事机构"密记处"。按照和珅的要求，不管内务府广储司银库是否收到过银两，这些银两是什么样的银两，都必须按照要求，每月向密记处呈报在案，以备随时查考。乾隆统治的中后期，议罪银制度一直不间断地实行着，仅从现存的《密记档》统计，在短短的13年中，重大的议罪银案件就有68件，平均每年5件。其中，督抚认议罪银为37人，即平均不到三个总督、巡抚中就有一个人认领议罪银。此外，在布政使、按察使、织造、盐政与关督等认领议罪银的也有26人次。例如，在乾隆四十六年（1781年），认领议罪银的各省督、抚等官员主要有：陈辉祖为银三万两、三宝为银十一万两、文绶为银八万两。乾隆四十七年（1782年），认领议罪银的主要有：杨超铮为银五万两、毕沅为银三万两、巴延三为银八万两、王杲为银三万两、盛柱为银三万两。乾隆四十八年（1783年），认领议罪银的主要有：姚成烈为银三万两、西宁为银八万两。乾隆四十九年（1784年），认领议罪银的主要有：范清济为银八万两、巴延三为银十万两、李天培为银四万两、尚安为银四万两、伊龄阿为银三万两。乾隆五十年（1785年），认领议罪银的主要有：张万选为银三万两、李质颖为银十四万两。乾隆五十一年（1786年），认领议罪银的主要有：明兴为银三万两、雅德为银六万两、福崧为银二十万两、特成额为银二万两、郑源为银六万两、刘峨为银二万两、梁肯堂为银一万两、吴之承为银三万两。

正因为和珅在议罪银制度实施过程中，占有举足轻重的地位，关系到许多官吏的荣辱、升迁，以及认罚或不认罚的大事，因此不少官僚要向他低三下四地献媚取宠，以至送钱送物。这正如嘉庆帝所说："当和珅势焰熏灼之时，内而九卿，外而督抚，多有阿附取容者。"在这些人中，即使有些人被认定要罚议罪银，他们也不敢有一丝一毫的怨气与顶撞，反而还要感谢他。例如，内务府总管西宁，为了交议罪银而变卖了家产，他不但对和珅没产生一点怨恨，反而写信给和珅表示感谢。他在信中写道："天高地厚，深恩于生生世世矣，伏乞中堂（指和珅——笔者注）代奏，宁不胜悚激切之至，谨呈。"这简直是把和珅看成救世主了，起誓发愿地请求和珅代奏议罪银，表现出了一副奴才的可怜相。

上面已经说过，议罪银就是官员们有过失，或者皇帝认为其犯有过失者，均须缴钱免灾，乞求宽大处理的措施。其标准是看督抚等官员俸禄、收入的丰腴程度，也就是看那个官员有多少钱，家底薄厚，当然也要考虑所犯过失的轻重程度决定。这种议罪银是在官员"所获之咎，尚非法所难宥，是以酌量议罪，用以薄惩"。即这是一种以罚代法的做法。事实上并非如此，只要皇帝认为某人有油水可榨，就可以给个罪名，让你出钱；反之，皇帝不想严惩某人，即使他犯了"法所难宥"的大罪，只要肯多交银子，照样允许"赎罪"。可是当皇帝死活要想整治某人时，就是他交多少钱也不顶用了。

议罪银缴纳的方式，多是采取官员"自行议罪缴纳"的形式。缴纳的钱数一般说来是有规律的，如上所述，大致是以职位高低、俸禄多少，官职的肥缺，以及家底的厚薄而定。如果臣下想对皇帝表示"忠心"，往往就"自愿"从重缴银。交议罪银最多的往往是那些管钱、管物的，负责财政经济方面的官员。据目前所保存的军机处《密记档》可知，缴纳议罪银数量最少的是总管内务府大臣舒某，他只缴议罪银一千五百两；其次是原任郎中舒成之子松筠，缴纳议罪银五千两。缴纳议罪银最多的是两淮盐政全德，一次就缴纳了议罪银三十八万四千两。而其他官员缴纳议罪银数量多少不等，有的前面已经提过。例如，（1）巴延三因辖区内民人谭老贵自缢身亡，而情愿缴纳议罪银八万两；（2）西宁因"办理不善，商人拖欠甚多"，而情愿缴纳议罪银八万两；（3）李天培因"遣犯脱逃，重囚监毙"的罪名，而自愿缴纳议罪银四万两；（4）伊龄阿因参奏窦光鼐不实，自认"错谬"而情愿缴纳议罪银三万两；（5）明兴因山东"历城县监犯越狱"之事，而情愿缴纳议罪银三万两；（6）特成额因失察湖北汉阳县民人余方得自缢身亡一案，而自愿缴纳议罪银二万两；（7）郑源因承审谭体元控案不实，而情愿自行缴纳议罪银三万两；（8）毕沅因牵涉勒尔谨、王亶望等人贪污案，而情愿缴纳议罪银三万两，另外养廉银二万两；（9）李质颖因关税短少，而情愿缴纳自行议罪银十七万两；（10）范清济（皇商）因拖欠额铜十万斤，而情愿缴纳自行议罪银八万两；（11）文绶自愿缴纳议罪银八万两；（12）尚安自行缴纳议罪银四万两；

（13）福崧自愿缴纳议罪银二十万两；（14）姚成烈自愿缴纳议罪银三万两；（15）富纲自愿缴纳议罪银二万两……不一而足，在当时来说，这些事绝不是什么了不起的大罪，但是皇帝想罚你，你就得乖乖地拿出钱来孝敬皇帝。

据初步统计，当时每年罚议罪银五起左右，所得罚银近三十万两。这一笔罚款的85%上缴给内务府各库，供皇帝个人消费享用，只有15%左右奉旨拨给户部银库或作地方工程备用。

议罪银的实施，加剧了乾隆后期吏治的腐败和贪污的盛行。因为议罪银给官吏贪污大开了方便之门，成为了官吏贪污的一个遁词。诚如监察御使尹壮图所说："近有严罚示惩而不觉反邻于姑纵者，如督抚自蹈愆尤，皇上不即罢斥，仅罚银数万以充公用。因有自请若干万两者……其桀骜之督抚借口以快其饕餮之私，即清廉自失者不得不望属员之佽助。日后遇有亏空营私重案，不容不曲为庇护。"尹壮图一语道破了议罪银实施的弊病，那就是各地总督、巡抚等地方大吏们犯了过错，甚至是罪行，皇帝不进行严惩、罢免，而是仅仅罚银数万两了事，这不仅达不到惩治这些人的目的，反而还影响了其他官吏。因为那些本质很坏的督抚，以此为借口乘机大肆搜刮勒索，贪污腐败，鱼肉百姓；而那些平日比较清廉的官吏，为了缴纳议罪银又不得不请下面的属员帮助。这样一来，日后下面属员犯有过错，或发生亏空、营私舞弊等罪行，这些官员因为平日得到过人家帮助，就只好曲为庇护，不能坚持公正执法了。从这里也可以得知，乾隆后期之所以贪污案件层出不穷，越惩越贪是与议罪银的实施有一定关系的。这一点就连乾隆帝也不得不承认，他说："尹壮图虑有此等情弊，奏请将罚银之例，永远停止，固属不为无见，……督抚中或有昧良负恩之人，也以措办官项为辞，需索属员，派令佽助，而属员借此敛派，以为逢迎之地。此等情弊，不能保其必无。"

自行议罪银的实行不但加重了人民的负担，同时也使许多官吏和商人们受到很大打击和伤害，影响了经济的发展与工商业的进一步繁荣兴旺，以致加深了社会危机，不安定的因素激增。

再有，和珅对他主管的内务府的一些成例，也做了不少变动和改革。例如，他对于内务府关于分府庄头的规定，投充庄头与"老圈"庄头（即清朝入关初期圈地时期的庄头——笔者注）的关系等都作了不少更张。乾隆四十六年（1781年），他曾提出分府庄头由王府自行办理，内务府今后不再管理了。乾隆五十七年（1792年），他又建议乾隆帝把本来不同的投充庄头与"老圈"庄头"均照下圈地家奴一体办理"。

（三）在文化方面，和珅获宠之后，除主管经济方面的工作外，主要是参与文化教育的事情。他积极鼓动乾隆帝在文化方面进行更张与改革。于是乾隆帝也的确对他格外信任，和珅不仅担任了多种大型典籍和丛书编纂的负责人，而且还经常参与科举考试的工作，充任主考官、殿试读卷官……他主张对读书的知识分子严格控制，时时监视，限制他们言论自由，对于那些不满现实的人要严厉打击。他经常"苛责诸士子"，不许他们随便发表议论。乾隆中后期文网严密，搜书、限书，文字狱迭兴，也是与和珅有很大关系的。和珅直接、间接参与了限制、打击知识分子的一些活动。例如，清人陈康祺在他所著的《郎潜纪闻》中写道："乾隆间，故相和珅屡奉派予文字之役……珅忮刻特甚，凡得卷非其属意者，先视其笔误，则妄摘瑕疵，以指甲深刻之。"和珅在推行乾隆的文化专制政策上是不遗余力、变本加厉的。有人认为《红楼梦》等书之所以能够公开发行，流传于世，就是由于和珅推荐给乾隆帝首肯后，找人修改，并且指令高鹗等人按照他的旨意，续补了后四十回。

除此之外，和珅在文化方面还做了许多手脚。例如，在乾隆五十六年（1791年），在辟雍（国子监）刻石经。和珅任正总裁，另外还有总裁八人，其中彭元瑞担任校勘，并受命编撰《石经考文提要》一书。当这一工作圆满完成之后，彭元瑞受到了乾隆皇帝的表彰和奖励。这件事引起了和珅的妒忌与不满，极力进行诋毁，扬言彭元瑞编撰的书籍不好，错误百出，不值一看，并说什么"非天子不考文"……这连乾隆帝都觉得接受不了，于是他半带疑惑地说："此书乃朕所御定，怎么能说是私人编撰的书籍呢？"和珅仍然不肯善罢甘休，于是他组织人员重新编撰了一本《考文提要举正》，以攻击、批判《石经考文提要》一书，并假冒自己所著，呈献给了乾隆帝。同时还散布《石经考文提要》一书不便士子们阅读，请乾隆帝下令销毁，开始乾隆帝并没有同意。于是馆臣们请求颁行于天下，结果却被和珅阻止，在这种情况下，只好中止了。和珅仍不肯罢手，并私下找人修改、磨毁石经碑文，"凡从古者尽改之"。由此可见，和珅的气量何其狭小，嫉贤妒能，别人干得好，得到皇帝的褒奖，他心里就不舒服，千方百计进行诋毁、诽谤，进而陷害别人，以达到抬高自己、打击别人的目的。

八　善于处理民族事务和外交事务的能手

和珅不仅是善于理财、敛财与守财的能手，同时也是一个善于处理国内少数民族事务的行家里手；而且在某种程度上说，他还是一位颇具才干的外交家。他从乾隆四十五年（1780年）起，在掌管国家财政的同时，就开始兼任理藩院（主管国家民族事务的机构——笔者注）尚书，凭借着他掌握的满、汉、蒙古以及藏语等多种民族语言，处理各种各样的民族问题，以及每年元旦各少数民族首领朝觐皇帝，并向皇帝进贡方物等事宜。在乾隆帝晚年，可以说和珅就是皇帝的左膀右臂，得力助手，两人的关系十分密切，配合得非常默契。不管乾隆帝到什么地方，他几乎都陪同前往。国家御道一般只有皇帝马队和大轿能够通行，其余的文武百官只能走御道旁边的另一条路。而和珅却是个例外，乾隆帝特许他随时跟在自己身边，走这条御道。和珅每年都要跟随乾隆帝到热河（今河北承德）避暑山庄避暑，并参加在今河北省围场县一带举行的"木兰秋狝"。此间与各少数民族的首领、王公、贵族以及其他上层分子聚会，彼此协商有关和谐、团结等问题。和珅每次都承担着沉重的组织、协调工作，跑前跑后，干得十分出色。和珅还多次帮助乾隆帝处理西藏、新疆、蒙古，以及西南地区少数民族问题。并曾经负责接待过六世班禅喇嘛到内地觐见乾隆皇帝等具体事务。除此之外，和珅还多次负责接待朝鲜、英国、安南、暹罗、琉球、缅甸、南掌等国的使臣，特别是全权处理过与朝鲜及英国的外交事务。乾隆帝的许多谕旨都是他参与起草，并通过他传达给使臣们的。早在乾隆四十三年（1778年）八月，他陪同乾隆帝到东北拜谒祖陵时，就曾以吏部侍郎的身份与朝鲜使臣李激接触过。据李激所记："皇帝乘马执鞭过臣等所坐处，间不过五六步，顾谓侍臣曰：'彼是朝鲜使臣乎？'有一衣黄者对曰：'然矣。'衣黄者闻是吏部侍郎和珅云。皇帝遽曰：'通官前来。'则衣黄侍臣谓通官曰：'使臣何为起对？'皇帝笑曰：'朝鲜礼法'，例如此矣。"从此以后和珅就常常以皇帝代表的身份与各国使臣交谈、协商，办理事务，嘘寒问暖，以示关怀。例如，每年正月十五日（元宵节）左右，皇帝都要请各国使臣到圆明园山高水长阁前焰火、戏剧、花灯，并设宴款待。和珅经常担任组织者和主持人，他常常代表乾隆帝与外国使臣们交谈、慰问使臣，并到使臣们坐处劝酒，看看他们吃的多少，满意与否。同时询问使臣是哪国人，什么品级……使臣们受宠若惊，纷纷站起来致谢。和珅赶忙说："大家不要谢我，要谢就谢皇上吧，因为我是奉皇上之命，来看望大家的。"又如，乾隆五十五年（1790年），乾隆帝请各国使臣游览颐和园昆明湖、万寿山。据朝鲜使臣记载：乾隆皇帝首先召见了安南国王，然后下旨让各国使臣紧随皇驾之后，于是各国使臣跟随在皇帝一行后面，经过勤政殿来到昆明湖边。这时只见红漆斑斓的龙舟已经停靠在岸边。龙舟为两层楼式，十分壮观、美丽，船头装饰着两面金龙黄旗，迎风飘扬，乾隆皇帝首先登上了龙舟的上层，然后大臣阿桂、和珅、福康安、福长安、回部国王、安南国王，以及其他各国使臣们鱼贯而入，坐在下层；窗外楹内，行船时左右两旁的艄公，全都唱着船夫曲，十分动听。太监们奉皇帝之命端来香茶、水果和糕点等美食款待大家。此时，和珅代表乾隆帝陪着大家，并一一向人们介绍各处景点。时而他手指昆明湖北岸延寿寺（今"排云殿"）背后的山，告诉人们说："那就是万寿山"；一会儿他又指昆明湖西面的山峦说："那就是玉泉山"；然后他又用手指着万寿山、玉泉山后面，西北方向的远处峰峦说："那一带就是香山"……当龙舟行驶到延寿寺前时，乾隆帝让大家登岸游览。于是大家又参观了长廊与各处殿阁、庭院、寺庙等等，度过了愉快的一天。再有，嘉庆三年（1798年）正月，乾隆帝又一次宴请各国使臣。饭后，和珅奉太上皇乾隆帝之命，代表太上皇、皇帝（即嘉庆帝）向各国国王致意、问候，并接受各国使臣行礼、进贡。同时代表太上皇、皇帝分别向外宾赏赐香茶、奶品、肉食和果饼点心等各一份。类似这样的事情还有许多，因为和珅掌管着清廷的外交事务，所以送往迎来的具体事务全由他

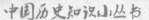

担任。总之，每当各国使臣来华朝贡、觐见等，负责接待、谈判、授受贡品礼物……诸项事宜，几乎都由和珅全权处理，实际上他这个理藩院尚书就起着外交部长的作用。

特别值得一提的是在乾隆五十八年（1793年），英国政府第一次正式派使团访华。和珅在这次活动中，自始至终起着关键的作用。担任这次访华团正使的是英国乔治·马戛尔尼勋爵，副使为乔治·斯当东。乔治·马戛尔尼是一位很有外交经验的老外交家。曾长期在英属殖民地印度任职，并担任过英国驻俄罗斯国公使，后来又被英国政府任命为孟加拉总督，但他表示抵制，坚决要求辞去此职，因此迟迟不肯赴任。他是一个很有才能的人，在当时他是深受英国政府朝野两党赞赏的人物之一。

西方资本主义生产关系的萌芽，最早于14世纪就已在地中海沿岸的一些国家出现了。16世纪时，西欧的一些国家已经进入资本积累时期。17世纪40年代，英国发生了资产阶级革命，建立了君主立宪制国家。18世纪中期开始英国发生产业革命，机器生产代替手工生产，工业有了长足发展，其中尤以纺织业与造船业最为发达，成为世界上经济实力最强大的国家之一。因此，英国资产阶级积极要求政府向海外扩充殖民地，并积极侵占原料产地和扩大商品市场。正如马克思、恩格斯在《共产党宣言》中所说："不断扩大商品销路，驱使中产阶级奔走于全球各地。"早在明朝末年，英国的海盗船和所谓的商人就试图在我国沿海，特别是在广州附近登岸，但始终没能站住脚。清朝前期，英国在东方的势力迅猛发展，乾隆三十八年（1773年），英国政府在印度设立了总督，正式把印度作为自己的殖民地。并进一步在南亚、东南亚以及远东扩大自己的势力范围和贸易活动；特别是由于东印度公司的锐意经营，使得英国在东南亚与中国的商业贸易额已经超过葡萄牙、荷兰和西班牙等国，跃居第一位。为了进一步扩大英国的对华贸易和探视中国国力的虚实，英国政府决定派遣使团访华。他们曾经于乾隆五十二年（1787年），派遣卡思卡特为特使访华，但途中因卡思卡特病故而中辍。

中国当时正处在封建专制统治之下，政府采取闭关自守的锁国政策。早在乾隆二十二年（1757年），乾隆帝就决定关闭宁波、泉州和云台山（今连云港市）等几处通商口岸，而只留广州一港与外国商船进行贸易，并且还严格规定了贸易制度。规定了外国商人每年在广州的逗留时间、住处与活动范围等，同时规定只有"十三行"的行商，才能与洋人接触，进行贸易，一般百姓是不能与洋人往来的。因此使英国对华贸易受到了很大限制。

英国政府为了进一步扩大对华贸易，独占中国这个广阔的商品市场，同时更想与中国接触，摸清当时中国的真实情况，进而建立正式的外交关系，遂决定派遣一个庞大的高级使团访华。为了能够得到中方的同意，他们打着为83岁的乾隆皇帝祝寿的旗号，携带着英王乔治三世致中国皇帝的信件与大批丰厚的礼品（其中包括19大宗，分别装在600多个箱子中）访问中国。马戛尔尼、斯当东一行共计800余人，分别乘坐英国船"狮子号"与"印度斯坦号"等五艘轮船，于乾隆五十七年（1792年）秋（9月26日）从英国朴次茅斯港起航，经过大西洋、印度洋和太平洋，于次年秋天（1793年8月5日）到达天津，并在大沽口登陆。当时在岸上迎接他们的是长芦盐政征瑞与直隶总督梁肯堂，然后由征瑞等人陪同沿京杭大运河乘帆船至通州。

和珅是接待英国使团的主要负责人，他忠实地贯彻了乾隆皇帝有关如何接待英人的指示。例如，按照"接待远人之道，贵于丰俭适中，不卑不亢"；"不可意存玩忽，亦不可张大其事"；对待英国使臣"务宜留心款待，不可过于优待，转为所轻"。和珅在与英人接触中确实做到了有理、有利、有节，不卑不亢，恰到好处的要求，因而得到了外人的好评。英国使团进入京师后，被安排在城内和西郊宏雅园（今北京大学附近）居住。当时乾隆帝正在承德避暑山庄，并决定在此举行自己83岁寿辰庆典。于是马戛尔尼一行分成两部分，一批人由他亲自率领，赶往热河乾隆帝驻地；而另一部分人则仍然留在北京。随同他前往热河避暑山庄的有：副使斯当东以及其子多马·斯当东（此少年通晓中文）、总兵官本生、代笔文带娄门、医生吧郎、副总兵巴尔施、管兵官额鲁、听事官白麟和伊登勒、管船官吗庚多斯，以及奏乐人5名、家人杂役11名、士兵40名。

马戛尔尼一行前往避暑山庄时，把大部分沉重不宜搬动的礼品，如天文仪器、地球仪、机械、车辆，以及船舶模型等物，都安放在圆明园正大光明殿内，而把一些易于携带的礼品带往了热河。礼品主要有：英吉利国人物和城池图样2箱、丝毛金线毯1箱、大毡毯1箱、马鞍2副、大小枪12杆、红毛剑16把、哆罗呢羽纱杂色毛货30捆、千里镜（即望远镜）2个、巧益架一件（高6尺余，早晚运动能长人精神）。他们一行于乾隆五十八年七月二十七日（1793年9月2日）由京城启程前往热河避暑山庄。路上共走了6天，于八月初三日（1793年9月8日）到达。被安排在原佟王府（即佟国维宅第）中住下，此间曾受到和珅、金简等人的欢迎。乾隆五十八年八月初十日（1973年9月10日），乾隆帝在避暑山庄万树园接见了马戛尔尼。万树园坐落在避暑山庄的东北部，是一块开阔地，方圆八百余亩，周边树木密布，中间绿草如茵，一片蒙古大草原的景色。这里没有土木宫殿建筑，只有几处大型蒙古包（又称"大幄"）。清朝皇帝经常在这里接见蒙古与其他少数民族的王公与宗教首领（如班禅额尔德尼六世），并在这里与朝鲜、安南、缅甸、琉球等国使臣会晤。此后，便由和珅作为中方代表与马戛尔尼等人进行了多次会谈。在会谈之余，和珅作为东道主还陪同马戛尔尼特使一行游览了避暑山庄的园林和外八庙风景区。尽管马戛尔尼是一个外交老手，轻易不肯暴露自己的意图和真实的想法，但和珅也善于运用外交辞令，巧为周旋，始终不肯上他的圈套。马戛尔尼原来打算通过协商要求中方同意将浙江舟山群岛中的一岛和广州附近划出一小块地方作为英国人居留地，同时要求中方将宁波、舟山与天津等港口开放，与英国人进行通商贸易，并允许英国在京师设立使馆、常驻使节、建立栈房，以及允许英人在中国各地自由传教等，但这些要求均被和珅一一回绝了。这说明和珅秉承乾隆帝的旨意，与乾隆帝一样，对英国人保持着高度警惕性。在与马戛尔尼等人谈判的过程中，和珅始终在大是大非的原则问题上丝毫不肯让步，坚持原则，但在谈话语气上又很温和，软中带硬、铿锵有力，给马戛尔尼的印象是："态度和蔼可亲，认识尖锐深刻，不愧是一位成熟的政治家。"

马戛尔尼一行此次来华并没有达到预期目的，也没有取得什么积极效果。因为他们并不了解中国当时是一个自给自足的自然经济占主导地位的封建国家。当时中国并不需要通过与外国贸易来满足自己经济的发展，每年进口一些奢侈品，只是供给皇帝与少数贵胄们消费，与广大国民无关。当时中国与外国，特别是与周边各国的贸易，都是通过"朝贡贸易"方式进行的。对外国人来说，到中国进行商业贸易，首先该国君主是要向中国皇帝称臣纳贡，然后得到中国皇帝超出几倍的回赐。从某种意义上说，允许外国进行朝贡贸易是一种恩典。中国的回赠品，往往要比贡品多得多。因此，当时中国周边的国家，都愿意多进行这种贸易。于是中国只好规定他们若干年进行一次。在这样的情况下，中国对英国的贸易本来就兴趣不大，正如乾隆帝所说："天朝物产丰盈，无所不有，原不藉外夷货物，以通有无。"所以中国当时对扩大中英两国的贸易并不积极。加之马戛尔尼一行在谒见乾隆帝的礼仪问题上，曾与和珅为首的中国官员发生矛盾，因此更加深了中国当权者对英国人访华诚意的怀疑。因此在暗地里更加注意防范，采取了必要的防备措施。乾隆皇帝曾说："朕于外夷入觐，如果诚心恭顺，必加恩待，用示怀柔，若稍涉骄矜，则是无福承受恩典，同时即减其接待之礼，以示天朝体制，以驾驭外藩之道宜然。"

按照清朝的礼仪规制，皇帝接见外国朝贡使臣时，外国使臣应行"三跪九叩首"礼，而英国使臣马戛尔尼认为他们不是"贡使"，而是"钦使"，最多只能用"单腿屈一膝引手伸嘴，握皇帝陛下手而亲之"的礼节，否则就是对自己的侮辱。因此，在这个问题上，他们要了不少花招，一会儿态度蛮横，一会儿又表示愿意跟着官员们学习跪拜礼仪，一会儿又佯装生病，说自己不能亲自上朝觐见乾隆皇帝……可是当他们会见了军机大臣、大学士和珅后，态度发生了变化，表现得比以前稍为恭顺一些。后来又经过几次磋商，双方各有让步，亦各有保留。农历八月初十日，在避暑山庄万树园举行了一次礼节性招待宴会，由乾隆皇帝非正式召见，允许英国正、副使臣行英国礼——即单腿跪拜，但没有让他们亲乾隆帝的手。但是在农历八月十三日（乾隆帝生日），在澹泊敬诚殿举行的万寿盛典之日，英国使臣一律要行双腿跪拜"三跪九叩首"礼。

为此，和珅专门拟定了一份礼仪清单——"仪单"。具体奏折原文如下：

　　臣和珅谨奏：窃照英吉利贡使到时，是日寅时，丽正门内陈设卤簿等大驾。王公、大臣、九卿俱穿蟒袍补褂齐集。其应行入座之王公、大臣等，各带本人座褥至澹泊敬诚殿铺设毕，仍退出。卯初，请皇帝御龙袍褂升宝座。御前大臣、蒙古额驸、侍卫仍照例在殿内西翼侍立。乾清门行走、蒙古王公、侍卫亦照例在殿外分两翼。侍卫内大臣带领豹尾枪长靶刀侍卫，亦分两班站立。其随从之王公大臣、九卿、讲官照例于院内站班。臣和珅同礼部堂官率钦天监副索德超（此人为葡萄牙传教士，大约在1793—1810年在钦天监任职——笔者注）带领英吉利国正、副使臣等恭奉表文，由避暑山庄宫门右边进呈殿前阶下，向上跪捧恭递。御前大臣福长安恭接，转呈御览。臣等即令该贡使等向上行三跪九叩头礼，毕。其应入座之王公大臣以次入座，带领该贡使于西边二排之末，领其叩头入座。俟令侍卫照例赐茶，毕。各于本座站立，恭候皇上出殿，升舆。臣等将该贡使领出，于清音阁外边伺候。所有初次应行例赏该国王及贡使各物，预先设立清音阁前院内。候皇上传旨毕，臣等带领贡使，再行瞻觐。颁赏后，令其向上行谢恩礼毕，再令随班入座。谨奏。

奉旨：知道了。钦此。

总之，和珅在这次接待英国使团的活动中，表现出了杰出的外交才能，处理事务也很得体，既热情，又不失原则；既维护了中国的尊严，又不使来者觉得主人傲慢。他做得不卑不亢，落落大方，表现了一个大国权臣的风度。正如一位东印度公司的人员在他的著作中所说："马戛尔尼这次访华，是受到了最礼貌的迎接，最殷勤的款待，最警惕的监视，最文明的驱逐。"

这里应该指出，我们肯定和珅处理马戛尔尼特使访华一事较为得体，但并不赞同他在接待过程中过于保守的思想。还应该指出，在这次接待过程中，他也没有忘了贪污与受贿。例如，他曾指使属下，"报销大大超出实际数额的使团差旅以及接待费用"。此外，他还接受了马戛尔尼特使送给他的一辆四轮玻璃大马车。

九　人称"二皇帝"

在乾隆帝统治时期，中国的封建君主专制统治发展到了顶峰，中央集权制空前强大，可以说是达到了登峰造极的地步。皇帝至尊至大，是绝对的权威。他的一言一行，臣下只能照办和服从，没人敢提出一个"不"字。可是，在这种情况下，他也需要辅助与帮衬，而最宠幸、最信赖、最得心应手的人就是和珅。因此，在他的宠信和卵翼下，和珅官运亨通，飞黄腾达，高官做遍，红极一时。在二十多年的时间里，他几乎控制了全国政治、经济、军事、文化、外交乃至宫廷事务等各个方面的事情。他先后担任过户部尚书、内务府大臣，并主管"三库"、"太医院"、"御药房"，任崇文门税务监督、吏部尚书、刑部尚书、兵部尚书、步军统领、理藩院尚书、正蓝旗副都统、正蓝旗都统、镶黄旗副都统、镶黄旗都统、镶蓝旗都统、正白旗都统、御前大臣、领侍卫内大臣、翰林院学士、殿试读卷官、经筵讲官、日讲起居注官、国史馆正总裁、方略馆总裁、文渊阁提举阁事、《四库全书》正总裁、《钦定日下旧闻考》正总裁、《石经》正总裁、《钦定大清一统志》正总裁、《钦定热河志》正总裁、清《三通》正总裁、太子太保、一等男爵、三等忠襄伯、一等嘉勇公、军机大臣、文华殿大学士等。此外，他还兼管过礼部（如主管考试、接待外宾等）、工部（如主管修建"宁寿宫"、扩建"圆明园"和避暑山庄"外八庙"的部分工程等）事务，并控制着圆明园、茶膳房、御药房、太医院、造办处、上驷院、健锐营、火器营等，不一而足。

总之，在乾隆中后期至嘉庆初期这一段时间，和珅实际上是朝廷的第一把手（阿桂在逝世前只是名义上领班军机大臣和首席内阁大学士，实际已经被架空了），朝廷中的大事小情，事无巨细，他是大事管、小事抓，几乎全都垄断、包揽了，真可谓"一手遮天"，这在中国历史上也是极为少见的。他大约在从乾隆四十年（1775年）到嘉庆四年（1799年）的24年间，从三等轻车都尉，至嘉庆三年（1798年）晋封为一等嘉勇公；从侍卫擢升为军机大臣、文华殿大学士、太子太保……可以说荣耀之至，有职有权。特别是在乾隆帝暮年，眼花耳聋、精力衰退之际，他还经常代替太上皇起草上谕，朱批奏折，吟诗作赋，翻译语言等等，起着承上启下的关键作用。至于他所传达的"圣旨"是否真实，那只有他自己知道了。在这种情况下，就连嘉庆皇帝有时也要让他三分，提心吊胆，小心翼翼地过着韬晦的"儿皇帝"的生活。此时的和珅确实是一人之下、万人之上的"二皇帝"。这一点，就连来华的外国使臣也看出来了，朝鲜、英国等国使臣都有这方面的记载。例如，英国派往中国的使团副使乔治·斯当东在他所著的《英使谒见乾隆纪实》一书中写道：每当乾隆帝出行时，"和中堂（即指和珅，'中堂'在清朝系'宰相'也——笔者注）紧随着皇帝御驾后面，当皇帝停下轿子差人过来向特使慰问的时候，几个官员跳过沟去走到和中堂轿前下跪致敬。值得注意的是，除了和中堂之外，没有其他大臣和皇室亲人等跟随着皇帝陛下，足见和中堂地位之特殊"。同时他还写道：和珅是"皇帝唯一宠信之人，掌握着统治全国的实权"。高高在上，别人见他往往都要跪拜，总比他矮上三分，并非常惧怕他；"这位中堂大人统率百僚，管理庶务，许多中国人私下都称之为'二皇帝'"。事实上也确实如此，特别是在乾隆帝晚年，健康状况大不如前时，和珅往往以出纳帝命者自居，就连诸皇子都怕他。因为他从乾隆帝居处走出时，嘴里老是叽咕着："今天圣上发怒了，要整治某皇子。"吓得皇子们胆战心惊，人心惶惶。因此，许多皇子都巴结他，惹了祸往往找他求情，损坏了物件让他给补上（因为他家里什么都有）。乾隆帝晚年，记忆力下降，就连吃没吃饭有时都记不大清了，本来刚刚吃过饭，他还嚷着要再吃饭；昨天的事，今天就忘掉了……后来就连说话也含混不清了，除了和珅之外别人谁也听不懂了，自然而然和珅就成了代言人（因为必须由他做翻译）。例如，有一天嘉庆帝刚刚上完早朝，与和珅一起去拜谒太上皇乾隆。这时，一般都是太上皇面南端坐，嘉庆帝坐在面朝西的一把小凳子上（每天太上皇召见臣工几乎都如此），和珅则跪在太上皇面前，只见太上皇双目微合，好像在睡觉；然而口中却喃喃作语，不知在说些什么。嘉庆帝极力倾听，可是怎么也听不明白，甚至连一个字也听不懂。过了一会儿，太上皇忽然睁开双目，说道："这个人叫什么名字？"和珅赶忙应声答道："高天德、苟文明。"太上皇听后点了点头，又微合双目，继续喃喃而语……嘉庆帝当时十分不解，不免有些恐慌、害怕。此时只见太上皇挥了挥手，示意让他们走开，并未说一句话。过了些日子，嘉庆帝秘密召见和珅，问他："前些日子咱们觐见太上皇，太上皇跟你说的话是什么意思呀？朕怎么一点也听不懂呢？你所对答的六个字又是什么意思？"和珅笑了笑，答道："啊，太上皇念的是西域秘密咒语，念这些咒语的时候，即使远在千里以外的恶人、仇人也会无疾而亡，或者遭遇奇祸，不得好死。奴才一听太上皇念此咒语，我就知道太上皇想叫白莲教匪首速死，所以我就顺口说出两个教匪头目的名字。"尽管嘉庆帝已经登基、"主政"，但是他还不能与其父完全沟通，许多事情还要靠和珅来传达。而和珅与乾隆帝关系密切，语言相通，并且太上皇事事倚重他，信任他，因此他成了乾隆帝的代言人。嘉庆帝为了保住皇位，顺利亲政，只好小心翼翼地继续韬晦，好多事情索性都让给和珅去管，自己落个清闲。当有人议论和珅什么时，他都赶紧避开，并且说："太上皇有事都让和中堂去做，朕也是事事离不开和大人，你们不要在背后说三道四了。"从这些话中，也可以证明和珅当时的确是个"二皇帝"了。

【第四章】

干预文化、教育事务

一 受命主持多种典籍的编纂

乾隆帝在世时一再标榜自己的"文治武功",尤其是对他在文化领域所取得的成就与建树,十分欣赏,沾沾自喜,踌躇满志。说实在的,乾隆帝一生在文化方面,确实有特殊爱好,几乎成癖。他不仅喜欢棋、琴、书、画和诗词歌赋,而且对戏剧、小说也有偏爱,更喜欢收藏书画、碑帖和文物珍宝。特别是在整理、编纂各种文化典籍、类书、方志、通志等方面十分用心,也可以说是雄心勃勃。他立志不仅要超过其祖父康熙帝编纂《古今图书集成》的大业,而且要取得超越历代帝王编修大书的功德。事实上乾隆帝也确实有要在中国文化领域做出点建树,干出点成果的信念。他想模仿并超越宋朝编修的《太平广记》、《太平御览》、《文苑英华》和明朝编修的《永乐大典》,以及其祖康熙帝编纂《古今图书集成》的做法,编纂一部《四库全书》,以博稽古右文之美称。

《四库全书》是中国历史上的一部规模宏大的图书总汇,它是一部官书。它所收集的图书,除皇家内府的藏书外,并采进、征集了全国各省地方民间的大量藏书。《四库全书》从乾隆三十八年(1773年)开馆,至乾隆四十七年(1782年)初步完成,前后共计10年。该书收录图书总计3470余种,共有79016卷,总计36078册。这在当今世界上也可以说是屈指可数的大型书籍。

《四库全书》开馆时,由大学士于敏中担任总裁。此书最早得到著名学者朱筠的大力支持和襄赞,但朱筠并没有全力支持于敏中,因为二人存在着很大矛盾,始终不能协调。乾隆四十四年(1779年)底,于敏中病故,一度由大学士英廉接任总裁,可时间不长。乾隆四十五年(1780年)十月,和珅受命出任《四库全书》馆正总裁。据清史档案记载："乾隆四十五年十月十五日，内阁奉上谕，和珅着充四库馆正总裁。钦此。"

和珅本来出身于满洲文生员，从小就喜欢舞文弄墨，对诗词歌赋也略有涉及，加之多年伴随在乾隆帝左右，耳濡目染，颇受熏陶。此外，他也有一定天赋，聪明伶俐，触类旁通。因此，他掌管文化教育方面的事务，也不能说是外行。和珅生性刻薄，对别人的文字、著述百般挑剔，贬低别人，抬高自己，其实他自己只是个满洲秀才出身，在那些进士林立、翰林满地的四库馆里，饱学之士举目皆是，又有谁从心底里佩服他呢！因此，他在文化教育界，并不受欢迎。只是因为乾隆皇帝宠信他，他又是个"二皇帝"，人们只是"寄人屋檐下，不得不低头"而已，但骨子里并不服气。例如，《清朝野史大观》的《孙伯渊不阿权贵》一文中记载："乾隆间故相和珅屡奉派文字之役，高宗（即乾隆帝——笔者注）不过欲其追从儒臣练习文采耳。而和珅忮刻特甚，凡得卷非其属意者，先视其笔误斡补抉去之。其无笔误则妄摘瑕疵，以指甲深画之。（乾隆）南巡召试，数与梁文定、朱文正、董文恭诸公同阅试卷或取或舍，珅辄专决，其谬妄可想，其气焰亦可想。"再如，在和珅当国之时，著名学者孙星衍（字伯渊），于乾隆五十二年（1787年）考中进士，担任翰林院编修。但是此人性格"耿介自持，不随流俗"。素不喜倾倒权贵，溜须拍马。当时许多"英俊之士多屈收和门"，但孙星衍除了公事以外，却从来不与和珅往来，更不低三下四地奔走和门，于是得罪了和珅。因此，和珅素衔恨于孙星衍，总想找机会陷害他。有一次，孙星衍在翰林院散馆考试《历志赋》时，引用了《史记·鲁世家》中"如畏然"等章句。和珅看到这篇试卷时，根本就不认识其中某个字，他不去查字典，反倒认为孙星衍写了错别字，借机把孙星衍找来狠狠地斥责一顿，然后把孙星衍"抑置二等，以部员（部主事）改用"。此时和珅正主管翰林院，为了拉拢孙星衍，他曾多次邀请孙星衍面谈，但孙并不领情，婉言谢绝了，同时对人说："天子命何官不可为，某男子不受人惠也。"和绅对此极为生气，借机又把孙星衍降为刑部直隶司主事。这件事与我们在已经叙述的和珅为刻"石经"对彭元瑞的刁难、打击、陷害等事联系在一起，就可以看出和珅在管理文化教育事务中，独断专行，我行我素，借机打击平日那些不

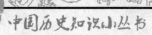

靠拢他，不买他账的人。从而反映出他气量狭小、不能容人的霸道作风。

按照清朝制度规定，大学士照例要担当编纂各种官书的总裁。该职并不全是挂名的虚衔，而是要具体参与工作，负实际责任的，也就是说有职有权。论学问、论资历和珅比起同时代的几位大学士，一般说来是略逊一筹的。但是由于聪慧机灵，谋略多端，肯于用心，再加上他狡诈善变，鬼点子多，因此干起来也还得心应手。同时他为了显示自己的"才干"和"本事"，倒也实心实意地认真去做事情，在实践中提高自己。

前面已经提及除了充任《四库全书》的正总裁外，他还担任过许多大型官书的总裁官。例如，《开国方略》总裁、国史馆正总裁、清字（即"满文"——笔者注）经馆总裁、《钦定日下旧闻考》总裁、《满洲源流考》总裁、清《三通》（即《清朝通典》、《清朝通志》与《清朝文献通考》三书的简称）正总裁、《石经》正总裁、《钦定热河志》正总裁和《大清一统志》正总裁等。他在担任这些官书正总裁与总裁时，经常到写作人员工作地查看，指导工作，查阅书稿，并组织亲信查找文稿中的别字、讹错与笔误之处，或编撰不当的地方，然后呈给乾隆帝阅看，借机打击、陷害不愿与其合作，或他平日衔恨的编撰者。例如，为了编纂《四库全书》，纪昀、陆赐熊和陆费墀等人，曾多次受到和珅斥责，甚至遭到降级或赔款的处分。其中陆费墀，更是被弄得倾家荡产、家破人亡，十分凄惨。由此可见，和珅在主编官书中挑剔、倾轧、陷害之一斑。

二　充任各种文化教育官员

和珅除了担任总裁官，负责编纂各种官书以外，还控制了国家教育、考试以及皇家子弟的教育大权。他曾先后担任过教习庶吉士、经筵讲官、翰林院掌院学士、日讲起居注官和殿试读卷官，并兼任廷试武举发策官等职务，他利用这些职务，再加上他身为吏部尚书，从而控制了一部分官吏铨选、考核和升迁的权力，从而把他的亲信、友朋、党羽安插在国家要害部门。并利用这些权力排斥、打击、贬挤他的仇家与他看不上眼的人。他还经常利用职权，以个人的好恶随意进退科名。例如，乾隆五十四年（1789年），山西举人薛载熙在京考进士，初试时被录取，但是在复试时被和珅除名。此人就其学问而论，尚属可以中取。他的试卷就文理而言，并没有什么大的毛病。只是他的诗词有些粗率，因为和珅看不上他，于是便上奏乾隆帝将其停科除名。乾隆帝认为薛载熙可以"加恩宽免"。和珅只好勉强同意，但是和珅在决定薛载熙是否可以录取的讨论时，却以薛载熙的"复试与中卷不符，难保无代倩情避，请追革在案"。于是薛载熙就这样被和珅赶回了山西。事后就连嘉庆帝也认为："薛载熙斥革本非皇考之意，和珅办理此事，实属从刻也。"嘉庆六年（1801年），薛载熙再次来到京师，在京郊哭诉自己冤枉，于是嘉庆帝命令对其诗作进行考试。考试结果是"诗句较前稍胜，着加恩赏还举人"。此案总算得到了平反。

乾隆六十年（1795年），窦光鼐以左都御史的身份，被任命为会试主考官，在京师主持会试。当时虽然也有两位副考官参与其事，但是由于他们资望较浅，因此一切都听从窦光鼐的意见。发榜之时，人们都不禁惊奇起来，因为此次会试的第一名王以铻与第二名王以衔两人是同胞兄弟，实为一大"怪事"。因为和珅与窦光鼐平日不和，两人有矛盾。于是和珅乘机想整一整窦光鼐，他急忙跑到乾隆帝面前，说窦长期在浙江为官，而这二王兄弟，又是浙江人，可以断定窦光鼐在这次会试中搞了什么名堂，才会有这样的结果。乾隆帝在刚刚听到这一消息时，也不禁怀疑起来，决定另派大臣进行复试。重新担任主考官的大臣就是纪晓岚。和珅本意是要借这次考试"兴大狱以倾窦（光鼐），复试日使卫士环列讥察之，无所得"。于是一计不成，又生一计，最后竟以王以铻的中试之卷"疵累甚多"，卷面不干净为由，罚其停科，最终予以除名。王以衔参加了复试，当考试完毕后，考官们向乾隆帝呈进了殿试卷子一共十本，名次均已定好，当乾隆帝拆视弥封好的试卷，发现第一名正是王以衔。乾隆帝感到十分惊奇，便把和珅、纪晓岚等人找来，问他们这是谁最后审核、圈定的名次。纪晓岚赶紧答对："是臣圈定的。"此时，和珅与众考官"瞠目相视，因奏曰：'此次阅卷诸臣，皆秉公认真，亦无私弊，如有失当何妨易置，则转不公矣。'"乾隆帝听后也不得不承认这是事实。他说："若此则彼之兄弟联名，或出偶然，科第高下，殆有命焉，非人意所能测也，何必易置。且既拆弥封而再易置，则转不公矣。"在这种情况下，窦光鼐和其他考官才免除了遭到开缺，或"交部议处"的厄运。二王兄弟也终于洗清了考试作弊，以及贿赂考官、走后门等恶名。张榜这天舆论欣然，人们争相赞许王以铻、王以衔两兄弟"素着才名"，学有所成也。

又如，沈祥年在其所著的《借巢笔记》中记载：他祖父沈某在乾隆丁未年（即乾隆五十二年，1787年）会试中，本来已经被列入殿试前十名。这时和珅看他很有才华，于是想把他拉入到自己的帮派当中，使其成为自己的党羽。曾派人通知他，请其到家中叙谈，没想到沈某并不买账，始终没有登和珅家门。这下子可惹恼了和中堂，一气之下，和珅下令让其"抑置归班"，取消了沈氏的殿试名次。

与以上事例相反，和珅对待他的亲朋故旧和愿意投靠他的人，却百般照顾，大开方便之门。例如，吴省钦、吴省兰兄弟二人，在和珅青少年时期，曾为他的老师，后来和珅成为了军机大臣、文华殿大学士，二吴又"藉其援引，反屈身拜其门下"，称和珅为老师，成为和珅党羽。后来他们靠和珅提拔，屡屡升官，曾经"九典试事，门蔷桃李几遍天下"。其中吴省兰还在和珅的推荐下，帮助嘉庆帝"整理诗词"，而实际上他是和珅安插在嘉庆帝身边的刺探。

和珅由于经常主持会试、殿试考试，因此他非常熟悉乾隆帝喜欢出什么样的试题，天长日久，往往一押便准。据说在顺天府举行乡试时，一般都由乾隆帝亲自命题。乾隆乙酉年秋闱（即乡试），乾隆帝首先让内阁呈献"四书"一部，出完题后，又命令太监把该书送还内阁。和珅乘机询问乾隆帝命题的具体情况，太监说："皇上手捧《论语》第一本，看到最后面时，欣然微笑着拿起笔来，写出了题目。"太监说完便走了，和珅沉思良久，一下子就猜到一定是"乞醯"一章。因为"乞醯"二字中嵌有"乙酉"二字。于是急忙通知自己的亲朋好友与学生，使他们事先就知道了试题。这个传说未必真实，因为乾隆年间的"乙酉"年为乾隆三十年（1765年），这时和珅才十五六岁，还没发迹，更不可能入阁。而下一个"乙酉"年，则是道光五年（1825年），那就根本不可能了。如果把"乙酉"改成"己酉"还差不多，因为"己酉"为乾隆五十四年（1789年），这时和珅已是军机大臣、大学士了，已经有资格入阁打听事情了。但不管这个故事是否真实可信，它确实反映了和珅聪明机敏，非常了解乾隆帝的脾气与习性，因此他经常能猜中乾隆帝在考试时喜欢出什么样的试题。另一方面，也可以看出和珅确实操纵了一部分教育与考试的大权，这样就便于他在铨选官吏时上下其手，排除异己，偏袒私人。例如，他凭借担任殿试读卷官的机会，任意对试卷进行涂改，以此来掌握应试者的命运。他经常对试卷中难认的字句，不认真查对，而往往是判断别人写错了，进而责怪人家。久而久之，就造成了乾隆朝晚期，举朝官吏"几出和门"的局面。

三 和珅与《红楼梦》的流传之谜

往昔人们多关注和珅受宠邀功、贪赃枉法、结党营私、受贿舞弊、家财豪富、为人刻薄……由于他长期操纵朝政，任用私人，给清朝中期的政治造成了很坏的影响，清朝统治开始由盛入衰。可是，不少人却忽视了和珅对清朝学术文化方面造成的影响。特别是和珅与曹雪芹所著《红楼梦》的流传还有着一定关系，恐怕是世人很少了解的，也可以说是个谜。在这方面，红学专家周汝昌先生近年来做了大量工作，搜集了许多资料，进行了深入研究，取得了可喜成果，尤其是他对和珅与《红楼梦》一书的删改与流传的问题做了很多新的探索，揭开了《红楼梦》被解禁、流传之谜。

乾隆四十五年（1780年）十月，和珅担任《四库全书》正总裁后，就多次鼓动和建议乾隆帝向全国发布上谕，进一步催促地方各省征集书籍，特别是"将违碍字句的书籍，着力查缴，解京销毁"。由此还造成了一件件文字狱，从这个角度来看，和珅对于乾隆朝接连不断的文字狱还有一定责任。和珅建议查缴的书籍范围、种类比刚成立四库馆时发布的征集范围要宽泛得多，几乎无所不包，甚至连小说、戏剧、词曲与民间诗歌等也不放过。这说明和珅比于敏中、英廉等人在销毁书籍方面更感兴趣，因此在摧残中国传统文化方面，也负有不可推卸的责任。当时查禁书籍虽然是乾隆帝的旨意，但是一般都是由《四库全书》馆负责开列，而由军机处颁令执行。和珅一身二任，把这两件事合起来干就更得心应手了。我们从现今保存的《办理四库全书档案》中和珅单独署名或与他人联合署名的文件最多这一点来看，也可以说明这个问题。甚至在《四库全书》编纂完成七八年后，他还一再提起逼缴、销毁违禁书籍之事。乾隆五十三年（1788年），他曾向各省地方官员逼催继续缴纳禁书存留之本。直到乾隆五十五年（1790年）底，和珅还在鼓动乾隆帝出面追查禁书。值得注意的是，他此时对流传在民间的小说、民歌、戏剧和词曲等特别感兴趣，说明和珅已经把毁禁书籍范围扩大到文学艺术领域了。令人奇怪的是，我国著名的古典小说《红楼梦》，就是在此时广为流传开来的。据红学家们考证，《红楼梦》一书的流传是差不多与《四库全书》成书同时开始的。《红楼梦》成书后，一开始也是被作为一部对当朝有不利"碍语"的"秘本书"，只能秘密在民间流传。当时只有少数书贩为了牟取暴利，而冒险传抄出售。但是到了乾隆五十四年（1789年）、五十五年（1790年）之后，不仅各种抄本的八十回与一百二十回本并行，广泛流传在民间，甚至一百二十回本的《红楼梦》也已传布在市井乡里之间，特别是在江浙地区，更广为流传，几至到了家喻户晓、人人争阅的程度。为什么在乾隆帝大搞禁毁违碍书籍的高潮时期，《红楼梦》一书却得以公开流行呢？据周汝昌先生研究，是与和珅在其中起了关键作用分不开的。

原来是和珅之弟和琳的儿女亲家，江苏巡抚苏凌阿的家中藏有《红楼梦》的原抄本。可能是和珅借来看后颇感兴趣，爱不释手，并深受该书影响，特别是《红楼梦》中的许多情节、诗句使他久久不能忘怀。例如，在和珅的诗集中，就有不少诗句是与《红楼梦》基本相同，或大同小异的。同时在他的诗中也经常引用《红楼梦》中的故事与人物，例如，"金钗十二浑闲事，漫拟同车携手行。"在这种情况下，便找人对《红楼梦》原抄本中的一些不合当时统治者口味的情节和"碍语"，进行删改，接着又请高鹗、程伟元等人续补了后四十回。待和珅认为这一切都做得停当、满意后，便将此书呈献给乾隆帝御览，从而得到了乾隆皇帝首肯。于是《红楼梦》的抄本渐渐地在宫廷和朝臣中流传开来，不久，《红楼梦》的京版就公开问世了，并广泛流传于大江南北。

和珅之所以找高鹗、程伟元二人续写曹雪芹的《红楼梦》，是因为他认为该书结局不够圆满，亦不合乎他的要求，或者是他当时就觉得该书后半部缺损，不完整，应该补齐。高鹗在程伟元本《石头记引言》（《红楼梦》原名叫

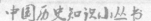

《石头记》——笔者注）中曾说："是书词意新雅，久为名公、巨卿赏鉴。"这里所指的"名公、巨卿"当然就包括和珅在内，因为高鹗当时正在和珅手下为官，所以他知晓内情。

曹雪芹《红楼梦》的原著只传出八十回，其余不甚了了。大概在乾隆五十年代中期以后，社会上才逐渐有一百二十回本的所谓"全璧"本流传。还有一种说法认为是苏凌阿家的原抄本，因保管不慎被老鼠啃咬破损，拿到琉璃厂书铺"抽换装订"时，人们传阅，后来被"好事者"乘机补续了后四十回。

其次，在赵烈文所著《能静居笔记》引用宋翔凤的话时，说："谒宋于庭葑溪精舍，于翁言：'曹雪芹《红楼梦》，高庙（即乾隆帝——笔者注）末年，和珅以呈上。然不知所指。高庙阅而然之，曰：'此盖为明珠家作也。'后遂以此书为明珠遗事，曹（雪芹）实栋亭（即曹寅——笔者注）先生子（错了，曹雪芹不是曹寅的儿子，而是孙子——笔者注），素放浪，至衣食不给。"由此可以证明，《红楼梦》一书是由和珅审阅后，首先由他进呈给乾隆帝阅览的，并得到了乾隆帝的首肯。这样《红楼梦》一书才得以在世间广为流传。再者，也可以说明，正是乾隆帝首先指出《红楼梦》一书记载的故事，是康熙朝大学士明珠（1635—1708年，姓纳喇，满洲正黄旗人。在康熙朝曾红极一时，多次陪同康熙帝南巡，后因结党营私，招权纳贿，被人弹劾而革职——笔者注）家的事情，这样就为后来"红学"中的索隐派开了先河。

和珅因为出身于八旗中行伍之家，比较容易接近一般市井小民，以及大众的文学艺术。以至于他对流传于民间的小说、唱本和词曲等通俗读物更喜欢和熟悉。可以推测他在乾隆帝身边，朝夕论思，常常谈及市井流俗，以致引起乾隆帝要对小说、唱本与词曲之类的书籍进行一番查禁。

和珅掌政后，特别是在他插手文化教育事务方面工作后，他对"删改抽彻"书中的文字非常感兴趣。他不但篡改、删削书籍中的文字，而且就连石头上的文字也不放过。前面曾经提到的在辟雍（国子监）刻的《石经》上的文字，他看着不顺眼的字句，也要派人给磨掉改刻了。清朝也就是从此时开始，掀起了一股删改书籍之风。《四库全书》中就有不少古书是在被删改后重新刊刻的。由此可以联想到今天广为流传于世的《红楼梦》的"全本"，就是和珅做后台老板，用重金与官阶请高鹗、程伟元等人炮制出来的。因为高鹗在完成《红楼梦》续后四十回不久，就考中了进士，程伟元也升了官。乾隆帝首肯《红楼梦》后，官方就用当时全国最精美的刻印版——武英殿聚珍版印刷出版了"殿本"《红楼梦》，流传全国，风靡一时。从这里可以看出，和珅在使《红楼梦》一书广为流传方面，确实是起了积极作用的，正是由于和珅将此书推荐给乾隆皇帝后，此书才有可能在全国公开发行，流传于后世。

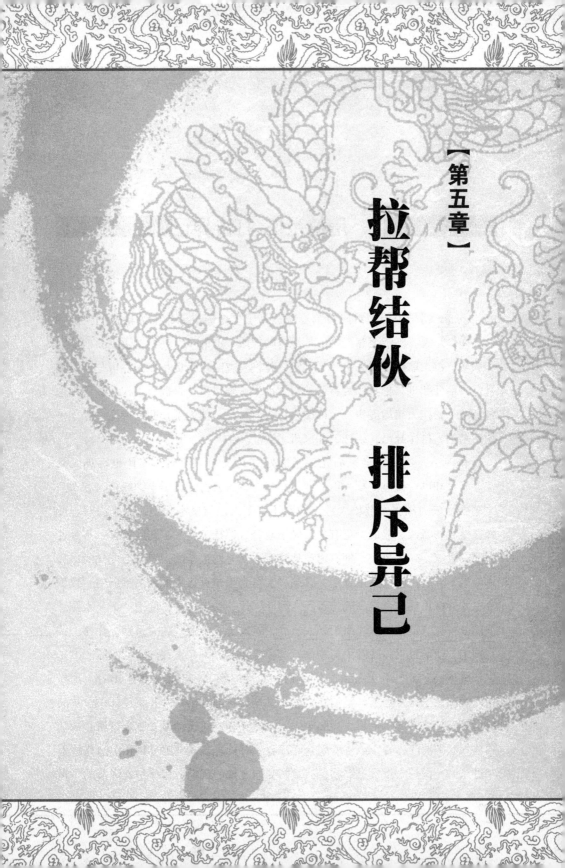

【第五章】

拉帮结伙　排斥异己

一 培植亲信 打击异己

清朝是中国的封建君主专制达到了顶峰的时期，中央集权制空前强大。皇帝至尊至大，是绝对的权威。他的一言一行，臣下只能照办和服从，没人敢于提出一个"不"字，特别是乾隆皇帝更是如此。可是他偏偏青睐、信任和珅，把其作为自己的得力助手，委以重任，握有实权。和珅在这种情况下，拉大旗做虎皮，专横跋扈，为所欲为。他为了长期保持高位，于是拉帮结伙，排斥异己，组建"和家班子"。

和珅一人当道，全家沾光，亲朋好友乃至个别管家、奴仆也都鸡犬升天。其弟和琳曾做过驻藏大臣、四川总督，晋封公爵。其子丰绅殷德与和孝公主结婚，成为额驸、散秩大臣，他家还有多人也与皇室联姻，做了高官。此外，他家的亲戚、故旧，也有多人做了总督、巡抚、将军、知府等官，甚至连他家的管家、仆人也成了拥有家产达10万、20万两银子的富户。与此同时，和珅心里十分明白的一个道理是：必须"要得到当朝有势力的统治阶层的一致赞许，才能保得住这个崇高的位置"。因此，他一朝权在手，便把"帮"来拉。他四处拉拢亲信、同伙，组织私人班底，结成了一个庞大的关系网。在这个关系网中，他培植了一些骨干与亲信，其中主要有以下几人：

和琳（1753—1795年），字希斋，和珅的胞弟，也是官学生出身。他最初以满洲文生员补为吏部笔帖式，后来又调任工部笔帖式，并累迁郎中、巡漕御史等官。乾隆五十一年（1786年）五月，在和珅的活动下，乾隆帝派和琳随阿桂一起到浙江，查审该省所属仓库库存，并处理窦光鼐弹劾杭州织造盛住上年进京时，携带大批贵重财物，有贪污受贿之嫌的案件。盛住是乾隆帝的小舅子，因此案而罢官，调至京师审查。于是在和珅的帮助下，乾隆帝亲授和琳接任杭州织造一职。时隔一年，乾隆帝认为窦光鼐所奏不实，仍叫盛住复官，而和琳则于乾隆五十二年（1787年）三月，迁升为河南道监察御史，并且仍然兼管巡视山东漕运与制造漕船诸事。乾隆五十四年（1789年），为了打击福康安，在和珅一手策划、指使下，和琳弹劾湖北按察使李天培私交湖北漕运粮船分带木料之事，引起乾隆帝的重视，特派大学士阿桂处理此案。经过多方审讯、查证，李天培之子李洵供出家人顾兴从湖北乘漕船给两广总督福康安夹带木植800件，给长芦盐政穆腾额夹带木植400件的事情。这批木料是福康安写信让原来的老部下李天培代购的，准备扩建京城的住宅时用。李天培为了节省运费而自行托漕船捎运北上。为此案李天培被革职，并发配边疆充军。福康安亦受到乾隆帝严厉申斥。为此，和琳受到乾隆帝表彰，赞赏他亢直敢言，不徇私情。由此连连升级，官运亨通，死后被晋封为一等宣勇公爵，陪享太庙，建立专门祠堂祭祀，得到了巨大荣誉。

和珅小施权术，就使和琳官运亨通，同时也给福康安当头一棒。可是后来和琳与福康安在共事中，却能彼此合作共事，同舟共济，相互配合，兄弟相称，一直和睦相处，这也许是和珅一打一拉的妙用吧！也有可能是和琳没有受到其兄的影响，再没有卷入和珅与福康安两人的矛盾，单独与福康安的私交密切所致。

乾隆五十五年（1790年）正月，和琳被任命为吏科给事中。乾隆五十六年（1791年）二月，他又被擢升为内阁学士。同年十一月，又兼任工部左侍郎。乾隆五十七年（1792年）正月，又被任命为正蓝旗汉军副都统。同年二月，发生了廓尔喀兵进犯西藏事件，他与福康安一起被派往西藏，迎击廓尔喀军。和琳主要负责为清军准备粮草、差役等后勤工作。战争结束后，他曾充任驻藏大臣。乾隆五十八年（1793年），乾隆帝特颁发谕旨，表彰他处理藏务"已有端绪，仍宜趁此斟酌尽善，永远可遵"。在此期间，和琳还先后被任命为镶白旗汉军都统、工部尚书，并被授予云骑尉世职。乾隆五十九年（1794年）七月，和琳被任命为四川总督。乾隆六十年（1795年）二月，贵州、湖南两省爆发了以石柳邓、吴半生、石三保等人领导的苗民起义。清廷派福康安率领清军前往镇压。当时和琳正在奉命返京的途中，当其行至邛州时，得知有一支起义军的队伍，已从松桃打到秀山境内，势焰凶猛。他便前往秀山救援，与清军张志林、马瑜等部合作，打败了起义军。乾隆帝为此赏他双眼花翎，并命令他就地"参赞军事"。后来他又与福康安合作，共同作战，接连攻下苗民起义军虾蟆硼、乌龙岩、满华寨等七十余个据点、村寨。是年八月，因为军功，被晋封为一等宣勇伯。九月，又因为攻下了起义军占领的岩碧山，乾隆帝赏给他"上服貂褂"一件。接着，又以降服起义军领导人吴半生之功，乾隆帝又赏赐他一条"黄带"。十月，又因在湘黔地区的龙角硼、鸭保、天星等地多次打败起义军立下战功，加封太子太保，并赏赐给他皇帝所用的黄里元狐端罩一件。嘉庆元年（1796年）四月，由于率领清军接连攻克起义军占据的结石冈、廖家冲、连峰坳诸隘，赏用紫缰。五月，福康安卒于军，乾隆帝命和琳一人督办军务。同年六月，因在湘西俘获苗民起义军领袖石三保，攻克乾州，而赏戴三眼花翎。八月，和琳亲自率领清军围攻平陇时，因受瘴气而患病身亡，晋赠一等宣勇公，谥号"忠壮"。乾隆帝与嘉庆帝还亲临他家灵堂吊唁、悼念，并命其子丰绅伊绵袭其爵位。

和琳病逝时，身任数职，如兵部尚书、光禄大夫兼都察院右都御史和四川总督等职。为了给他办理丧事，乾隆帝特赐白银5000两，并赐陀罗经被，赐祭葬，命配享太庙，同时在昭忠、贤良两祠祭祀。此外，还特批准许他家建专祠祭奠，真可谓荣耀之至。

和琳是和珅的同胞兄弟，也是和珅最亲信的人之一。两人一起长大，和琳是和珅提拔和精心培养起来的。他的死可以说是对和珅的一个沉重打击，因此和珅非常悲痛，心情久久不能平静，于是在嘉庆元年（1796年）秋冬之际作了许多诗，怀念其弟。在一篇诗序中，他曾写道："希斋弟督军苗疆受瘴而卒，痛悼之余挽词十五首，言不成声，泪随笔落，聊以当歌。"从中可以看出和珅培植和琳的良苦用心。现摘录其中几首如下：

看汝成人瞻汝贫，子婚女嫁任劳顿。

如何又为营丧葬，谁是将来送我人。

魂魄归来冬季深，君恩赐莫重亲临。

先驱应早挽枪归，好补生平报国心。

吾弟功成名，遂惜年不永。

既邀九重异，数殊荣复有。

　　福长安，富察氏，满洲镶黄旗人。他是乾隆帝孝贤皇后的亲侄儿，其父傅恒曾任户部尚书、军机大臣、武英殿大学士、封太子太保，死后赠郡王，是清朝的一位名臣。他的几个哥哥福灵安、福隆安、福康安等人均为高官，有的还与皇室联姻，成为额驸。

　　福长安本人亦娶皇族女为妻。他年轻潇洒，相貌俊秀，头脑机灵，善于察言观色，也博得了乾隆帝的喜欢。他从蓝翎侍卫擢升为正红旗副都统，武备院卿，兼管内务府事务。和珅在与其共事当中，发现他可以作为自己搭档、知己与附庸，因此便极力拉拢、培植他，使其成为自己的忠实党羽。乾隆四十五年（1780年），乾隆帝命福长安在军机处学习行走，跟随和珅办事，从此两人便紧紧地勾结在一起了。他们平日相互关照，沆瀣一气，彼此结成了生死之交。他们在军机处内排斥、打击以阿桂为首的不与他们合作的军机大臣和其他人员。他们二人围着乾隆皇帝打转转，皇上不管到什么地方也都带着他俩，他们简直成了乾隆帝的左右手，须臾不可离开。福长安还代替和珅担任了一段时间的户部尚书。嘉庆三年（1798年），因为清军诱捕白莲教起义军首领王三槐成功，清廷举朝大庆，乾隆帝高兴，封他为侯爵。但他深知自己无论从智力、资历还是办事能力，以及乾隆帝的宠幸程度均不如和珅。因此他也很知趣，处处让着和珅，事事听从他的安排和调遣，甘心当他的死党。嘉庆帝在亲政之前，曾经想把他与和珅分开，利用各种机会启发他与和珅划清界限，起来揭发和珅罪行。例如，有时福长安单独在军机处值班，或他一人陪同嘉庆帝拜谒西陵时，嘉庆帝都单独找他长谈，但福长安却经常佯装不知，顾左右而言他，说话滴水不漏，嘴封得很紧，对和珅的种种问题和罪恶不肯吐一个字，死心塌地愿意与和珅捆绑在一起。因此，嘉庆帝对福长安也十分痛恨，乾隆帝一死，便将其与和珅一起治罪了。

伊江阿，拜都氏，满洲正白旗人。大学士永贵之子，曾在军机处行走多年，是和珅的亲信之一。由于和珅的极力推荐，官位不断升迁，最后官至山东巡抚。他与和绅关系密切，彼此交往频繁。伊江阿平日巴结和珅，心甘情愿作和珅的死党。他们两人都喜欢诗词，并经常以诗唱和，联络感情。例如，在嘉庆二年（1797年），和珅写的《和东巡伊（江阿）中丞喜雨元韵》的一首诗，其原文如下：

> 旧雨情殷阅岁更，喜君莅止体舆情。
>
> 随车甘澍天心愿，载道讴思众志明。
>
> 勉励风载征吏隋，倍饶清介厚民生。
>
> 闻赓佳作无多嘱，原听齐东起公声。

嘉庆四年（1799年）正月，当伊江阿得知乾隆帝驾崩的消息后，立即写信给和珅表示深切的慰问，并劝其节哀、保重……竟然把亲政的嘉庆帝撇在了一边，只上了个问安折。因为他深知乾隆帝是和珅等人的最大靠山，正是由于有乾隆帝健在，和珅才能作威作福，气焰嚣张。如今乾隆帝一死，和珅的前途未卜，所以他火速写信慰问。可是他对当今已经掌握实权的嘉庆帝，只是按常例上了个请安奏折，却无只言片语的安慰。他万万没想到此时和珅已经蹲在冰冷的刑部大狱之中，变成了阶下囚。于是他给和珅的信，便落到了嘉庆帝手里，皇帝阅后，火冒三丈，非常生气。于是立刻发布了一道上谕："本日伊江阿由驿递到奏折，有寄和珅节哀办事等语，而于朕遭罹大故，并无一字提及，即以常情而论，寄书唁问，自当以慰唁人子为重。今伊江阿于和珅则再三劝以节哀，而于朕仅照常具一请安之折，转将寻常地方事件陈奏，不知是何居心？昨吴熊光一闻皇考升遐之信，即专折沥陈哀悯，敦劝朕躬，情词真切，似此方合君臣之义。吴熊光系汉人，又只系布政使，尚有良心。伊江阿身为满洲人，现任巡抚，又系大学士永贵子，且曾在军机处行走，非不晓者可比，乃竟如此心存漠视，转于和珅慰问殷勤。可见伊江阿平日不知有皇考，今日复不知有朕，唯知有和珅一人。负恩昧良，莫此为甚。"在这种情况下，嘉庆帝下诏严厉谴责其罪过，并一怒之下，立即罢了他的官。再加上伊江阿在山东任上政绩不佳，"佞佛宽盗"，便将其发配到新疆伊犁戍边充军了。

苏凌阿，他塔拉氏，满洲正白旗人。乾隆六年（1741年），考中了翻译举人，被任命为内阁中书。后来又擢升为江西广饶九南道台、吏部员外郎等官职。因为他与和琳是儿女亲家，这样就与和珅攀上了亲戚，于是百般巴结和珅，受到和珅的特别关照，先后被破格提拔为兵部侍郎、工部侍郎和户部侍郎。接着又进一步擢升为户部尚书、两江总督。嘉庆二年（1797年），和珅不顾他老态龙钟，两耳重听，瞒着乾隆、嘉庆二帝，推举他为东阁大学士，并兼署刑部尚书等职。此人办事无能，只知爱财，声名狼藉，政声很坏。例如，他在两江总督任上时，公开营私舞弊，招权纳贿，贪污中饱，无所不为。每当接见属员时，经常挂在嘴头上的话，就是："感谢太上皇与皇上，他们让我到此地来觅棺材本来啦。"他办事不公，公然放纵海盗，诬赖良民，并诬陷主张严厉打击海盗的官员杨天相。最后他竟"诬良为盗"，"遂置杨天相于重辟"。尽管这一判决引起了许多人不满，可是在和珅的庇护下，最终还是构成冤狱。在杨天相行刑这一天，人们仍是愤愤不平，"六营合祭，哭声震天，几至激变"。由此可见，苏凌阿昏聩无能到了极点。在苏凌阿入阁后，愈发"龙钟目眊，至不能辨认戚友，举动赖人扶掖"。为此乾隆帝的小儿子永璘，曾经开玩笑说："苏凌阿是在演'傀儡戏'呢！"就是由于他听和珅摆布，温顺听话，和珅才百般保护、提拔他，一直到和珅被处死后，嘉庆帝才贬斥其退休回家。

景安，钮祜禄氏，满洲镶红旗人，和珅的族孙。其父森布是和珅的族侄，曾任兵部郎中。他出身于满洲官学生，曾先后任内阁中书、户部郎中、山西河东道台、甘肃按察使、河南按察使、河南布政使、甘肃布政使、山西布政使，以及工部侍郎等职。他长期依附和珅，把其作为靠山，唯命是从，心甘情愿地作和珅的党羽。乾隆六十年（1795年），他在和珅的关照下，顺利擢升为河南巡抚。不久震撼中原大地的湖北、四川、陕西、河南与甘肃五省白莲教大起义爆发，景安本来就胆小怕事，又不懂军事，遇到这种大事，就更加惊慌失措，手忙脚乱，惶惶不可终日。当起义军从湖北进入河南省境内时，他不敢积极应对，而是东躲西藏，不敢正面迎敌。他只好尾随起义军，靠残酷地杀害难民的办法，冒领军功。他一切均仰承和珅，"平日趋奉阿附，每于奏报之便，附寄信件，禀承指使，以为有所依恃，既不能实力办贼，又不能加意抚民。"最后他终日蜷踞在南阳城内，不敢发一兵一卒迎击起义军。久而久之，人们便送给他一个绰号"迎送伯"。和珅倒台后，他受到了应有的惩治。

明保，和珅的舅父，英廉之子，汉军镶黄旗人。官学生出身，曾任湖北汉阳知府。平日依附和珅，两人经常有诗歌唱和，往来密切，并常常向和珅借钱挥霍。他的亲家倭什布亦在湖北任职，由于他的关系，与和珅来往也很密切，成为和珅的党羽。明保无能少才，庸庸碌碌地混日子，政声平平，无所作为。只是由于和珅的引进、推举，乾隆帝接见了他，对他印象并不好，觉得他庸陋无能，不可重用，随便问起他的出身、履历，和珅来了个"蒙混具奏"，使他当上了知府。

吴省兰、吴省钦（1730—1810年），两人是亲兄弟，吴省兰为弟，吴省钦为兄，江苏南汇（今属上海市）人。他们在和珅青少年时期曾做过和珅老师，皆"系和珅私人"。兄弟二人由于和珅的引进、推举，官位步步高升，而他们也情愿做和珅的党羽，心甘情愿为其效劳。例如，监察御使曹锡宝在写好弹劾和珅管家刘全造屋、服饰逾制的奏折后，曾交给同乡吴省钦阅看，原本想请他润色润色，万没想到他却偷偷地转告了和珅，出卖朋友。更无耻的是，他们二人竟反过来认和珅为老师，因为吴省兰在参加进士考试时，和珅为殿试读卷官。

由于和珅的关照，他们兄弟曾多次作为主考官，主持乡试、会试。吴省兰在嘉庆初年还曾被和珅派到嘉庆帝身边，名义上是帮助皇上整理诗文，而实际上是充当奸细，"觇其动静"，是和珅安插在嘉庆帝身边的刺探，每天监视皇上的一举一动，随时向和珅汇报。其实嘉庆帝也深知其意，在"吟咏中毫不露圭角，故珅心安之"。和珅倒台后，他们兄弟二人均被罢官。

征瑞，曾任两淮盐政多年，他利用职权贪污了大量财富，为了长期保住这一官职，他投靠了和珅，请他庇护，以达到两淮盐政的官位"不复更换，藉以便其私图自肥"。他主动逢迎和珅，大献殷勤，经常送钱、送物表示忠心。

乾隆晚年，他曾一次送给和珅20万两白银。嘉庆元年（1796年），和珅的妻子病故，他又送去20万两白银，和绅并不满意，认为太少，不肯收下。和珅开价最少40万两。因为和珅已经看透了征瑞的心思，把他作为自己财源的一个大户，当成用之不尽，取之不竭的"银库"。

湛露，福长安的小舅子。此人年纪很轻，学识浅薄，甚至连满语都已经不大会说了。他积极追随和珅，成为了和珅的党羽。他在和珅与福长安的关照下，当上了广信府知府。他平日只知贪污敛财，根本不关心百姓疾苦，政绩很差。可是在考核官员政绩的"京察"、"大计"时，和珅为了表示"瞻徇"、关照，竟把他"保送一等"。这件事连乾隆帝也看不过去了，为此对和珅进行了斥责。

除此之外，还有不少朝廷文武官员投靠和珅，向他献媚取宠，卑躬屈膝，有的人竟恬不知耻地称和珅为老师。例如，孙士毅、孙绶、蒋赐棨、秦承恩、胡长龄、郑源与汪滋畹等资深官僚都这么做过。

和珅自以为有这么多人向他靠拢，他的关系网遍布全国各地，以这些人做"和家铺子"的班底，把他们安插在中央乃至地方各要害部门中。他的如意算盘是一有风吹草动，也可以对抗一阵子。可是这个如意算盘却打错了，他万万没想到，所以有那么多人向他靠拢，献媚取宠，送钱送物，并不全出于真心，其实这只是一种互相利用的关系。因为和珅当时正处于高位，是皇帝的红人，不少人是屈服于和珅的淫威，实际甘心情愿者寥寥无几。一旦和珅垮台，这些人便会树倒猢狲散了。关于这一点，吴熊光在《伊江笔录》中说得十分清楚，他写道："凡怀不轨者，必先收拾人心。和珅则满汉几无一人归附者，即使伊心中怀不轨，谁肯从之。"可是由于和珅长期盘踞高位，作威作福，贪得无厌，胃口越来越大，永不满足，卖官鬻爵，徇私枉法，无所不为。谁出的钱多，谁就可以做高官，做有油水的官。反之谁不肯出钱，或中立不依附者，则常常遭到排挤、打击，甚至陷害，以致家破人亡。久而久之，从中央到地方，许多官员都出于和门。这正说明和珅的为官之道是任人唯亲，拉帮结伙，顺我则昌，逆我则亡。凡是亲朋好友、亲信党羽，他就千方百计地推荐、引进、庇护和培植，把他们安插在国家要害部门，窃据显位。反之，不依附于他、不愿意做他的党羽，进而反对他的人，他就想尽办法进行挤压、陷害，欲置之死地而后快。

在和珅当政时期，受到他排挤、打击和陷害的人很多，下面仅举几例加以说明：

阿桂（1717—1797年），章佳氏，初为满洲正蓝旗人，以军功与驻部伊犁之劳，改隶为满洲正白旗。其祖父阿思哈，曾任三等护卫；其父阿克敏先后通过科举考中过举人、进士，官至侍郎、尚书，以及大学士等职。阿桂6岁启蒙，19岁为国子监监生，乾隆三年（1738年）考中举人。曾任大理寺丞、吏部员外郎、军机处章京等。乾隆十三年（1748年）冬，随兵部尚书班第参加平定大小金川（在今四川境内）之乱。由于战争失利，受到岳钟琪弹劾，被治罪。次年，乾隆帝以其父阿克敏只有这一个儿子，已年老体衰，功劳卓著，办事勤勉；而且阿桂所犯之罪，又与贻误军事不同，因此给予宽大处理，官复原职。不久又擢升为江西按察使、内阁学士和工部侍郎、礼部侍郎等官。乾隆二十二年（1757年），到乌里雅苏台（在今新疆境内）任督台，参加平定准噶尔的战争，从此多年过着戎马生活，征战在全国各地。他曾主持在新疆，特别是伊犁地区的移民屯田与军屯，取得一定成绩。乾隆二十六年（1761年），被任命为内阁大臣、工部尚书、镶蓝旗汉军都统，仍然驻在伊犁。乾隆二十七年（1762年），在新疆又主持建筑了绥定、安远二城。同年，被授予骑都尉世职、军机大臣、正红旗满洲都统、伊犁将军、四川总督、加太子太保等。乾隆三十二年（1767年），又与傅恒一起到云南地区与入侵的缅军作战，击退了敌军，取得了初步胜利。乾隆四十四年（1779年），黄河在仪封、兰阳地区决口，他又受命处理治河、筑坝等事宜。乾隆四十五年（1780年）回京，兼任翰林院掌院学士。不久，又被派到浙江监修海塘工程。乾隆四十六年（1781年），他又以大学士的身份，奉命到永昌与缅甸人谈判，缅方答应纳贡、通关市和放回中国俘虏等条件，从而以和平方式初步解决了两国争端。同年，甘肃省境内撒拉尔回族新教与老教矛盾激化，清统治者支持老教，压制新教。陕甘总督勒尔谨与甘肃布政使王廷赞逮捕并杀害了新教首领马明心。于是新教教民在苏四十三领导下举行起义，2000多名新教教民渡过桃河进军兰州，兵锋所至，清军溃逃，形势非常紧急。乾隆帝派额驸拉旺多尔济、领侍卫内大臣海兰察、护军额森特等率领清军前往镇压。接着他又任命和珅为钦差大臣，与首席军机大臣、大学士阿桂一起前往督师。可是阿桂一因为海塘事未竣，二因身体稍感不适，故他让和珅兼程前往。当和珅到达甘肃时，海兰察等人已经初挫起义军，可是和珅求胜心切，强令海兰察等冒进，结果遭到起义军的顽强抵抗，起义军打死了清军总兵图钦保，占领了龙虎、华林等山，扼守住险要道口。待阿桂赶到甘肃后，和珅不仅不承认自己指挥不当，反而颠倒是非，透过诸将不听调遣和指挥。阿桂听后说："如果真是这样的话，那真是该杀呀！"但是在第二天，阿桂与和珅一同部署战事时，一切都"辄应如响"，官兵们听从指挥，争先恐后，奋勇作战，并取得了小胜。于是阿桂问和珅："你看现在将领们个个都英勇善战，到底应该杀哪一个呢？"一下子弄得和珅很不好意思，非常尴尬。从此他与和珅结下了大怨，"终身与之龃龉"。乾隆帝得知他们二人发生矛盾，便命令和珅迅速返京，虽然乾隆帝对和珅指挥作战不利有所批评，但是并没有处罚他，反而让他兼任兵部尚书，并管理户部三库事务。

不久阿桂率领清军平定了这次起义。乾隆帝又命令他就地处理勒尔谨、王亶望等人的"捐监冒赈"贪污案件。紧接着，又让他去治理黄河在河南省龙冈决口事件、到浙江处理陈辉祖贪污案件、镇压台湾林爽文起义……从此之后，阿桂就没有在京长期待过，除了参加军事作战，就是监督治理水利工程，审理各种案件，几无虚日。其实这是乾隆帝的精心安排，他既宠幸和珅就要把他留在身边，陪伴自己。而阿桂出身显贵，是朝廷的文武重臣，其战绩、政绩均很卓著，办事认真，为官清廉、公正，颇得人心，并多次因为有功，而画像紫光阁，真可谓"德高望重"。因此，乾隆帝也不得不尊重他，并赋诗称赞他："西师参赞，经历多年。兹为巨擘，抡掌兵权。诚而有谋，英不恃勇。集众出奇，成勖元巩。"于是委任他为首席军机大臣、内阁首辅（即"真宰相"）。但是却尊而不重用，或派他外任办事，或令其在自己巡幸期间让他留守京师。其实是将其在朝廷的权力架空，徒有"首辅"虚名。正如朝鲜使者所言："充位而已。"在乾隆帝心中，和珅才是自己最贴心的人，事无巨细必找他来商量，对于这一点，和珅心中也一清二楚，他们两人可以说是"心有灵犀一点通"也。

　　和珅与阿桂结怨后,时时不忘找机会打击、陷害阿桂,一有机会就搞小动作。例如,阿桂在主持审理福康安请李天培代买木料私交漕船带运一案,以及审理富勒浑贪污一案时,和珅就打算给阿桂戴上包庇案犯的罪名,可惜未能得逞。又如,军机章京、员外郎海升殴杀其妻后,以妻"自缢而亡"上报。和珅借此大做文章,亦想借此给阿桂扣上纵容、包庇的罪名,欲狠狠打击一下阿桂,并驱使曹文埴出面作证。可是曹文埴是个很正直的人,平日就不奉承和珅,也不愿意卷入和珅布下的圈套,他以母亲老病,需要照顾为名,婉言拒绝,后来索性便引退了。这样和珅设下陷害阿桂的毒计,又落空了。

　　阿桂对于和珅的排挤、陷害并未放在心上,此人为人正直,风范气度颇佳,知人善任,严于律己,宽以待人,生活节俭,没有园林声色之癖好。他从不收取别人贿赂,并且经常告诫自己的家人与下属"廉洁自矢毋贪黩"。虽然他对和珅的骄横贪婪十分鄙视,非常痛恨,可是他始终没有对和珅展开针锋相对的斗争。他之所以这样做,主要是考虑个人、家庭的利益、地位,要保住自己的"高官厚禄"。同时他也知道和珅的后台是乾隆帝,这就使他没有胆量触动和珅,这一点是阿桂的弱点与不足。他深知只要乾隆帝健在,谁也奈何不了和珅,但又不愿意与其同流合污,因此每次上朝,或在军机处值班,必离开和珅一段距离。和珅也发觉了这一点,常常主动上前与其搭话,阿桂只是哼哈应付而已,并不动弹一步,以表示不屑与和珅为伍。嘉庆元年(1796年),阿桂年已八旬,请求辞去兵部尚书、军机大臣、大学士等职,在家颐养天年,可不久他便身患重疾。在病中他曾对亲属们说:"我已经八十岁了,死而无憾了。我当上了将军、大帅和宰相,太上皇与皇上对我恩遇无比,荣誉地位什么都有了,可以死了。如今连我的儿孙们都当上了侍郎等高官,辅佐部务,家中应有尽有,我还有什么不满足的呢!我之所以还要继续活着,就是要等待嘉庆皇帝亲政那一天,我一定效尽犬马之劳,协助皇帝惩治奸臣和珅。"遗憾的是他没能等到那一天,就含恨而死了。

　　说实在的,阿桂内心也十分清楚,嘉庆帝早就想惩治和珅了,可是由于有乾隆太上皇这把大伞保护、包庇着和珅,成为他的护身符;同时也考虑到乾隆帝年老体衰，不忍其再受到刺激与惊动，因此只好暂时采取韬晦策略，等待时机，待太上皇驾崩后再收拾他。

嘉庆二年（1797年）八月，阿桂带着未了的心愿和对和珅的怨恨离开了人间，终年81岁。嘉庆帝得知阿桂去世的消息，觉得他一生忠君、爱君，为人正直，为官清廉，威望素高，故十分悲痛，不但拨款为其治丧，而且亲自到阿桂家中吊唁、祭奠。阿桂死后，被追赐太保太傅，一等诚谋英勇公，谥文成，祀贤良祠。

福康安（1754—1796年），字瑶林，号敬斋，富察氏，满洲镶黄旗人。其父傅恒是乾隆朝的名臣，官大学士，死后赠郡王忠勇公，谥文忠。福康安的姑母是乾隆帝的孝贤皇后。他以世职初授云骑卫，后来累迁为三等侍卫、一等侍卫、户部侍郎、镶黄旗满洲副都统、正白旗满洲都统、吉林将军、盛京将军、云贵总督、四川总督、两广总督、闽浙总督、成都将军、御前大臣、工部尚书、兵部尚书、总管内务府大臣、协办大学士等，并加封为太子太保，一等嘉勇锐公、郡王贝子。曾统兵入台湾镇压林爽文起义，并率领清军进藏反击廓尔喀入侵军，事后又制定了管理西藏事务的《善后章程》。乾隆六十年（1795年），又率兵镇压湖南、贵州苗民起义。嘉庆元年（1796年）五月，他在军中因身染瘴气病亡，死后谥文襄。乾隆帝对福康安的军功战绩，是非常欣赏的，对他也特别钟爱。他的年龄与和珅相仿，比和珅小四岁，可谓年轻有为，前途无量。和珅因此不免嫉妒，演出了指使其弟和琳参劾李天培代福康安购买木料的闹剧，使福康安受到惩处。后来虽然福康安与和琳二人关系还算不错，但福康安对和珅却心怀不满，耿耿于怀，"颇自矜持，收拾人望，而宠权相埒，势不两立"。于是乾隆帝想了个解决他们二人之间矛盾的方法，也就是采取解决阿桂与和珅之间矛盾的同样方法，即常常让福康安在外省任事，而把和珅留在自己身边。

王杰（1725—1805年），字伟人，号惺园，晚号葆醇，陕西韩城人。拔贡出身，因家境贫寒，为赡养老母，曾先后在两江总督尹继善、江苏巡抚陈宏谋身边当过幕僚。乾隆二十六年（1761年），考中进士，引见时深得乾隆帝赏识与欢心，曾亲自赋诗记载此事。乾隆三十六年（1771年），入值南书房，先后历任翰林院修撰、内阁学士、工部侍郎、刑部侍郎、礼部侍郎、吏部侍郎、左都御使、兵部尚书、军机大臣、上书房总师傅、东阁大学士、四库全书馆副总裁、三通馆副总裁、实录馆总裁等官，并加封太子太保，死后入祀贤良祠。其著作有《葆醇阁集》、《惺园易说》等。

王杰在军机处前后十几年，当时正是和珅把持军机处，声势显赫之时，许多事情他一个人独断独行，飞扬跋扈，许多人都采取沉默不语、忍气吞声的态度，而王杰则不然，每当他认为和珅做得不对，就与其据理力争。朝鲜使臣曾说；"刘墉之劲奏，王杰之却衣，人称朝阳之凤。"他每当发现和珅骄横擅权之事，就向乾隆帝"委曲陈奏"。因此，和珅非常讨厌他，总想把他从军机处排挤出去。无奈乾隆帝喜欢王杰的长相英俊，又有学问，同时为人正派、刚直，始终不肯让王杰离开自己，所以和珅的阴谋总没能得逞。

每当王杰在军机处值班时，除了应对皇上呼唤外，总爱一个人在军机房独坐。有一天，正赶上和珅也在军机处值班，他发现王杰独坐炕边，于是凑到王杰身边，拽起王杰的手，左拍右摸摆弄了好半天，爱不释手，然后半开玩笑地说："你的手怎么这么软呀？"王杰正色道："王杰手虽然好，但不能见钱就抓啊！"和珅听后好似针扎一样，吃了一闷棍，心里说不出是什么滋味。从此以后更加衔恨王杰，遇事总排挤他，并经常在乾隆帝面前说王杰的坏话。嘉庆元年（1796年），王杰实在忍无可忍了，便以足疾为由，请求退出军机处，同时也辞去了上书房与礼部的职务。嘉庆四年（1799年），嘉庆帝亲政，和珅事败，王杰又重新出山，担任首辅。

董诰（1740—1819年），字蔗林，浙江富阳人。其父董邦达曾做过尚书。乾隆二十八年（1763年）中进士，以其家传的书画绝技和"奉职恪勤"，深得乾隆帝赏识。历任庶吉士，编修，吏、户、刑、工四部侍郎，内阁大学士，户部尚书，军机大臣，东阁大学士，《四库全书》副总裁；上书房总师傅等职，并加封太子太保与太子太师。曾监修《四库全书荟要》与《满洲源流考》等书。

董诰于乾隆三十六年（1771年）入值南书房，充当皇帝文学侍从，起草诏谕。乾隆四十四年（1779年），任军机大臣，从此在军机处先后干了四十来年，"熟于朝章故事，有以咨者，无不悉。凡所献纳皆面陈，未尝用奏牍。"乾隆五十二年（1787年），任户部尚书，嘉庆元年（1796年），任东阁大学士，并兼管礼部与户部事务。在和珅独揽大权时，他与王杰二人在军机处"独居深念"，与和珅采取不合作主义，私下与其抗争。为此深为和珅嫉恨，明里暗里找机会排挤、陷害他。例如，董诰因老母病逝，回家守制期满，回京后长期赋闲，不得起用，就是和珅搞的鬼。又如，嘉庆元年，嘉庆帝曾赋诗给他远在外省的老师朱珪，并打算请其回京任内阁大学士。这件事为吴省兰发现，便密告和珅，和珅又跑到乾隆帝身边，偷偷地说："嗣皇帝欲市恩于师傅，不与您商量，就要擅自将其调回京师为官呢！"乾隆帝听后十分恼火，便把董诰叫来，气冲冲地问他："你在军机处和刑部工作多年，你认为这样做合乎情理吗？"董诰听后马上跪下叩头说："太上皇，当今皇上这样做，并不过分，也没什么大错啊！您还是消消气吧。"乾隆帝听后，老半天默默无语，后来张口说："你是老臣了，你要经常代替朕辅导嗣皇帝呀！"不久和珅又以对广东海盗缉捕不利为由，拒绝将朱召回京城任职，并把朱贬回安徽巡抚原任。

朱珪（1731—1807年），字石君，号盘陀居士，顺天大兴（今北京市大兴区）人。自幼聪颖好学，与其兄朱筠同时中举，"并负时誉"，在当时文坛上是佼佼者。乾隆十三年（1748年），年方18岁便中了进士。曾任侍读学士、福建粮驿使、福建按察使、山西布政使、安徽巡抚、广东巡抚、户部尚书、上书房总师傅、福建学政浙江学政、礼部侍郎、兵部尚书、湖北按察使、山西巡抚、大学士等职。乾隆四十年（1775年）时，任上书房侍讲，成为了嘉庆帝（当时为皇十五子，名"永琰"）的老师。嘉庆帝对朱十分敬重。后来和珅得知朱学识渊博，又政绩卓著，将要被重用，非常嫉妒，总想找机会整一整朱。嘉庆元年（1796年），乾隆帝将皇位禅让给皇十五子永琰，自己做了太上皇。和珅借授受礼成，朱进呈颂册，因此向乾隆帝进谗言，欲害朱。乾隆帝听后说："陈善纳诲，那是做老师的职责，这是你不懂的啊！"可是和珅并不甘心，此时正赶上内阁大学士位置有空额，嘉庆帝欲想从外地调朱回京任职。和珅认为陷害朱的机会来了，为了阻挠朱回京，他乘机向乾隆帝告密，并挑拨说："嗣皇帝事先没跟您商量，就先向其老师祝贺，并想让朱当大学士。"乾隆帝一听，火冒三丈，不仅对嘉庆帝不满，阻止了朱回京任职，而且借广东海盗劫扰福建、浙江沿海地区，责备朱不能及时缉捕，将其贬为安徽巡抚。

嘉庆四年（1799年）正月，乾隆帝病逝，嘉庆帝亲政，剪除了和珅，朱奉诏回京，任户部尚书、吏部尚书兼上书房总师傅等职，并加太子少保，赐第西华门。此后一直辅佐嘉庆帝，嘉庆帝亦不时单独召见他，许多行政事务向其咨询，听取他的意见。嘉庆七年（1802年），授协办大学士兼翰林院掌院学士。嘉庆十年（1805年），任大学士兼管工部。直至嘉庆十二年（1807年）病故。朱一生为清廷效力六十余年，尽忠尽职，死后极尽哀荣。嘉庆帝赐葬金，并亲临其家吊唁，赠太傅，祀贤良祠，谥文正。其主要著述有《知足斋诗文集》等。

彭元瑞（1731—1803年），字芸楣，江西南昌人。乾隆二十二年（1757年）中进士。历任翰林院编修、侍讲、工部侍郎、户部侍郎、兵部侍郎和吏部侍郎、工部尚书与协办大学士等职，并加封太子太保。此人辞章、书翰俱佳，骈语尤为奇丽。曾参加编著《石经》、《秘殿珠林》、《石渠宝笈》与《西清古鉴》等书。他自己著有《经进稿》、《知圣道斋跋尾》等书。嘉庆五年（1800年），任"高宗（即乾隆）实录馆"正总裁。

彭元瑞在和珅当政时期，不愿与其为伍，总是与其保持一定距离，或敬而远之。因此，深为和珅嫉恨。乾隆五十六年（1791年），乾隆帝命刻石经于辟雍，以备士子们参考。命和珅为正总裁，另有总裁金简、彭元瑞、王杰、刘墉、董诰等八人，彭元瑞独任校勘。同时，乾隆帝还命令彭元瑞编著《石经考文提要》一书。书成呈进御览后，乾隆帝十分满意，并重赏了彭元瑞，加官宫保。于是和珅心中燃起了嫉妒之火，在乾隆帝面前挑拨说："非天子不考文。"乾隆帝听后并不在意，不以为然地说："书为御定，何得目为私书耶！"和珅竟对乾隆帝的话不以为意，擅自找了一些经文俱佳的翰林，编写了一本《考文提要举正》，主要以"宋本为辞"，进行阐述举正。此书也得到了乾隆帝肯定，但和珅并不就此善罢甘休，必欲将《石经考文提要》全部烧毁，但乾隆帝并未批准。和珅无奈将《考文提要举正》抄写三部，分别存放在懋勤殿、翰林院和国子监。接着还派人将石经上彭元瑞所纠正的字迹凿除，而以原

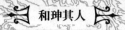

字（即伪俗之字）重新补之，而《石经考文提要》一书，亦遂之弃置不用了。

英和（1771—1839年），满洲正白旗人。乾隆五十八年（1793年）进士，入翰林院。和珅看他很有前途，就想把女儿许配给他，但被其拒绝，因此为和珅嫉恨，对其进行种种压制。和珅倒台后，他因曾经拒绝与和珅缔结姻亲，而得到嘉庆帝欣赏，并被恩赐为内阁学士。后来历任礼部侍郎、内务府大臣、军机大臣等。

二 多行不义 必有反者

和珅当权之际，气焰熏灼，自鸣得意。他自恃有乾隆帝撑腰，便重用亲信，安插党羽，贪污索贿，营私舞弊，胡作非为，打击异己，陷害忠良。甚至有时连嘉庆帝也不放在眼里，一般官员就更不在话下了。因此，许多人为了升官发财纷纷投靠其门下，依附于他。在这些人中争相贡献者有之，自称门徒者有之，一时间似乎无人敢说和珅一个"不"字。和珅自以为他是"一人之下，万人之上"的"二皇帝"，一手遮天，无人敢与他对抗，横、贪、骄、奢无所不为，不可一世。可在当时还是有一部分人不买他的账，偏要捅一捅他的老虎屁股。明里暗里与他作对，不敢公开干，就旁敲侧击，冷嘲热讽，进而弹劾、打击他的党羽、爪牙。下面介绍几位蔑视进而反对和珅的代表人物。

刘墉（1720—1805年），字崇如，号石庵，山东诸城人。仕宦之家出身，其父刘统勋曾做过军机大臣、大学士，是位"真宰相"（在清朝如果只做过大学士，而没做过军机大臣者，虽也可以称为"宰相"，但不是"真宰相"——笔者注）。他在雍正朝与乾隆朝都是重臣，特别受到乾隆帝信任、倚重，一生为官清廉，刚直不阿。刘墉是刘统勋的长子，乾隆十六年（1751年）进士。历任庶吉士、编修、翰林院侍讲、安徽学政、江苏学政、山西太原知府、冀宁道台、内阁学士、《四库全书》副总裁、湖南巡抚、左都御史、三通馆总裁、吏部尚书、礼部尚书、代理直隶总督、兵部尚书、协办大学士、上书房总师傅、东阁大学士、会典馆正总裁等官，并加封太子少保。刘墉在嘉庆九年（1804年）病逝，享年85岁，谥文清。

刘墉一生政绩平平，只是在治河与漕运方面有所建树。此外，他为官清廉、注意吏治、关心民瘼、办事认真、洁身自爱、不趋炎附势。他虽然短期担任过协办大学士、东阁大学士，但他不如其父刘统勋既为大学士，政绩卓著。但在文化方面，他还是有一定成绩的，他在乾隆年间作为"名翰林"，多次主持"乡试"、"会试"，四任学政，两度管理国子监事务，长期充任上书房总师傅，教育皇室弟子，在承风宣化、培育人才方面作出了贡献。在文学艺术领域，尤其是他的书法、诗词具有很高的造诣，他是清中叶四大书法家之一，与翁方纲、梁同书和王文治齐名。

刘墉在清朝可算是一位名翰林，在学识、操守与办事能力上均高于一般同僚，且他为官忠君、爱民、清廉，故他在民间很有政声，深受百姓爱戴。有关他的事迹广为流传，后来成书的章回小说《刘公案》，就是描写这方面事情的。不过该书内容，并不全是信史，其中有不少作者夸大、渲染之处，不尽可信。特别是尽人皆知他的绰号——"刘罗锅"，更不足为信。因为在封建时代，统治者一向是以"身、言、书、判"为取士、选官的考核标准。"身"也就是人的体形，只有五官端正、仪表大方者才有做官的资格，否则难立官威。"言"乃谓口齿清楚，语言清晰，否则有碍治事。"书"乃谓字写得要工整、漂亮，这是一个人的"门面"，也有利于上司阅读他所写的书面报告。"判"乃谓思维敏捷，审判明决、公正，否则便会误事害人。在这其中"身"为首位，最为重要。观瞻所系，不能不特别强调。刘墉系科甲出身，历尽层层考试选拔，必在"身、言、书、判"诸方面合格，方可顺利过关。因此，完全可以肯定他既非"罗锅"，也不是什么"水蛇腰"。尤其是在乾嘉年间，取官的一个重要标准是要看一个人长相如何。面貌俊秀者才能在皇上身边重用。可能是在乾隆帝晚年至嘉庆帝初年时，刘墉已年届八旬，"故可能因腰椎、脊椎骨质增生而驼背弯腰，既符合生理，也与今惟见嘉庆年间之记述他为'刘驼子'，前则未闻相对榫"。这也许是有关"刘罗锅"绰号最可靠的来历吧！

有关刘墉与和珅的矛盾，乃至"刘墉斗和珅"的故事在民间传说中流传很多，但多不见于正史，只是在野史与口碑中才有记述。见于正史的只有在乾隆四十七年（1782年），他在都察院任左都御史时，监察御史钱沣弹劾山东巡

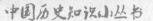

抚国泰与山东布政使于易简贪污一案。刘墉奉乾隆帝之命随和珅、诺穆亲与钱沣一起同往山东查办此案。他与钱沣巧妙配合，冲破和珅设下的层层障碍，首先侦破历城县郭德平挪移库银四万两，并以此为突破口，最后查清国泰、于易简两人合伙贪污全省库银二百万两的贪赃不法的行为。为此遭到和珅的怨恨……其实就是在这次办案中，刘墉也只是在暗中协助了钱沣而已，在表面上他与和珅还相处得较为和谐，相互馈送礼物，彼此赋诗唱和，关系相当不错。这从一个侧面反映出了刘墉处世之圆滑。此外，在嘉庆四年（1799年）初，和珅被捕后，刘墉是首先起来弹劾和珅者之一，他后来也参加了对和珅等人的会审、抄家。这也许是他事先受命于嘉庆帝的暗示也未可知。

在野史中有关刘墉的逸事、轶闻不少，特别是有关刘墉嘲弄、戏斗和珅的记述很多，今举几例可见一斑。和珅平日锦衣玉食，服饰华丽、考究。传说他有一件价值连城，连衣服的纽扣都是用小自鸣钟做成的外套。这样一来，影响很大，一般官员也上行下效，竭力模仿，纷纷追求时髦、豪华的服饰，相互争奇斗艳。当时富贵人家崇尚豪华已成风气，唯有刘墉不随波逐流，每天上朝时总是穿着"敝衣恶服，徜徉班联中。曰：'吾自视衣冠礼貌无一相宜，乃能备位政府不致陨越者何也？寄语郎署诸公可以豁然矣'"。再有，虽然平日刘墉与和珅表面上保持着一团和气，轻易不得罪他，但他心里有数，总是保持着与和珅若即若离的态势，并不依附和珅，而且一有机会就讽刺、戏弄他，使其十分尴尬、难堪。例如，传说有一年元旦，刘墉得知和珅要应召入宫，便穿上一套油渍斑斑、破旧不堪的衣服，迎和珅于路途中。可巧那天正赶上"风雪载途，泥泞遍地"，刘墉见和珅的轿子走到近前，便命令家人拿着自己的名片与贺片跑上前去，高喊着："我家大人亲自到您府上给您拜年，可惜您不在家，没想到在这遇上您了，请您下轿吧。"和珅没有办法，只好悻悻走下轿来。和珅刚要寒暄几句应付过去，谁料想此时刘墉"扑通"一声跪在了泥地里，叩头向和珅贺年。在这种情况下，和珅也只好跪下答礼，结果一身崭新的"玄裘绣袄，已污秽满身"。无可奈何，只有"打掉牙往肚子里咽"，吃了个哑巴亏。跑到宫中在乾隆帝面前哭诉，可是皇上也帮不了他的忙，同样奈何不了刘墉。又如，传说有一年和珅过生日，为了祝寿，和珅大操大办广发请帖，借以收取巨额寿礼。生日当天和府张灯结彩，大摆酒宴，寿堂中央嵌着硕大的"寿"字，四壁上挂满了寿幛、贺联，再加上寿桃、寿面……摆满了桌案。自军机大臣、大学士以下文武百官，都拿着丰厚、贵重的礼物，以讨好和珅。只有少数人手持薄礼奉上。其中刘墉、毕沅最为突出。据说刘墉收到请帖后，只准备了一对大红蜡烛作为寿礼。他在那对蜡烛上写了一副对联，上联是"福如东海"，下联是"寿比南山"。刘墉在寿筵上点燃了蜡烛，并向和珅拱手祝贺，说道："敬祝和大人福如东海长流水，寿比南山不老松。"和珅见到只是区区两支蜡烛，心中很是不快，可又不好发作，总想找个机会奚落一下刘墉。于是酒宴上，他想出个难题让刘墉出丑。只见他高举酒杯，向众人说道："今日和某人寿诞，感谢各位大人光临寒舍，并送来贺礼，荣幸之至，感谢不尽。现在我有一事请求诸位同仁，特别是刘大人学富五车，能否即席赐一伟号？"刘墉知道这是和珅难为自己，但他不以为然，他说："和大人，今天是您的大喜之日，我看我送的那对红烛上最后一字一'海'一'山'二字不错，不妨就叫'海山'如何？"众人听后也跟着奉承连连说"好"，和珅听了也很得意。但是当酒散人净之时，和珅面对剩下的两个烛头儿，一边剩下了一个"海"，另一边剩下一个"山"，正是刘墉给他取的名号，猛然觉悟了，知道又上了刘墉的当，被他哑谜作弄了。原来年轻时，他在宫内上虞备用处服务时，曾作过点灯与点蜡烛的差事，有过"小蜡烛头"的绰号。这明明是刘墉借祝寿之机，讥讽自己，因此常耿耿于怀。故在清人笔记中记有："独刘文清（即刘墉）时与抗，人传文清门庭清峻，而不知幸喜诙谐，数以谑语刺珅，珅不能堪，饰词以诉，高宗亦知二人不相洽，每以温言解之。"由此可知，乾隆帝深知和珅与刘墉彼此龃龉，互有矛盾，常用温和的话语劝解他们。

毕沅（1730—1797年），字衡，号秋帆，晚号灵岩山人，江苏镇洋（今太仓）人。乾隆二十五年（1760年）进士，殿试第一。授翰林院修撰。后来出任地方官吏，先后任陕西、河南、山东等省巡抚，湖广总督等。嘉庆元年（1796年），赐予二等轻车都尉世职，次年卒，享年67岁。他对经史、文字、金石、地理、书画等方面均有涉猎，平日喜欢著述，并喜交文士，当时许多学者、名士如洪亮吉、孙星衍与钱泳等人都曾做过他的幕僚，帮他编撰

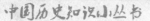

书籍，共同研讨，代其立言。他一生主持编撰了许多书籍，例如，《续资治通鉴》、《史籍考》、《经训堂丛书》、《经训堂帖》、《秦汉瓦当图》与《灵岩山人诗集》等。

毕沅吸取乾隆四十六年（1781年）在陕西巡抚任上牵涉到甘肃"捐监冒赈"案件，结果遭到罚款、贬官的教训，事事小心，与当时不可一世的和珅保持着一定距离，因此在和珅生日时，只送了薄礼。据当时为其幕僚的钱泳在《履园丛话》中写道："时和公相，声威赫奕，欲今天下督抚皆欲奔走其门以为快，而先生澹然置之。五十四年（即乾隆五十四年，公元1789年），和相年四十，自宰相而下皆有币帛贺之。惟先生独赋诗十首，并检书画铜瓷数物为公相寿。余又曰：'公将以此诗入《冰山录》（《冰山录》系明朝大贪官严嵩事败被抄家时的"清单"——笔者注）中耶？'先生默然，乃大悟，终其身不交和相。"平日与其处事只是出于应付，彼此保持着不即不离的关系。

曹锡宝（1719—1792年），字鸿书，号剑亭，江苏南汇（今属上海市）人。乾隆初年，以举人考授内阁中书，入军机处行走。乾隆二十二年（1757年）中进士，选翰林院庶吉士。历任军机处章京、刑部主事、郎中、山西学政、山东督粮道与陕西道监察御史等职。此人生性坦荡不羁，刚直不阿。他看到和珅气焰熏灼，擅权纳贿，贪污腐化，结党营私，十分气愤，总想找机会纠劾和珅。可是他深知和珅树大根深，身后有乾隆帝这个大保护伞，举朝无人敢公开站出来弹劾和珅。考虑到这一点，曹锡宝便想拿和珅的忠实奴仆、大管家刘全开刀，拉开"倒和"的序幕。

乾隆五十一年（1786年）六月初，他以监察御史的身份，向乾隆帝呈上一道奏折，弹劾刘全"持势营私，衣服、车马、居室皆逾制"，请求严惩刘全。当时许多人都知道曹锡宝的真实用意，并不是仅仅为了惩治刘全，此乃"醉翁之意不在酒"也。实际上他真正要扳倒的人是和珅，因为和珅根子太硬，不便直接弹劾，故拿他的管家刘全做个试探而已。因为刘全逾制的房屋住宅，离和珅的新宅第不远，曹锡宝心想一旦刘全住宅露馅，那和珅的宅第也就保不住了。

刘全，外号"刘秃子"，又叫"外刘"。他家是和珅家的"世仆"，从小就为和家赶车，是个车夫出身。他伴随着青年的和珅奔走各地，风里来雨里去，吃了不少苦，深得和珅信任。和珅得势后，他便成了和家的大管家，主管和家的一切外间事务。如，他代理和珅掌管崇文门税关的税收，以及管理和珅开设的各家店铺等，因此人称"外刘"。

平日刘全依仗和珅的势力，以和珅代理人的面貌出现，狐假虎威，招摇撞骗，借助工作之便，贪污受贿，巧取豪夺，侵冒公款，无所不为。不但一般平民、商贾与其交往，甚至不少朝廷命官也与他过从甚密，彼此称兄道弟，结成亲戚。刘全与和珅一样，亦很善于敛财，广置房地，经营当铺、钱庄以及其他店铺、作坊，没有几年的工夫，其家产就成千上万，比一般京官富裕得多。于是他就在和珅新宅附近的兴化寺街（今北京西城区旌勇里）建起了豪宅大院，其建筑规模远远超过了一个管家的规格。此外，他家使用的车马、穿戴的衣饰也都逾制。曹锡宝就以此为突破点，拟写了一道奏折，准备呈送乾隆皇帝。奏折写完后，他首先拿给同乡老友吴省钦阅看，想请他谈点自己的意见。万万没想到，吴省钦为了讨好主子和珅，竟不惜出卖朋友，迅速转给了远在承德避暑山庄的和珅。和珅得知这一消息后，一开始精神有些紧张，但不久便平静下来了。他立刻派人将刘全火速叫到避暑山庄。于是刘全便"以有家务面禀"为由，匆匆离开京师赶来承德避暑山庄。和珅首先狠狠责骂了一通刘全，责怪他不知检点，平日过于招摇，因此让人抓住了把柄，险些坏了大事。然后两人经过密谋、商议，和珅指令刘全回京迅速拆除逾制的房屋，毁掉不应配置的车马，隐藏、转移不应穿戴的衣饰。刘全马上就布置家人按着和珅的旨意把住宅该拆的拆，该毁的毁，把逾制的东西全部隐匿停当后，和珅便向乾隆帝上了一道奏折，其中假惺惺地说：当他知道曹锡宝弹劾刘全一事，心里十分气愤，马上把刘全叫到承德，进行了审问，可是刘全矢口否认曹锡宝的指控，现在把刘全申诉的内容全文呈上，请皇上一阅，但刘全所述的一切乃"系一面之词，难以凭信"。为了尽快把事情弄清楚，现在决定把刘全押赴京师，"交留京王大臣收审"。希望各位王爷、大臣秉公执法，严格审查，刘全如果真有违法逾制之事，一定要严惩法办。其实这是和珅耍的一个花招，来了个"金蝉脱壳"的把戏，表面上煞有介事地要秉公执法，实际上他是故作镇静，假作姿态，表示他对自己的奴仆所犯罪行一无所知，当然他自己也就没有任何过错了。与此同时，他又在奏折中向乾隆帝求援，恳求他出面干预此事，以使刘全解脱困境，进而使曹锡宝陷于被动的境地。

和珅在奏折中向乾隆帝表白，刘全"素昔尚为安分朴素，平时管束家人甚严，向来未闻其敢在外间招摇滋事"。此话有两层意思：其一，和珅首先把自己开脱出来，因为他平日对家仆管教严格，因此，他的家人个个都是奉公守法的老实人，从未听说他的家人在外面招惹是非，干出违法乱纪的事情。其二，给刘全评功摆好，打保票。说他一向安分守己，生活俭朴，为人老实。这样就来了个先入为主，以取得皇帝对刘全的好感。为了使乾隆帝出面说话，也为了掩人耳目，他又对乾隆帝说：也许由于我跟您"扈从出外，日多无人管教，渐有生事之处，亦未可定？请旨饬派严查重处"。乾隆帝听了这一席话，觉得和珅说得十分中肯，便信以为真，还没等进行认真的调查，就先定下了调子。他在谕旨中说："和珅家人全儿，久在崇文门代伊主办理税务多年，其例有应得之项，稍有积蓄亦属事理之常。"至于盖造房屋数十间居住，亦属平常之事，没什么大惊小怪的，天下各处税关的管理官员们，哪一个不是委派自己的"家人分管税口，自不免皆有羡余，既吏胥等亦藉余润，其服用居室，稍有润饰，亦若事理所有"。这就是说刘全靠主人和珅，积蓄点钱财，盖几十间房屋，是人之常情，有什么值得大惊小怪的呢！不仅和珅如此，全国的官吏，特别是管理各个税关的官员，哪一个不是与和珅一样啊？接着乾隆帝便把矛头指向了曹锡宝，怀疑他弹劾刘全的动机不纯。他说："若伊（指刘全）以藉主势，实有招摇撞骗，或于额税之外，擅自增加，以肥私囊；或如富礼善殴毙人命顶凶各情节也未可知，应令曹锡宝逐条指实。如有以上情节，即一面从严审办，一面据实具奏。或曹锡宝及伊亲友应过税之物，全儿多索税银，或挟伊不肯免税之嫌，架词耸听，尚为情理所有。若曹锡宝竟无指实，不过撮拾浮博建白之名，亦难以无根之谈，处人罪之理。况曹锡宝与和珅之家人何能熟识，伊于何处得知详细，亦应详问实在，方成信谳。"乾隆帝以咄咄逼人的口气，叫曹锡宝把刘全的问题"逐条指实"。他不是支持御史行使监察职能，而是包庇刘全。他认为曹锡宝弹劾刘全是由于自己或其亲友因携带私人物品，被刘全苛以重税，或因要求免税未得到满足，因此心怀不满，才弹劾刘全。乾隆帝甚至还怀疑这是曹锡宝受到纪晓岚的调唆与指使所为。因为前一年发生的满族官员海升将其妻吴雅氏殴打致死一案，是纪晓岚主持判决为"自杀"，后经和珅带人验定是"他杀"，因此纪晓岚对和珅心怀不满，于是唆使曹锡宝弹劾刘全，以为报复之计。乾隆帝怀疑曹锡宝的最终目的，就是要搞垮和珅，"故以家人为由，隐约其词，旁敲侧击，以为将一波及地步"。于是乾隆帝决定要教训一下曹锡宝。

乾隆帝表面上要将刘全一案一查到底，搞个水落石出，而实际上是使曹锡宝陷入被动挨打的境地。他谕令将曹锡宝的奏折交给留在京城的各位王公大臣（除了伍弥泰等和珅的至亲，需要回避）外，还要增加定郡王绵恩及都察院掌院堂官梁国治、董诰等人，必须严行访查。如果发现刘全"果有借端撞骗情事，即据实参奏从严办理，不可因和珅稍存回护也"。当这些人与曹锡宝一起来到刘全家进行查验时，因为刘全家早已按和珅的指示，把一切逾制的对象拆毁、隐匿妥当，不露一点蛛丝马迹，故查验结果一无所获。以绵恩为首的留京王公大臣们得出的结论是没发现刘全有什么大问题。这时刘全也理直气壮地说："我从不敢招摇滋事，交接官员。即所谓房屋宽敞、器具完美，容或有之，亦非可挟以外出之物。我与曹锡宝御史素未闻知，彼又何从进宅目睹？"曹锡宝在这种上下威逼之下，处境十分尴尬，因"不能指出实据"，只好承认自己是道听途说，贸然行事。他说："我与和珅家人全儿向来不认识，即伊在崇文门管理税务，我亦并不知道。"他还说："我见和珅家人全儿房屋整齐，恐有借主人名目招摇撞骗之事。又伏读谕旨，以大臣中受家人之累者不少，仰体皇上保全臣下之意，原要和珅先行约束，杜渐防微，庶将来不致受家人之累。至我皇上用人行政一秉大公至正，凡杜渐防微之处，无事不周，实无可以仰裨高深。再全儿并无劣迹可以指实，我实见浅少，见其所住房屋整齐，未免过分，所以具奏嗣奉谕旨派员带同亲往各大臣家人住居阅看，始知家人住房五大十间者系常有之事，是以蒙皇上垂询时，即面奏全儿没有十分不是之语。总是我冒昧糊涂，措词失当，咎无可逭。"乾隆帝认为"杜渐防微"一词亦不得当，命令军机大臣、大学士梁国治带人复审，结果还是什么也没查出来。在这种强力压迫下，曹锡宝又不得不承认语言失当，请求治罪。于是乾隆帝将曹锡宝召到热河避暑山庄，当面狠狠申斥了他。严厉指出，曹锡宝参劾刘全其本意就是想弹劾和珅，使的是旁敲侧击战术。或者是受人支使，公报私仇；或者是因刘全向其索要关税较重，而心怀怨恨，总之全不出于公心，而是图谋报复。他接着又说：朕不能因别人"一虚言而欲治和珅，更非欲为和珅开脱"。乾隆帝在另一份手诏中说得更为明确："平时用人行政，不肯存逆诈亿不信之见。若委用臣工不能推诚布公，而猜疑防范，据一时无根之谈，遽入人以罪，使天下重足两立，侧目而视，既无此政体。"这样，曹锡宝不但没有触动刘全、和珅一根毫毛，反而惹下大祸，最后乾隆帝裁决："锡宝未察虚实，以书生拘迁之见，托为正言陈奏。姑宽其罚，改革职留任。"就这样，一个铮铮之臣，秉公执法的御史，在和珅不可一世之时，"举朝无一人敢于纠劾，而曹锡宝能抗辞执奏"，最后其落了个"革职留任"的处分。在此后他一直闷闷不乐，心情忧郁，在乾隆五十七年（1792年）含冤而死。

在和珅当政时期，很少有人敢公开弹劾他，曹锡宝敢于公开纠劾和珅大管家刘全实属勇敢之举。这正如嘉庆帝的老师朱珪在给曹锡宝撰写的墓志铭中所说："此时和（珅）当路已十余年，中外无一人敢投鼠者，闻公（指曹）此举，皆咋舌，嗫不能吐气。一二有心人，仰屋窃叹而已。亦未敢言公贤。"曹锡宝的冤案直到嘉庆帝亲政后才得到昭雪。

钱沣（1740—1795年），字东注，又字约甫，号南园，乳名正贵。人们为了尊重他，一般都叫他"南园先生"，又由于他平日喜欢书法、绘画，尤其擅长画马，而且往往画的多是瘦马，故有人又称其为"瘦马先生"或"瘦马御史"。为云南昆明人。青少年时期由于其诗、书、画等方面均表现出色，因此人们赞扬他为"滇南翘楚"。乾隆三十六年（1771年）进士，并选为翰林院庶吉士。他前后在翰林院任职将近十年，直到乾隆四十六年（1781年）被任命为江南道监察御史。后来又迁官太常寺少卿、通政司副使、户部主事、湖南学政、湖广道监察御史与军机章京等职。在清朝，一位官员一生两任监察御史实属少见。

明清时期，御史属于"言官"之列的国家监察官员，属于都察院管辖。

都察院是监察机构，设堂官为左都御史、副左都御史。其下设"六科给事中"，再下设有监察御史。清朝设"十五道监察御史、每道有掌印监察御史，满、汉各一人、各二人或各三人不等，皆为从五品官。江南道监察御史满、汉各三人，主要负责监察"户部宣科司、宝泉局、三库、左右两翼税务衙门、在京十三仓，同时还负责江苏、安徽刑名"等。监察御史地位比较低，属于小京官之列，这显示了国家"以内御外，以轻制重，以贱察贵"政策的"妙用"。

钱沣出生在一个亦耕亦读的贫寒之家，从小便苦志向上，奋发进取，刻苦研读，深解儒家道德文章之大意。在父母与老师的苦心教导、影响下，养成了克勤克俭，艰苦朴素，不媚时俗、不畏权贵的品格。他一生为官清正廉洁，不贪名利，固守安贫，并惠泽桑梓，为民造福，是封建时代为数不多的刚直不阿的清官。他在政治上敢于向贪官污吏等社会恶势力斗争，特别是他以惊人的勇气和聪明的才智与和珅、毕沅、勒尔谨、王亶望、国泰和于易简等人展开了坚决斗争，并且赢得了胜利，其事迹彪炳史册，为后人称颂。例如，钱沣刚出任江南道监察御史不久，正巧发生了以陕甘总督勒尔谨与浙江巡抚王亶望（曾任甘肃布政使）为首的"捐监冒赈案"。此案不仅作案的时间长，牵涉的官员人数多，贪污的数额特别巨大。（1）从乾隆三十九年（1774年）初开始，一直延续到乾隆四十六年（1781年）长达七年之久。（2）牵涉的官员几乎遍布甘肃全省，从封疆大吏到一般知府、知县几乎全部都卷进去了。结案时被判罪的官员就达194人，其中被处以斩刑的官员就有57人，被充军发配的有56人，被抄家革职的有35人。（3）此案结案时，甘肃全省亏空888900两白银，亏空库粮4万石。

按照清朝制度规定，陕西、甘肃两省设总督一人，驻兰州，同时亦统辖陕西。另外，在陕西省设巡抚一人，驻西安。但每当陕甘总督进京谒见皇帝，或有其他公干不在任上时，往往则由陕西巡抚代任陕甘总督职务。在勒尔谨任陕甘总督期间，两次离职进京朝觐乾隆皇帝，陕甘总督一职均为当时的陕西巡抚毕沅署理。且他久居西安，以甘肃为邻，因此对于甘肃"捐监冒赈"的贪污大案的内情，应该一清二楚，但是毕沅却假装糊涂，既不举报，也不揭发，好像没事人一样。此事虽经乾隆皇帝指出、点拨，毕沅表面上认罪，并愿意拿出三万两"自行议罪银"和两万两"养廉银"作为罚款,以为"赎罪"的代价。乾隆帝得到银子后,也想就此刹车,求个"大事化小,小事化无"。可是刚刚出任御史27天的钱沣,却认为即使毕沅没有直接贪弊之行,作为代任陕甘总督,他也是逃脱不了"包庇"之嫌的。于是钱沣立即向乾隆帝上了一本"劾陕抚疏",弹劾毕沅"瞻徇养患","畏避怨嫌","甘心从同",沆瀣一气,酿成大患,罪责难逃。钱沣的奏疏,正中肯綮,有理有据,打中了毕沅的要害,使他有口难辩,最后只好听候皇帝发落了。乾隆帝在这种情况下,也十分尴尬,进退两难,于是便把此案交给刑部进一步查核,并令大学士、九卿、科道议决;同时令毕沅进一步申诉、辩解,然后进行裁决。本来大学士、九卿、科道议决:将毕沅革职,发配新疆效力赎罪。但是当乾隆帝看了毕沅的申诉后,又决定从轻处理。他下谕旨说:"现在督抚一时乏员,毕沅着从宽照李侍亮、富勒浑之例,降为三品顶戴,仍留陕西巡抚之任,所有应得之奉及养廉永行停止,以示惩儆。倘因停其廉奉,或需索属员,以为自肥之计,一经查出,朕必重治其罪,不能再为宽待也。"由此可见,钱沣初任御史,首次弹劾毕沅就旗开得胜,马到成功。虽然没有把毕沅拉下马,不久乾隆帝又恢复了他的一切待遇,并且他的官运日后还有所发达,但乾隆帝也没有认为钱沣"无中生有",此举多事,不管他内心如何想,表面上他还是肯定钱沣这样做是对的。

胆大心细的钱沣在刚刚结束弹劾毕沅不久,便以无私无畏的精神,在次年(乾隆四十七年,1782年),又向乾隆帝上了一道奏疏,弹劾山东巡抚国泰、布政使于易简"贪纵营私"、"纵情索贿"、"吏治败坏"、"遇有提升调补,勒索属员贿赂以致历城等县仓库亏空"等罪,举朝为之震惊。因为在乾隆中期,言官已经不敢轻易弹劾封疆大吏,主要是因为监察御史王盖、罗遣春先后弹劾大臣获罪,故吓得谏官们个个沉默不语,"转相戒侮"。对此钱沣不以为然,决心挺身而出,伸张正义,为国除害。他曾说:"国家设立谏官,原欲拾遗补阙,今诸臣皆素餐尸位,致使豺狼遍野而上下不知,按用谏官为哉?"有鉴于此他才冒事,如不成必遭打击报复,甚至丢官降职的风险,毅然上疏揭发国泰、于易简狼狈为奸纵情攫贿的罪行。在这种情况下乾隆帝派大学士兼吏部尚书和珅、左都御史刘墉与工部侍郎诺穆亲,偕监察御史钱沣等人，前往山东查办此案。因国泰乃和珅党羽，因此和珅总想包庇、袒护国泰蒙混过关。早在事发之前和珅就知道国泰为官不正，在山东巡抚任上，迟早要出事。于是他用欺骗手法使大学士阿桂、福隆安等人与自己联名，请乾隆帝把国泰调回京师任职了事，可是并未得到乾隆帝应允。这次仍然决定派钦差大臣到济南查办此案。在途中和珅百般地拉拢钱沣，向他套近乎。和珅发现钱沣衣服单薄，便派人给他送食品、衣物……但钱沣并不买和珅的账，均一一婉言谢绝了。到了山东济南后，钱沣先不动声色，也不顾和珅利诱、阻拦，冲破和珅等人设下的种种圈套和陷阱，坚持到各地银库一一查验、核实，在刘墉的配合、支持下，很快查清结案。事情的经过大致如下：一日，和珅、刘墉、诺穆亲与钱沣等人来到历城县，因为事先该县知县已知京师来人盘查的消息，便东挪西借已做好准备。和珅知道该县银库的帑银已经补齐，于是便命令抽视库银数十封查验，结果并无短缺，就打算起身返回行馆。可是当时钱沣发现库存的帑银"杂色不一"，认为它们多是市银，因为"库银"均为50两一锭，而市银则规格不一。于是提出"按款比对，逐封弹兑"，查出历城县银库亏空4万两；接着又盘查该县粮仓，结果缺少仓粮3000余石。不久又查出章丘、东平和益都等州县的库银，也都是库库亏空，最后查得全省总共亏空200多万两白银。在事实面前国泰、于易简不得不承认他们婪索属员的罪行。于是乾隆帝一怒之下把国泰、于易简处以死刑。

钱沣出任监察御史后，挺身而出，直接弹劾封疆大吏，两战接连告捷，整个朝廷为之震动，影响很大。因为在清朝前期言官弹劾违法官员的作用发挥得并不好，特别是在顺治、康熙年间对言官控制、约束极严，并屡加整饬，严防其挟私诬捏，以致造成了监察制度萎缩，言路不兴的局面。御史们个个谨小慎微，顾虑重重，不敢对内外重臣轻易弹劾，唯恐日后受到打击报复。因此钱沣的不畏权贵、不谋私利、敢言敢为的举动，在人们心中的政声、德声顿时鹊起，同时在百官群僚当中也引起了巨大反响，使贪污腐败者一时震慑、收敛，使清廉、正派者振奋不已，特别是对言官以莫大鼓舞。有的人甚至赞颂其为"鸣凤朝阳，柏府（即指监察机构'都察院'，亦称'鸟台'——笔者注）新声"。同时这一切也为钱沣日后的工作积累了一定经验，树立了从事监察事业的信心，并且处事更加成熟、练达。

乾隆四十八年（1783年）被擢升为通政司副使，不久又以通政司副使原官，派到湖南任职提督学政（亦称玄"提学使者"，主管全省考试、教育、文化等事务——笔者注），直到乾隆五十三年（1788年）夏，其母病故，才返回故里云南昆明为母治丧，丁忧守制三载；乾隆五十六年（1791年）五月，其父又以83岁高龄病逝，服母丧尚未期满，接着又服父丧，一直到乾隆五十八年（1793年）七月，守制期满，才"服除"北上复职。值得指出的是，和珅对钱沣的公正刚直，不愿成为自己死党，一直耿耿于怀，总想找机会陷害、打击他一下。于是在钱沣回昆明省亲时，他曾指使党羽、湖南巡抚浦霖借机参劾钱沣在任湖南学政时袒护生员在守丧期间参加考试一事，而使其受到革职留任处分。乾隆五十九年（1794年）春天，钱沣补官为户部江南司主事，不久又晋升为户部员外郎，还未等赴任，乾隆帝便在承德避暑山庄接见了他，重新将他调到都察院工作，任湖广道监察御史。当时军机大臣共有五人，他们是阿桂、和珅、王杰、福长安与董诰等人。其中阿桂、王杰、董诰平日相处和睦，意气相投并藐视和珅之所为；而和珅、福长安结为一伙，沆瀣一气为非作歹。军机大臣之间彼此矛盾日深，甚至到了平日上朝都不在一起办公的地步：每天只有阿桂一人在军机处理事，和珅则常常逗留在隆宗门外造办处，或在内右门内"旧许大臣暂止之庐"，王杰、董诰则常在南书房起草文件，福长安一般均在造办处驻足。他们几个人只是在皇帝召见时"才联行而入，退即各还所处"，这是一种十分不正常的事情。钱沣本来就对和珅专横跋扈、贪赃枉法、结党营私种种不法行为很有看法，正在搜集证据准备弹劾他，可是一时还没准备好。于是他想先以军机大臣不在一起办公之事为突破口，向乾隆帝上一奏折作为试探，以期引起皇帝注意，起到"敲山震虎"的作用。于是他在乾隆五十九年（1794年）十一月初四日，呈上了《请复军机处旧规书》。在奏疏中钱沣提出："请皇上敕饬诸大臣，仍照旧规，同止军机处。"这件奏疏实际上触及了朝廷政治核心问题，也是间接把矛头指向了和珅。钱沣用委婉、平缓的口气，旁敲侧击的方法，软中带硬，尽量不刺激任何人，结果说服了乾隆帝，得到了他的首肯。同时他还指派钱沣以御使身份，兼任军机章京，"稽察军机处"，查视军机大臣们是否遵旨行事，和衷共济一同在军机处办公、议事。但是和珅还是察觉到此奏疏主要是针对自己的，为此他十分嫉恨钱沣，于是便处处、时时刁难他，指派他做各种苦活、累活、琐事、难事。面对这一切钱沣并不屈服，他反而利用在军机处工作，便于接近统治核心，易于了解机密的机会，秘密搜集有关和珅不法的罪行，一旦时机成熟，他将立即上奏弹劾和珅。钱沣本来身体欠佳，再加上大病刚愈，连日繁忙的工作，使他再一次累垮了。乾隆六十年（1795年）夏，他随乾隆帝到承德避暑山庄，八月下旬返京后，身体更加羸弱，病情加重，是年九月病故，终年55岁。也有人揣测他是被和珅派人投毒害死的；因为和珅知道钱沣正在到处搜集有关他的"黑材料"，准备随时弹劾他，为了不被揭露，故下此黑手。事实也正是如此，钱沣死前确实已经写出了长达几千字的弹劾奏折草稿，其中列举了和珅二十余条罪状，藏于自己的枕头底下。遗憾的是，不知出于什么原因，草稿在他死后不久便被人偷走，并被付之一炬了。由此可见，钱沣与和珅的斗争，势不两立。钱沣下决心要扳倒权臣和珅，因此赢得了人们交口赞誉："刚正敢言，立朝不苟。""居官弹劾权贵，明国法，正朝纲，天下想望风采。"

谢振定（1753—1809年），字一斋，号芗泉，湖南湘乡人。乾隆四十五年（1780年）进士，改庶吉士，后历任编修、监察御史、兵科给事中等官。此人性格开朗、豪爽，喜游历，不拘小节，但很有气节。

谢振定不满和珅的所作所为，更对和珅的亲属、爪牙借其势力横行霸道深恶痛绝。嘉庆元年（1796年），在他担任京师巡视东城御史期间，有一次他带着兵士在京城内巡视，当他们来到东城灯市口附近时，忽然看见一匹高头大马拉着一辆豪华的违制之车，从远处风驰电掣地跑来，行人慌忙四散，躲避不及者纷纷摔倒，可是没人敢声张。于是他立即下令把赶车的人拽下来，一问得知此车主乃和珅爱妾之弟，不觉更火冒三丈。而且和珅这个小舅子仗着和珅的势力，口出狂言，骂骂咧咧，毫不认错。在这种情况下，谢振定命令部下痛打了这个家伙，并大声说道："此车岂复堪宰相坐耶？"于是当场一把火将这辆马车烧毁了。人们欢呼雀跃，拍手称快，赞誉其为"烧车御史"，"自此直声震天下"。和珅知道后表面上没动声色，但内心里却恨透了谢振定。没过几

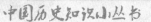

天，他就指使给事中王钟健假借琐事弹劾谢振定，唆使皇上将其革职。

尹壮图（1738—1808年），字万起，号楚珍，云南蒙自人。其先祖尹华为河南怀庆人，明英宗时被充军云南，落籍蒙自县。后来其家人一步步走入仕途，尹壮图父亲名尹均，字松林，与著名学者纪昀同为乾隆十九年（1754年）进士，为翰林院编修。尹壮图7岁入塾读书，乾隆二十五年（1760年）考中秀才；乾隆二十八年（1763年）考中举人；乾隆三十一年（1766年）考中进士，改庶吉士。历任京畿道监察御史、内阁学士、太仆寺少卿、光禄寺少卿、礼部侍郎等职。他还参加了编修《四库全书》的工作。他为官正直，敢于发表自己的意见。和珅当政时，利用乾隆帝晚年爱听顺耳、歌功颂德的话，听不得微词、意见，压制舆论、谏言，大多数官员不敢上书言事，而尹壮图竟冒触犯龙颜之险，大胆地陈述己见。例如，他对"议罪银制度"就提出了异议，认为这种制度并非政体。他在乾隆五十五年（1790年）的奏折中指出，这种制度是纵容地方官吏贪污中饱的渊薮，如果长期实行下去，只会使国家的经济恶性循环，从而加重人民的负担，破坏社会的安定。乾隆帝听后不以为然，反而强迫尹壮图拿出真凭实据来。本来尹壮图在奏折中认为："总督、巡抚等人犯有过错，皇上不立即罢斥他们，而是对其罚银若干万两了事，也有的总督、巡抚自愿拿出几万两白银自行认罪。这对于那些桀骜刁顽的人，正中他们的下怀，他们以此为借口进一步贪污腐化，吞噬百姓大量血汗钱财；即使平日比较清廉的官吏，也不得不希望下属出钱帮助。日后属员如有营私舞弊、发生亏空等案情，就不得不曲为庇护。因此，自行议罪银制度看来虽然严格，但是却不能使官员产生愧惧之心，反而容易使他们产生玩世不恭的念头，希望圣上立即停止自行议罪银制度。对于那些才具平常的犯错误的官吏，或者立即罢斥，或者调回京师重新任职，从今以后，再不要派他们作外出任职了。"乾隆帝看到这一奏折十分生气，对此发了一道上谕：认为尹壮图"此奏自必确有见闻，令其指实复奏"。尹壮图在复奏中说："各省督抚声名狼藉，吏治废弛。臣所经过的地方，体察官吏贤否，商人百姓多半都唉声叹气，述说督抚腐败，贪污中饱，民不聊生，不可收拾，各省风气大体皆然。希望圣上委派满洲大员与臣一起前往各省密查亏空。"这实际上是对和珅执掌大权十多年来，损下肥上，贪污营私，造成全国各省银库普遍亏空的指控。于是乾隆帝命户部侍郎庆成与尹壮图一起到山西、直隶（今河北）、山东及江南诸省查核各种仓库。但尹壮图哪里知道庆成是和珅的死党，他这次出差就是和珅点名安排的。因此在和珅支使下，庆成处处钳制尹壮图，千方百计地设置障碍，使其不能认真盘查。他们一行人每到一地，庆成等人往往先"游宴数日"，然后再开仓盘查。其实在此期间，地方官们早已准备妥当，一般都是挪用商家银两，充实库存，待查核人员到了，早已不露任何马脚了，结果一点亏空也没查出来。在这种情况下，尹壮图只好"自承虚诳，奏请治罪"。乾隆帝在这种情况下，多次下谕旨，历数尹壮图的奏折，实乃"希容卑鄙，饰词谎奏"。并且进一步逼问他是否看到商民愁苦兴叹了？尹壮图回奏说："一路上看到的是商民安居乐业，高高兴兴，绝无愁苦兴叹之事。"并表示彻底认罪。回京后被下刑部大狱，判为"比挟诈欺公，妄生异议律，坐斩决"。最后还是乾隆帝"宽大为怀"，"以谤为规"，下诏减刑，改判降级为内阁侍读，"闲居留京，八年之内不许升迁他调。"尹壮图心里十分郁闷，乾隆五十七年（1792年）以奉母为由，请求回乡，得到批准。后在昆明五华书院教书。直到嘉庆四年（1799年）初，嘉庆帝亲政，才得到平反。嘉庆帝命他"急行来京擢用"。后来他还是以照顾老母为由，又回云南了。尹壮图一生著有《楚珍自撰年谱》、《楚珍诗稿》、《楚珍文稿》等。

武亿（1745—1799年），字虚谷，一字小石，又字授堂，自号半石山人，河南偃师人。从小就很聪明，天性挚厚，读书刻苦，12岁就遍读"九经诸子"，能做长篇文章。父母早亡，生活不能自理，但坚持学习自励，拜著名学者朱筠为师，终于在乾隆五十七年（1792年）考中进士。授山东博山县知县，为官清廉，乐于助人。此时正值和珅大权在握，气焰嚣张之时，和珅身兼数职，尤其是步军统领一职，实际上就是京师的卫戍司令，掌握着维护京师社会治安与缉拿"盗贼"之权。当时社会上流传着乾隆三十九年（1774年）山东清水教起义的首领王伦并没有自焚身亡的说法。和珅为了邀功，迅速晋升他渴望已久的"公爵"，于是便借此为名，四处派出兵丁、番役以追捕王伦为名，侵害、骚扰百姓，搞得鸡犬不宁。他们不仅在京畿附近活动，而且还到外省随便持刀行凶，乱抓无辜，弄得民心惶惶，而地方官们都不敢过问，听之任之。乾隆五十七年（1792年），和珅又派番役到山东博山一带滋扰百姓，这些人所到之处任意滋事，烧杀抢掠，无恶不作，无人敢管。知县武亿知道此事后，便派人把这些番役抓到县衙。这些人见了知县不但不跪，而且还十分傲慢，并拿出签票（亦称"令牌"）给武亿看，高声喊道："我们是奉和大人命，来此抓贼寇的，此乃提督差也。"武亿说："此签票上说是让你们与地方官合作抓捕贼寇，可你们来吾县整整三天了，为什么不来见我？签票上明明只写二人，为什么你们一下子来了十五人呢？况且到我县里不老老实实地办事，而是胡作非为。"于是他命令衙役一顿棍棒，打得这帮家伙屁滚尿流，狼狈逃窜了。和珅得知后十分恼火，说道："这个县令简直疯了，竟敢打我派去的胥役？"于是他指使山东巡抚以其他事情，找茬弹劾武亿，罢了他的官。他回家后，以教书为生。嘉庆四年（1799年），嘉庆帝亲政后，得到昭雪，并下谕让他回朝做官，可惜他已在一个月前去世了。他一生博通经史，长于金石考据。著有许多书籍，主要有《群经议证》、《偃师金石记》、《经读考异》、《钱谱》等。

长麟（？—1811年），字牧庵，满洲正蓝旗人，身为皇族，乾隆进士。历任江苏巡抚、山西巡抚、山东巡抚和两广总督等职。此人性机敏、刚直，为官廉明，好"私访"，体恤民情，有政声。他任山西巡抚时，有一个叫董二的人，因私仇诬告山西某家窝藏山东清水教首王伦。此时和珅正想利用此事邀功，晋封"公爵"，于是他对长麟说："不管这件事是真是假，希望你务必把那个人打为'逆党'，然后咱们两人都能得到皇上嘉奖，封官晋爵。"长麟经过调查发现此乃董二诬告好人，非常生气。他说："我已经两鬓斑白，为什么还要做伤天害理，灭人九族的事，去取媚权相和珅呢？"因此他把董二判为诬告罪，逮捕入狱。这件事引起了和珅的不满，为了报复他，找茬将其发配到新疆戍边。一直到嘉庆帝亲政，才平反昭雪，先后在福建、陕西等省为官。

再有，据朝鲜使臣记载，陕西省有一位读书人对和珅贪赃枉法、结党营私的所作所为非常不满，于是他不顾个人安危，冒死给乾隆帝上书，"极言和珅怙宠卖权之事"。但乾隆帝根本不加理会，结果此人不但没有告倒和珅，反遭到和珅的打击陷害，以至给全家带来了"赤族之祸"。

三　拉大旗　找保护伞

和珅本人深知，他之所以能平步青云、飞黄腾达，乃至成为"一人之下，万人之上"的"二皇帝"，主要是因为他身后有乾隆帝撑腰，是靠他与乾隆帝之间的"特殊关系"。乾隆帝是一把保护伞，他就是伞底下被保护的人。和珅一生的兴衰、荣辱和福祸都与乾隆帝息息相关。

乾隆帝认为自己执政久、成就大、影响深，并且身历四朝，眼通七代，亲见曾玄，是古今中外少有的君主，因此十分自信。他非常欣赏自己的统治业绩，例如他多次在少数民族聚居地区和边疆用兵，创立了"十全武功"；在他统治期间朝政清明、国泰民安、经济繁荣，一派欣欣向荣的景象，他几乎年年去承德避暑山庄会见少数民族首领、木兰秋狝、祭祖谒陵、巡视各地；他曾六下江南、四谒盛京，西幸佛教圣地五台山，东巡曲阜"三孔"；他平生喜吟诗作赋，撰文著述，挥毫习字，刻石题词，留存世间的文集三，诗集五，是中国诗作最多的皇帝、题字遍于海内的书法家，又是巨型丛书——《四库全书》的提倡者和主持人。总之他一生诗文、琴棋书画，收藏文物、珍宝，音乐、美术……无所不好，样样皆懂，是一个兴趣广泛的人。他十分欣赏自己的业绩，自以为在文治武功方面所作的贡献是超越前人的。他曾说："更倦思之，三代以上弗论矣，世代以下，为天子而寿登古稀者，才得六人，已见之近作矣。至乎得国之正，扩土之广，臣服之普，民庶之安，虽非大当，可谓小康。且前代所以亡国者，曰强藩，曰外患、曰权臣、曰外戚、曰女谒、曰宦寺、曰奸臣、曰佞幸，今皆无一仿佛者。即古稀之六帝，元、明二祖，为创业之君，礼乐政刑有未遑焉。其余四帝，予所不足为法，而其时其政，亦岂有若今日哉，是诚古稀而已矣。"言外之意，只有他乾隆皇帝才是古今中外的"第一天子"，别人全不如他，他是历代帝王都所不能比拟的。乾隆帝多年来的顺境与成功，使他养成了一种只能听颂扬、赞美，而不愿意听不同意见的性格。特别是他到了晚年，越发好大喜功，骄奢淫逸，刚愎自用，独断专行，说一不二，我行我素，这就给和珅以他为靠山提供了机会。和珅正是借助他的绝对权威，结党营私，"擅作威福，大开赂门"，贪污中饱，索贿受贿，徇私舞弊，为所欲为的。

和珅亦深知，由于有乾隆帝的宠信与庇护，他才能飞扬跋扈，狐假虎威，随心所欲，"掌握着全国的实权"。如果离开了这棵参天大树，失去了这座靠山，他就会寸步难行，顷刻倒台。因此，他千方百计地想博得乾隆帝欢心与宠信，从而得到实权。以便"假帝命，以令众臣"。

事实也正是如此，前述和珅当政时期，对清朝前期一些成法、制度的变革，全都是打着乾隆帝的旗号，由皇上出面进行的。诸如"议罪银制度"的实施；大臣奏折必须一式两份，一份呈给皇上，一份（副本）送交军机处；军机章京不设具体定额，而由军机大臣自行选用，不必向皇上引见与关白；规定御史出缺，一律提名60岁以上的老臣充当等。反过来说，这一系列的变革对巩固和珅的特殊地位，钳制舆论都是十分有利的。

和珅在乾隆帝这把大伞保护下，"一朝权在手，便把令来行"。作威作福，巧取豪夺，疯狂地聚敛财富，以致"豪奢富丽，拟于皇室，有口皆言，举世侧目"。同时他还控制了官吏的铨选、使用大权。据朝鲜来华使臣记载："阁老和珅用事将二十年，威福由己，贪黩日甚，内而公卿，外而藩阃，皆出其门。纳赂谄附者，多得清要，中立不倚者，如非抵罪，亦必潦倒。"

乾隆帝也有意抬高和珅的身份、地位。例如，他特意把和珅家从正红旗抬入正黄旗使他家列入上三旗成员，在旗人中处于一种特殊的地位。乾隆帝每次出巡、游幸，旅途中和珅始终都伴随在皇上左右，须臾不能离开。据英国副使斯当东记载：和珅一直"随着皇帝御驾后面，当皇帝停下轿子差人走过沟来向特使（即马戛尔尼）慰问的时候，几个官员跳过沟去走到和中堂轿前下跪致敬。值得注意的是，除了和中堂之外，没有其他大臣和皇室亲人等跟随着皇帝陛下，足见和中堂地位之特殊"。正是由于和珅与乾隆帝的特殊关系与超乎寻常的特殊地位，以及他掌握着实际大权，才使不少官员向他屈从、逢迎、讨好、献媚、行贿、效忠依附……正如嘉庆帝所说：和珅柄政二十余年，"所管衙门本多，由其保举升擢自必不少，而外省官员，奔走和珅门下，逢迎馈赂皆所不免"。和珅经常挥舞着乾隆皇帝这张王牌对大臣们施展淫威，不附己者，伺机打击报复，故意激乾隆帝发怒，然后添油加醋进行陷害。如果对他行贿、施礼者他便巧为周旋，故意拖延并为之从中周旋，待乾隆帝息怒后，再想办法"大事化小，小事化无"。因此许多朝廷大员纷纷把他作为靠山、奥援，向他献纳、行贿，尽量满足他的需要，从而加重了对下属的搜刮、剥削。其实这些把他作为靠山和奥援的大臣们向和珅献媚、行贿，是否心甘情愿，姑且不论，但他们知道在和珅身后有一个乾隆帝存在，而人们又知道乾隆帝就是权力的象征，只要乾隆帝在，和珅就会大权在握。人们要拜倒在权力之下，必然要屈服于和珅。这是这部分官员的逻辑，同时也是和珅的逻辑。

乾隆帝暮年，年迈昏眊，老态龙钟，事事离不开和珅。和珅也就把这面大旗扯得更高，借此贩卖私货，为所欲为。最后干脆搞了个"挟太上皇以令皇上"的阵势，控制着嘉庆帝活动。他经常假借太上皇之名，掺杂着他个人的意见发布政令。有时因乾隆帝年老体衰，身体不适，每当书写谕旨有字迹不清之时，和珅常常是索性撕毁，另行书写。又，和珅之所以能晋封公爵，就是请求乾隆帝在嘉庆三年（1798年）八月初九日在勒保谎报"生擒"四川白莲教起义军首领之一王三槐的奏折后，请太上皇"敕旨晋封"的。原文为："嘉慰军机大学士伯和珅，襄赞机宜，秉旨书谕，一手经理，夙夜宣劳。着加恩晋封公爵。"而嘉庆帝本来打算举行一次"大阅典礼"，和珅认为不该举行，于是他便跑去找太上皇嘀咕几句，果然奏效，乾隆帝马上就"敕旨停止"。

由此可见，乾隆帝做太上皇时期，亦是和珅气焰最盛的时期，甚至连嘉庆皇帝他也没放在眼里。之所以如此，就是有乾隆帝这把保护伞保护他。

【第六章】

贪污受贿　积累家财

一　独揽大权于一身

和珅从乾隆四十年（1775年）开始，被乾隆帝赏识、青睐后，随着时间的推移，他的权力也在不断增大，到了乾隆末年嘉庆初年，他已是领班军机大臣与内阁首辅。

由于和珅一贯"善体圣心"，经常以"出纳帝命"的身份出现，实际上成了乾隆帝的代言人。他身兼数职，集行政、军政、财政与文化教育大权于一身，达到了登峰造极的程度。

在行政方面，诚如嘉庆帝所说："和珅揽权专政。……盖由和珅以军机大臣兼御前大臣，事权过重，内外官员畏其声势，不敢违拗。"于是和珅利用职权控制着国家许多要害部门，在行政上他掌握着官吏的铨选、任命，并拥有推选和直接用人的权力。于是许多人纷纷投靠在他的门下，畏怯其淫威，不敢与之抗衡。晚清学者薛福成在其所著《庸盦笔记》中说：和珅"性贪黩无厌，征求财货，皇皇如不及。督抚司道畏其倾陷，不得不辇货权门，结为奥援"。

在财政方面，和珅长期掌管户部与内务府"三库"以及圆明园、茶膳房、造办处、上驷院、太医院、御药房等与财务有关部门的事务，尤其是他与其子丰绅殷德相继担任崇文门税务监督，牢牢控制着这个皇室的进财口。同时，他还负责宫内各种物件的修造、配置；宫殿、园囿的修葺，这实际上也就控制了工部所负责的事务。这样他就把整个国家的财政大权都集中在自己手里了。

在文化教育方面，和珅通过担任许多官书的总裁、正总裁、教习庶吉士、经筵讲官、殿试读卷官、翰林院掌院学士与日讲起居注官等职务的方便，控制书籍的出版与查禁、删改，同时，他还控制着考试、铨选和教育等一系列事务，这实际上又控制了礼部所掌握的事务。

在军事方面，他除了担任正蓝旗、镶黄旗、正黄旗、正白旗、镶蓝旗的副都统、都统，以及领侍卫内大臣等职外，并曾兼任过兵部尚书，还曾率军镇压过甘肃回民起义。此外，他长期兼任步军统领一职。并且长期负责着健锐营与火器营的事务，这样他就控制了皇家的精锐部队和火器制造。

军机处是清政府最重要的部门之一，是国家的神经中枢，又是皇帝亲自控制的部门，它远比内阁重要。和珅集大权于一身，一手遮天是他贪污受贿的前提。由于职务和地位的关系，使不少官员聚集在他的周围，这些人为了保住地位，并进一步升官发财，情愿把搜刮来的民脂民膏拿出一部分，贡献给和珅。清朝制度规定，凡军机大臣本来就不再另给俸禄，而且随侍皇帝的所有费用与开支，亦要自己筹划。平日在京当差费用尚少，倘若跟随皇帝外出，则川资旅费庞大，需要大量钱财。在这种情况下，军机大臣揽权纳贿之事在所难免。乾隆中期以后，贪污受贿之事层出不穷，已成风气。贪污大案屡屡发生，乾隆帝虽然对此也有所察觉，并狠狠地惩办了几起督抚贪赃枉法的案件。但不管他怎么严惩，也没有把贪污腐化这一毒瘤根除掉。究其原因，除了封建制度本身的必然性外，伴随在乾隆帝身边的和珅也有很大责任。和珅的出现，是历史发展的偶然性与必然性的结合，应该说他是时代的产物。

二 庞大贪污网的形成

在中国封建社会里，每当一个封建王朝创立之始，往往把注意力集中在着手恢复社会经济与稳定社会秩序上，因此生产得到恢复和发展，社会财富也在不断增加。但是当这个新王朝一走向中、晚期，接踵而来的便是营私舞弊、贪污行贿之风大作，贪官污吏应运而生。他们凭借着手中掌握的权力，巧取豪夺，鲸吞社会财富，过着灯红酒绿、纸醉金迷的腐朽生活。

清朝统治者一开始就规定各级官员的薪俸较低，例如，一个知县（七品）每年的俸禄只有白银45两，就是总督、巡抚等封疆大吏年俸也不过155两至180两左右。因此许多官员每年一般除去必要的生活开支外，就所剩无几了。甚至有的人刚走上仕途的最初几年，还要自己出钱补贴。而且地方官员的许多办公费用与聘请幕僚的开支，都要由自己承担，朝廷很少给予补贴，这就进一步助长了上级官员对属下的苛取与勒索，以及州县官吏对百姓的私征和加派，以致贪污索贿之事层出不穷。

乾隆统治时期，特别是在乾隆中晚期，吏治败坏，官吏们贪腐成风，大案、要案层出不穷，日甚一日，一桩接着一桩，例如，湖北、福建、浙江、甘肃、山东等省的督抚陈辉祖、杨景素、常舒、特成额、富勒浑、雅德、勒尔谨、王亶望、国泰、于易简等的贪污案先后暴露，乾隆帝也曾下狠心杀了几个，对吏治进行了"整肃"，但是并没有把这个贪污网的总根子刨出来，看来他也不想把这个总根子彻底铲除。因为这个总根子不是别人，正是他所依靠的股肱之臣——和珅。长期以来，乾隆帝只是把眼睛对准了地方官吏，而对整天伴随在他身边的和珅则不闻不问，或存心包庇，听任其隐瞒。

以和珅为中心的贪污网的形成，不是偶然的。首先，乾隆帝给了和珅掌管国家财政与用人的大权。其次，因为乾隆帝本人挥霍无度，讲究排场，穷奢极欲，需要大量钱财。而这笔钱他又不愿意从国库或内务府银库开支，于是便向和珅要，让他想办法。和珅也就投其所好，源源不断地供给他大量钱财供其挥霍，而这些钱财又都是和珅想办法筹集来的。因此，乾隆帝对和珅善于理财非常满意，宠信倍加。其实和珅也绝不会掏自己的腰包，并且他还要借此机会大捞一把，他频频向地方督抚们层层摊派、索要，当然，那些趋炎附势的贪官们也无不乐于向其多作贡献。他们知道有和珅作后台，也是他们发家致富的极好机会，于是贪赃枉法的贼胆更大了。他们不顾百姓的死活，一个比一个贪得无厌，拼命地向百姓搜刮财富。除了中饱私囊外，他们还要细心揣摩，迎合皇上的喜好与需要，必须及时献上各种珍奇异物和稀世之宝，而且同时还要把大量金钱呈献给皇上的代理人和珅，于是和珅家的金银库存也就与日俱增。地方大吏贪赃枉法、欺民害政的办法很多，著名学者洪亮吉就曾指出：他们"出巡则有站规、门包，常时则有节礼、生日礼，按年则有帮费。升迁调补之私相馈谢者，尚未在此数也。以上诸项，无不取之于州县，州县则无不取之于民。钱粮漕米，前数年尚不过加倍，近者加倍不止。督、抚、藩（即布政使）、臬（即按察使）以及所属之道、府，无不明知故纵，否则门包、站规、节礼、生日礼、帮费无所出也。州县明言于人曰：'我之所以加倍、加数倍者，实属衙门用度，日甚一日，年甚一年。'究之州县，亦恃督、抚、藩、臬之威势以取于民，上司得其半，州县之人己者亦半。初行尚有畏忌，至一年、二年，则成为旧例，牢不可破矣"。从这里就可以看出官吏贪污的主要原因之一，就是官员们要层层贡献，最后获利最多者乃乾隆帝与和珅也。因此他们是贪官污吏与社会腐败的总根子，是贪污网的核心。

乾隆中期以后，贪污大案层出不穷。尽管乾隆帝也严惩了几个不法贪官，但那只是暂时起点作用，犹如隔靴搔痒，不能解决根本问题。反而使贪官们的贪污手段更加隐蔽，贪污的数额越来越大，牵扯的人数越来越多，并且贪污案件越来越与中央的掌权者和珅有直接联系。清朝从入关前后开始，许多勋贵、大臣都是先抄别人家，治人贪污罪，从而发家致富，然后又被别人所治、所抄，这几乎成了一条规律。这种现象成为清朝最高统治集团上层社会政争胜败与权力交替的明显特征。

为了探讨乾隆中期以后官吏贪赃枉法的一般特征，我们不妨在不计其数的贪污案中，选几例具有代表性的大案，略加叙述。从乾隆三十七年（1772年）起至嘉庆初年，揭发出来的贪污案，主要有广西巡抚钱度，四川总督阿尔泰，两广与云贵总督李侍尧，陕甘总督勒尔谨，原甘肃布政使、浙江巡抚王亶望、陈辉祖、福崧、琅玕，浙江布政使鄂勒舜（即鄂敏）、山东巡抚国泰、布政使于易简，江西巡抚郝硕、布政使郑源，直隶总督杨景素，江南河道总督周学健，两广总督与闽浙总督富勒浑，福建巡抚伍拉纳与福建巡抚浦霖，云贵总督鄂辉、恒文、富纲，陕西巡抚秦承恩，原湖广总督、陕西巡抚、河南巡抚毕沅等。其中有些贪污案已在有关章节叙述了，这里不再重复，其余也只简述几例。

（1）陈辉祖案：陈辉祖，湖南初阳人，两广总督陈大受之子。以荫生授户部员外郎，后迁郎中。不久又擢为河南陈州知府、闽浙总督，兼任浙江巡抚。他曾经参加审理王亶望案，并参加了籍没王亶望家产等事。在查抄王亶望家产时，他借工作之便，进行"抽换挪掩"，私自侵吞了王家的金银宝物、器皿、书画，被浙江布政使盛柱告发，终于查出了他贪污的真实情况。再加上其弟陈严祖曾在甘肃当过知县，是王亶望贪污案中的一个成员，最后两兄弟均被处死。

（2）郑源案：郑源，祖籍直隶丰润县，曾任户部主事，后擢升为湖南布政使，他平日生活奢华，自己私养"戏班子"，官署内仅家属就有近300人，全靠他生活。郑源除了侵吞库存8万两白银外，为了满足无度的挥霍，他千方百计地向各州县官吏逼索，于是州县官吏又敲骨吸髓，残酷地向百姓搜刮，弄得湖南百姓妻离子散，家破人亡，怨声载道。在这种情况下，郑源贪赃枉法的真相才被揭露出来。案发后郑被判处死刑，立即斩首。

（3）郝硕案：郝硕，汉军镶黄旗人，两江总督郝玉麟之子。早年曾在军机处行走，后累迁郎中、山东登莱青道台、江西巡抚等职。就在他任江西巡抚不久，即公开向州县官吏勒索钱财。例如，他曾以要进京觐见皇帝，没有"行李"与"旅费"为名，向属下官员索要。乾隆四十九年（1784年），两江总督萨载发现此事后，上奏弹劾，郝硕被逮至京问罪。乾隆帝对此曾说："郝硕罪同国泰，国泰小有才，地方事尚知料理。郝硕尝朝行在，问以地方事，不知所对。不意复贪婪若是！且郝硕托辞求赂，正国泰事败时，乃明知故蹈，无复忌惮。"最后乾隆帝判处他仿国泰之例，赐自尽。

（4）钱度案：钱度，字希裴，江南武进（今江苏常州市武进县）人。乾隆元年（1736年）进士。曾任户部主事、广西道监察御史、安徽徽州知府、云南布政使、广东巡抚、广西巡抚等职。乾隆三十七年（1772年）开始监管云南铜厂事宜。在此期间他利用克扣铜本平余，并勒索属吏等方法，贪污中饱，然后把得到的钱财购买金玉等器物，或把银两偷偷地运回原籍。有一次，他竟令仆人从云南携白银2.9万余两，运回到家乡武进，并写信告诉其子钱鄷修建夹壁墙，存放金银贵重物品。被人弹劾后，乾隆帝命令两江总督高晋抄了钱度家，仅窖藏白银就达2.7万余两，后又查出寄存别处黄金2万两。最后被判处死刑，缓期执行。

（5）伍拉纳、浦霖案：伍拉纳，觉罗（即清宗室）出身，满洲正黄旗人。初任户部笔帖式，乾隆四十年（1775年）擢升为户部主事，后累迁张家口同知、知府、河南巡抚、福建布政使、闽浙总督等职。浦霖，浙江省嘉善县人，乾隆三十一年（1766年）进士，曾任湖南巡抚等官后迁官福建巡抚。他们二人狼狈为奸，趁着镇压天地会等秘密结社起事以及福建漳州、泉州一带水灾的机会，大肆贪黩，婪索下属州县官吏，造成各州县库银亏空，百姓生活困苦。被人弹劾，经新任闽浙总督长麟与福建巡抚魁伦等严讯，发现伍拉纳接受盐商贿赂15万两白银；浦霖受贿2万两白银。同时还揭发出伍拉纳的部下，福建按察使钱受椿等人，借地方械斗，收取贿赂，滥杀无辜，只有缴钱才肯销案等罪行。最后伍拉纳被抄家，抄出白银40余万两，如意100余柄，胡椒800余斛。查抄浦霖家得到窖藏黄金700两，白银28万两，田产、房屋折价6万余两。最后伍拉纳、浦霖均被处死。与此案有牵连的地方官伊撒布、钱受椿，以及福建省各州县银库中凡亏空帑银1万两以上者，全部处以死刑。

（6）富勒浑案：富勒浑，姓章佳氏，满族人。举人出身。曾任内阁中书、户部郎中、山东按察使、浙江布政使、浙江巡抚、湖广总督、四川总督、河南巡抚、闽浙总督和两广总督等职。他长期受到乾隆帝重用，滋长了骄娇二气，生活奢靡、腐化。为了满足自己的私欲，营私舞弊，贪污中饱，受贿索贿，侵吞了大量钱财。就连他的两个管家殷士俊、李世荣也仗着他的淫威到处招摇，任意勒索州县地方官吏，从而发家致富。例如，乾隆五十年（1785年），富勒浑由闽浙总督迁任两广总督，他的管家殷士俊跟随同往，路过泉州，泉州知府郑一桂曾馈赠给殷士俊金叶50两；同年，伍拉纳的另一个管家李世荣在从福建去广东的途中，也曾向沿途的州县官吏索取几十两乃至数百两不等的金钱，结果共攫取白银1799余两。值得注意的是这两起"馈送"、婪索的事件都发生在富勒浑离任之时，而他原来管辖的福建省的地方官员对其家仆尚且心甘情愿地贡献，可想而知，在富勒浑在任之时，贪赃枉法的事一定不少。

富勒浑在乾隆五十年（1785年）调任两广总督后，兼管海关事务。当时粤海关监督穆腾额到京师觐见乾隆皇帝。富勒浑趁机向和珅通挪银两，点派广东各口岸书吏摊缴白银19600余两。后来当他得知殷士俊索受郑一桂金叶50两一事败露后，才匆忙交出吞占的银两。实属"先吞后吐"。接着又发现他在任闽浙总督时，仅浙江省的仓库钱粮就亏空了134万两。同时，福建省的仓库也多半亏空。尽管如此，富勒浑的贪污案也实属一般，本来用不着大动干戈。可是和珅为了使他老老实实地归顺自己，便故意在乾隆帝面前把这起贪污案说得十分严重，以激皇上动怒，严办富勒浑。同时，和珅还给此案的主办人阿桂与福建巡抚雅德扣上包庇富勒浑的罪名。因为阿桂和富勒浑有亲戚关系，雅德原为富勒浑的下属，他们二人都曾赞赏过富勒浑，说他平日"操守谨饬"，"为官清廉"。和珅认为他这一举动可以一箭双雕，既打了富勒浑，又打了阿桂。当乾隆帝真要治富勒浑重罪时，和珅又向乾隆帝建议：不如先把富勒浑调回京师，慢慢审查，以不致骤然掀起大狱，使人心不稳……其实就是想把大事化小，待乾隆帝怒气消去时，再回护富勒浑。和珅原意是既叫富勒浑受到惩处，但又不要处以重刑，通过一打一拉，从而使富勒浑感恩戴德，俯首帖耳地成为自己的党羽。

本来阿桂处理此案是秉公办事，并无包庇之意，乾隆五十一年（1786

年），经他审理后判富勒浑为斩决，下刑部狱。次年，经和珅活动后释放回家。乾隆五十三年（1788年），又查出他在闽浙总督任内对台湾总兵柴大纪贪劣罪行失察，重新入刑部狱，论绞。但没有多久又被释放。次年，乾隆帝又以他在任内"废弛玩误"，将他发配到新疆伊犁。乾隆五十五年（1790年），又释放回京。嘉庆元年（1796年），又被充军热河，不久释放回家。富勒浑经过这几抓几放元气大伤，只好由人摆布了，这次回家后没多久，便一命呜呼了。

通过以上数例贪污大案的处理，不难看出乾隆中期以后，社会上贪污行贿之风已经相当普遍，差不多成了公开或半公开的事情。而且许多贪污案件或直接，或间接地与和珅有牵连，从这个意义上说，和珅就是其总根子。这正如清朝学者章学诚所指出的，和珅当政时期，"上下相蒙，惟事婪赃渎货，始如蚕食，渐至鲸吞。……一时不能俱办，率由藩库代支，州县徐刮民财归款"。这就是说，每当他们贪污的银两不够数，就先由库存代支，然后再由各州县官员慢慢搜刮百姓钱财，一点一点补上。而乾隆帝就是和珅的后台，他的许多做法，实际上是自觉不自觉地支持了和珅的贪纵。

此外，和珅还掌握着各省地方官员向皇上进贡特产与其他礼物收退与否的大权。嘉庆帝就曾指出："只因和珅揽权纳贿，凡遇外省督抚等呈进物件，准递与否必先向和珅关白，伊即擅自准驳明示有权。而督抚等所进贡物，在皇考不过赏收一二件，其余尽入和珅私宅。"这就是说，大量珍珠宝玉、古玩字画都被和珅独吞了，因此他家才有朝珠、挂珠200余串；甚至有颗大宝珠竟超过了皇帝御用之物。这主要是因为和珅经常利用进宫的机会，把他看上眼的物件，顺手牵羊拿回家中，天长日久，和珅家的珍珠宝物甚至比起皇家收藏还要好，还要多。例如，曾任两广总督的孙士毅从越南归来，带回一个稀世珍宝，即用一颗大如雀卵的宝石雕琢成的鼻烟壶。他准备献给乾隆帝。一日，他正在皇宫门外等候上朝，正好与和珅相遇。和珅见孙手持一物，便问道："公所持何物？"孙答道："此乃一鼻烟壶耳。"和珅顺手拿过来一看，不觉一阵惊奇，赞不绝口道："以此相惠可乎？"孙士毅一时感到很为难，吞吞吐吐地说："昨天我已经向皇上奏报，一会就要进献给圣上了，怎么办好呢？"这时和珅冷笑说："跟你开个玩笑而已，你何必这么小气呀！"过了几天，两人又在等待上朝的时候相遇，和珅对孙士毅说："昨天本人也得到一个鼻烟壶，不知与公进贡的鼻烟壶哪个好？"说着便拿给孙士毅看。当孙拿到面前一看，知道这就是他进贡的那个鼻烟壶，他还以为这是乾隆帝赏给和珅的呢。可是一打听并无此事，才知道这是和珅利用随便进宫之便，顺便偷走的。乾隆帝对此，常常是睁一只眼，闭一只眼，并不深究。

此外，和珅利用手中掌握的用人大权，在中央与地方许多部门都安插了私人，这些人为了报效和珅的载培，也就拼命地搜刮民脂民膏和奇珍异宝孝敬和珅，于是一个以和珅为中心的庞大贪污网就在全国形成了。

三 敛财有术 能捞就捞

和珅聪明能干，办事精明，还表现在他敛财有术，生财有道方面。和珅敛财的方法和途径主要有三种：

（1）窃取：和珅一手独揽了政府与皇家财政的主管权。他利用乾隆帝的信任和重用，拼命向地方官员和富商大贾要钱，当然这沉重的负担最终还是转嫁在百姓头上。他在经济方面采取改变以往惯例的措施，极力增加皇帝个人的收入，同时也是为了能从中捞到好处，便于他窃取钱物。

（2）纳贿：和珅经常利用职权，任用私人，把一些有实权、易捞钱的差事分给自己的亲信和党羽，然后再让他们以各种名义，采用不同形式报效自己，有时一次就纳贿几万或几十万两银子。

（3）营私：和珅在给皇帝增加财政收入的同时，对自己的财富积累也是绞尽脑汁，费尽心机，千方百计到处捞钱，变尽方法攫取社会财富，巧取豪夺民脂民膏。他平日不仅注意开源，同时也特别注意节流。他家除了妻子儿女少数几个人过着奢华的生活外，他对家中的用人、使女、奴仆等都十分苛刻，甚至每天晚饭只供给少量稀粥，根本不让吃饱。他家进出的银两除了派少数管家负责外，有时他还要亲自称量、过目。他家的账簿与现金分别保管，其中保管账簿的专门有四个不识字的使女，每年由专人核对一次。和珅的治家方法是各项支出，均不用自己的"私财"，而是由下边的承办人想办法承担。昭梿在《啸亭杂录》中曾说："和相则赋性吝啬，出入金银，无不持筹握算，亲自称兑。宅中支费，皆由下官承办，不发私财，其家姬妾虽多，皆无赏给，日飧薄粥而已。"其次，他家的一切劳务工作，也是尽量找一些不用花自己钱的人来承担。例如，他家修建新宅就动用了步军统领衙门的官兵上千人。

和珅敛财的办法多，路子广，在整个清朝也是少有的。他不但广占土地，收取高额地租，而且在京城内外购建大量房屋，用于出租收取巨额房租。除此之外，他本着什么能捞钱就干什么的原则，进行多种经营。例如，放高利贷收取高额利息；从事工商业活动，广泛经营各种店铺、作坊。其中主要有当铺、钱铺（银号）、印局、账局、药铺、瓷器铺、古玩铺、字画铺、弓箭铺、柜箱铺、鞍毡铺、粮食店、旅店、酒店和杠房等。同时，他还在京西门头沟、香山一带经营煤窑、石灰窑等。再有，他家里还拥有80辆大马车，长年从事运输业。因为身份与地位的原因，他往往并不一定亲自出面经营，而是身居幕后进行操纵，成为后台老板，抛头露面的往往是他的管家与长随，如，刘全（亦称"外刘"）、呼什图（亦称"内刘"）与马八十三（即马瑞麟）等人。此外，和珅还经常利用他家的婚丧嫁娶以及过生日、生孩子等事，索取他人财物。下面不妨分门别类地谈一谈和珅的敛财方法：

（1）兼并土地，索取高额地租。和家拥有大量土地，世传他家有地"八千顷"（即80万亩）；可能有些夸大，但是据清朝档案记载，他家拥有"取租地共一千二百六十六顷零"。两者相差比较悬殊，但档案中记载的仅是"取租地"，如果加上和珅家的庄园（即"旗庄"）与他家非出租的土地，肯定不止此数，但无论如何也不会达到"八千顷"。

和珅家土地分布较广，但主要集中在直隶（今河北）、热河、奉天（今辽宁）以及京津地区。主要包括保定、清苑、蠡县、易县、定县、完县、雄县、容城、定兴、安肃、天津、宝坻、任丘、静海、文安、蓟州、清河、大成、霸州、大兴、宛平、通州、昌平、顺义和平谷等地区。此外，在承德附近的墙子路、古北口以及东北锦州等地也有他家的土地。

和珅家土地的来源大致有三种渠道：（1）乾隆帝赏赐；（2）典买；（3）趁人之危，以帮助、关照之名，向别人索取土地。

和珅每年都要派人到他家的土地上去收取地租、逼债。同时，他仗着其权势，对佃户进行超经济剥削。为了得到高额地租，他甚至规定他家的地租比别人高一倍，使广大庄丁、佃户忍无可忍，纷纷进行抗租抗粮斗争。例如，和珅在顺天府通州盛家屯对原来庄头王坦等人的盘剥就是如此。王坦一家世居通州盛家屯，在其祖父王复隆当家时期，即明朝末年，他家是当地有名的大户人家，清军入关后，王复隆一家于顺治二年（1645年），带着土地十四顷五十九亩，投充内务府成为庄头，每年交官地租银七十二两九钱五分。雍正元年（1723年）他家被拨给了怡亲王府，随入正蓝旗。乾隆三十一年（1766年），该地又被分给了贝勒绵悦，加上他家的养身地总共二十八顷八十亩，共交地租一百八十二两。可是在乾隆五十四年（1789年），此地连同住房二十九处卖给和珅家后，地租就提高到每年京钱八百六十四千文（约合白银四百四十余两），房租白银十四两五钱，一下子提高了近一倍半。使他们难以承受，只好忍气吞声地过活，直到和珅倒台，他们才得以申冤。

收取地租是和珅家每年重要的正项之一。虽然比起他贪污受贿的钱要少得多，但这笔钱是他家恒产的增殖，是固定的收入。而且每年庄园中大批粮食、鸡、鸭、鱼、肉以及各种干鲜果品都源源不断地运到他家，供他们一家享用。因此，和珅非常注意这笔收入。

（2）占有大批房产，出租房屋是和珅家的另一大固定财源。和珅家的房产，主要分住宅房、铺面房、手工作坊的厂房，以及布满庄园的民房等。这些房产的来源，主要是自建、典买、皇帝赏赐，以及为别人帮忙后得到的"报酬"。仅就京城之内，他家的房产就几乎"遍布五城"。例如，什刹海畔的宅第、西四驴肉胡同的老宅、北长街会计司胡同住房与平安里厂桥地方、前门大栅栏等处的铺面房、匠作坊等。此外，还有在西郊海淀淑春园内的大批房屋。和珅在京城内仅出租房就有35项，共有出租房1001.5间，收入租银1268.3两，取租钱4492吊240文。

和珅在承德避暑山庄丽正门外也有一座几进院落的庞大私宅，另有马厩两处，出租房三处共计165.5间，其中在承德皮袄街北头胡同有铺面房一所，房33间，灰棚7间，坐落在宫门口红栅栏内房屋一所，房53.5间，坐落在新街的铺面房22间，所开的店铺名叫"德兴号"。坐落在二道街马圈房27间，马棚18间。此外，尚有城内各处零星房屋多处，共有房屋63.5间，分别租给百姓居住，或开店铺等。

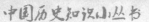

再有，在全国各个行宫周围，也都有和珅的住房。例如，在从京城至承德的沿途，仅从两间房至阿穆呼郎图这一段，和珅的寓所就有8处，共计有房176间。其中在两间房有房22间，在喀拉河屯有房31间，在吉尔哈郎图有房22间。

还有，和珅在通州、昌平、顺义、宛平、大兴、密云、新城、三河、蓟州、文安、容城、保定、天津、静海、交河、青县、大成、安肃、易州等地均有房产。这些房屋的来源渠道很多，除了自己修建的外，有的是乾隆帝赏赐的，有的是自己花钱典买的，有的是帮助别人办事，得到的好处费，还有的是靠坑蒙拐骗的手段得到的。

（3）放高利贷，从事典当业，获取暴利，也是和珅敛财的手段之一。放债取息与经营当铺、银号、钱店等都是属于高利贷的范畴。和珅本着什么能赚钱就干什么的原则，大力从事高利贷剥削。他放债的面很广，不但包括官吏、商人、小民，也包括他家的家仆、长随，甚至他家的至亲好友。和珅为了能保住"老本"不受损失，借款人必须用财产，如土地、房屋或其他财产作抵押，或是找到实力很强的保人担保，或是用自己的工钱折扣，并事先定好利率，然后才肯借贷。例如，和珅的家仆傅明因病借他1000两白银，规定用从其"每月工食内坐扣"的办法追还债款，但是傅明不久便死了，于是"父债子还"，由其子花沙布代替还债。每月规定8厘起利，欠利银200两，本利合计共欠银1200两。又如，和珅家人兴儿借银1000两，规定每月1分起利，从每月工钱中坐扣，结果除了扣掉利银235两，尚欠银1159两。如果这样"驴打滚式的利滚利"，长此下去，奴仆们则必然世代沦为和家奴仆。

和珅对于他家的至亲，如外祖父、舅父与表兄弟等人，也是一视同仁，"照章办事"，毫不留情。例如，和珅的舅父明保曾向其借银1.5万两，规定每月1厘起利，所欠利银6450两，合计本利银总共21450两。又如，和珅的继外祖父伍弥泰，与和珅同朝为官，均为大学士。伍弥泰曾向和珅借银2000两，和珅竟逼着他用田契作抵押。英廉是和珅的岳祖父，是他的大恩人，可是英廉的孙子玉全曾向和珅借过银两，也是拿田契作为抵押品的。由此可以看出和珅在金钱问题上毫不讲情面，分文不让，吝啬无比。据档案记载，和珅在倒台前尚借出应追本利银共计26315两。

典当业在清朝是非常发达的。按其店东的身份与资金的来源来看，大致可分为三类，即所谓皇当、官当和民当。皇当是以皇帝为后台，由内务府经营的；官当是由总督、巡抚、知府、知县等官吏主持、经营的；民当则是由商人、富民等一般人经营的。在乾隆年间，据《东华录》记载，在京师有大小当铺600—700座。分为京帮、晋帮、徽帮和粤帮等派系。当时政府规定典当的利息在8厘至3分之间，可实际情况却大大超过此数，有的已达4分、5分，甚至更高者亦不鲜见。他们在给物主定价时故意定得很低，且典当物的钱款只给90％，而在物主赎回该物时，则按照当票的面额数字加三收息。这样一来一往，则利率超过了4分。同时他们在收典时，故意压低该物的价值，当物主无力收回时，他们便以高价售出，从而可获利数倍。

和珅家的当铺不但遍布京城而且在直隶的通州、保定、蓟州等地区，也有他家开的当铺。传说他家经营的当铺共有75座，这个数字可能不实，但不管怎么说，他家的当铺不会少于20—30座。因为据档案记载和珅家在京城内就有12座当铺，再加上他在其他地区的当铺，数量一定会超过20座，甚至会达到30座。此外，和珅的几个管家，如刘全、呼什图与马瑞麟等人也经营着十几座当铺。和珅大开当铺，除为牟取暴利外，还有另一个目的，就是借此转移和消化他贪污、纳贿所得的不义之财。再者，当铺是各种生意中最易收效、万无一失的买卖，是可以"旱涝保收"的"铁杆庄稼"。不怕典当人逃匿，也不用分神去追索、逼债，因此当铺在他经营的各种工商业中占有重要地位。

（4）经营多种工商业，是和珅的又一大财源。和珅除经营传统的封建性很强的高利贷、银号和当铺外，他本着什么能赚钱就干什么的原则，开设了许多各式各样的工商企业。其中除各种商业店铺外，还经营着少数制造作坊与煤窑、石灰窑等。和珅家经营的店铺，主要有柜箱铺、弓箭铺、鞍毡铺、粮食店、酒店、旅店、古玩店、瓷器店、药店、灰瓦店、杠房，以及用于运输的"大车店"等。值得注意的是，这些店铺并不是各自经营而不相往来，相反，有的管家利用和珅发给的资本，在同一地区开了几家店铺，有时一家店铺也兼营别业。例如，在蓟州他找一个叫朱成沛的人开设了一家"恒泽粮店"，不但贩卖粮食，而且从事"民间贸易兑换银钱。

　　和珅所经营的店铺往往与百姓生活有关，个别的与军事用品有关（如弓箭店）。在经营中，他凭借着自己的淫威和各种特权，排斥同行，垄断市场，使其他商人听从他的指挥。他身居高位，位极人臣，但为了赚钱，竟不顾名誉，与商人为伍。这一点连嘉庆帝也骂他是个无耻小人，与小民争利。但在大多数情况下，他是不出头露面的，他是把钱拿给亲信管家，或委托管家出面，他躲在幕后，出谋划策操纵经营。这样不用他费什么力气，每年就可以轻松收入大笔利银。

四 大兴土木 营建豪宅

乾隆四十一年（1776年）十二月，经乾隆帝批准，和珅从正红旗抬入正黄旗，成为上三旗满洲人。不久乾隆帝又赏赐给他位于德胜门内什刹海畔的一块地皮，准许其另盖新宅；同时又在圆明园附近赏给他一座别墅园林——淑春园（和珅后来将其改名为"十笏园"，即今北京大学未名湖一带）。此园经和珅改建后，成为京城西郊海淀一带最有名的私人园林。和珅家刚入关时，其家坟地便建在正红旗领地西直门外白石桥一带。和珅发迹后，因多次随乾隆帝到东陵、盘山等地祭陵、巡幸，于是便在蓟州一个叫"沙河（合）身"的地方选好一块坟地，经过几年的营建，建造起一座庞大的陵园，人称"和陵"。

和珅家的宅第与别墅花园至今有迹可寻，即今天坐落在北京西城前海西街的"恭王府"，以及北京大学未名湖畔的园林。由于和珅家被抄，坟茔被毁，据说该地在新中国成立后修建水库，故现已无迹可寻。

和珅的宅第是他自己一手建造的。乾隆四十一年（1776年）他家被抬入正黄旗，他担任军机大臣兼内务府大臣后，便想与其弟和琳分居，于是谋得乾隆帝赐地——什刹海畔三座桥附近的地皮，着手营建新居。为了建造一座豪宅，他特意派管家呼什图通过宫内总管太监萧得禄等人偷偷潜入皇宫，把宁寿宫内乐寿堂的建筑式样、内部装修做成烫样，然后在和家宅院中修葺了用楠木建筑的房屋，这就是原名"庆德堂"，今天犹存的"锡晋斋"。关于这件事，嘉庆帝曾在嘉庆四年（1799年）发布上谕中说："所盖楠木房屋，僭侈逾制及其多宝阁，隔断式样，仿照宁寿宫制度，其园寓点缀竟与圆明园蓬岛瑶台无

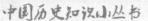

异，不知是何肺肠？"

　　宁寿宫本来是乾隆帝准备做太上皇时居住的宫殿，是不能随便仿造的。联想御史曹锡宝弹劾和珅管家刘全僭侈逾制这一举动来看，实际上就是要弹劾和珅，但不敢直言，而拿刘全做个试探。

　　和珅新宅第坐落在京师内城风景秀丽的什刹海"前海"的西南岸边，此地离北海（又名"太液池"）不远，周围河渠纵横，是建宅造园的理想之地。猜想和珅建造新宅第不会花费多少钱财，因为劳动力就是他控制的步军统领衙门的兵丁和巡捕五营的步甲等，据史料记载，服役的人有时竟多达千人以上。盖房的木料、砖瓦、灰石、沙土等物也大部分由地方官贡献，即使他求人代买，谁又肯向他多要钱呢！

　　和珅宅第占地面积，很可能比今天的恭王府还要大些，因为今天前海西街路南的一部分院落，包括郭沫若故居在内的许多地方，当时均为和珅家的柴草场与马圈等。今天什刹海体育学校在清代乾嘉时期还是一片水面，当时和珅为了出行方便，还特意在这段水面上修筑了一条长堤，直达前海南岸，人们称其为"和堤"，后来由于围湖造地，这块水面逐渐被填平了，长堤与陆地连成了一片，自然就消失了。

　　和珅宅第规模与今天的恭王府大致差不多，其西界至李广桥（亦称三座桥，今柳荫街一带），东界至毡子房胡同，北界至大翔凤胡同，南界至今前海西街南侧。此宅第大致可分为左、中、右三路。今天的恭王府虽然经过庆郡王、恭亲王，以及辅仁大学等多次改建，但基本格局没有多大变化。例如，大门、二门、正殿（即"银安殿"——此殿非和珅时建筑，是庆王或恭王时建筑的，因为"银安殿"是每个王府必有的建筑物；而恭王府的银安殿与二门和后殿"嘉乐堂"的距离很近，显然是把和珅宅第改建后加盖的；此殿在新中国成立前后烧毁，今重建——笔者注）与后殿（门额上至今仍挂着"嘉乐堂"的匾额，可以证明此房应为和珅所建，只是后来改建时加上了王府一级的绿琉璃瓦，但此房仍叫"嘉乐堂"，当时这里是他家进行祭祀的地方）。在后殿的两边用游廊各衔接着五开间的东西厢房。在中路建筑物两侧，是各有四五进院落的东西两路住房。西路（右路）的最后一进院落有一座精致的垂花门，上挂着慎郡王允禧书写的"天香庭院"匾额。这座庭院的正房原名叫"庆德堂"，后来改名为"锡晋斋"，也就是前面提到的用楠木建造的仿宁寿宫内乐寿堂而建的五间抱厦的建筑。在"天香庭院"前面一进院落，就是和珅修夹壁墙藏金的院落，正房在恭亲王时代叫"葆光室"，也是五开间的建筑（包括两间耳房）。东路（左路）建筑格局，大体上与西路相仿，只是不如西路考究、精致罢了。不过在"乐道堂"的一组建筑中，彩绘风格比较特殊，它的脊檩上的彩绘全部是贴金的凤凰与牡丹花，从这一点可以证明，这里当年曾是固伦和孝公主的住处。在三路建筑物的最后，从西至东，横向连贯着一座有40多间房屋，长150余米的两层后楼，原名叫"寿椿楼"。此楼后面还有一座后花园，大致也分为三路，中路有一西洋式雕花大门，迎面是用太湖石搭叠起来的假山，山峰名为"独乐峰"。其后有一水池，名"蝠池"，后面的建筑物叫"安善堂"，再往后就是大型假山，上面的建筑名"邀月台"，下面有一山洞，洞内有一巨大石碑，上刻康熙帝亲笔所书"福"字。"邀月台"后面就是"蝠厅"（形似蝙蝠的建筑，取谐音"福"，以求吉祥、多福之意）。园东路有流碑亭，再往后是一座较大的院落和宽敞的戏楼。园东路也有一座垂花门的四合院。园西路最南面是一列小土山，山上有一段仿长城的建筑物，并有一个名叫"榆关"的城门。山的周围有"龙王庙"、"狐仙庙"、"妙香亭"等建筑。山的后面有一小湖泊，湖中有一小岛，上面建有湖心亭，名曰："观鱼台"。当然这众多的建筑物并不一定是和珅时所建，很可能是后来由庆王和恭王添建的（例如，据说"蝠厅"与西洋式的大门就是恭亲王时期建造的），但建筑格局还是以和珅时的布局为基础的，没有大的变动。

　　和珅的宅第从其占地面积来看，不如京城内八大"铁帽子王"（即王位可以世袭罔替）的王府大，但从内部结构和整修精致来看，并不亚于这些王府，只是由于某些限制怕太显眼而引起麻烦，才没敢大肆"逾制"。例如，和珅不敢明目张胆在正殿屋顶上铺琉璃瓦，不敢用亲王所用的门钉数目等，由此可以推定王府中的琉璃瓦的建筑和大门，可能是后来改建的。可是在和珅宅第中还是存在着不少"逾制"的东西。除楠木房屋外，尚有毗卢帽门口

4座、铜路灯36对、太平缸54个等。这些物件全都是连亲王府都不应该有的东西，而和珅宅第都有，且铜路灯比皇宫中的路灯还要豪华、精致，今天仍分设于景运门与隆宗门外等处。按清朝的规制，公侯以下至三品官员以上，房基高两尺，房脊可以立望兽。门柱饰黝垩，中梁饰金，旁绘五彩杂花。门钉最多纵横皆七个，要用铁钉。

和珅的宅第在当时京城内达官显贵的住宅中是数一数二的，当时有的人甚至认为此宅可与皇宫媲美，以至不少皇子都很羡慕，在分府前都想得到这样一座住宅。如，庆郡王永璘就曾说："即使皇帝的位置多如雨点，也不会落到我的头上。我只求哪位兄长日后做了皇上，可怜可怜小弟，把和珅的宅第赏赐给我，我就心满意足了。"和珅事败后，他的亲哥哥嘉庆帝（二人一母所生）果然将和珅住宅的一半赏给了他，他十分高兴。

和珅在海淀的别墅，也就是人们常说的他家的花园，是乾隆四十九年（1784年）由乾隆帝亲自赏给和珅的，这里离圆明园非常近。因为乾隆帝每年大部分时间都住在圆明园中，为了便于接见臣子，皇帝允许王公勋贵和军机大臣等在海淀一带建造私人住宅与花园。和珅的花园位于圆明园南面，与畅春园毗邻，风景十分幽美。它原名叫"淑春园"（亦称"熙春园"），和珅得此园后，进行了大修和扩建，把该园周围大片的稻田、河池扩大成湖泊，进行了疏浚、清理，并把挖出的泥土堆成小山布列四周，湖中还造了一个小岛，上面建有亭阁，园内布满了楼台亭阁，假山叠石，成为了一处大的园林风景，当时号称"京师第一"私人园林，并改名为"十笏园"。据档案记载，园内仅房屋就有1003间，游廊亭阁357间。园内的湖泊（即今"未名湖"）中小岛边水中造有一石舫，其他以山石的点缀举目皆是，十分宁静、安闲而美丽。清末曾有人填词回顾它当年繁盛的情景："一径四山合，上相旧园亭，绕山十二三里，烟草为谁青。昔日花堆锦绣，今日凫余香火（园内有花神庙），忏悔付园丁。绿野一弹指（绿野亭亦存），宾客久飘零。红墙下是绮阁，是云屏，朱楼半卸，晓钟催不起婷婷（园中有楼，向贮一自鸣钟，极巨，晨鸣则群姬理妆）。谁弄扁舟一笛（园池为渔人利，适有荡舟横笛者），斗把卅余年外，绮梦总吹醒。悟彻人间世，渔唱合长听。"从这首词的描写，我们大致可以知道该园的规模、布置，在当时这样一座美丽的花园别墅，就是亲王、郡王也极少能够享用。和珅倒台后，嘉庆帝把这座花园别墅一半留给了和孝十公主，另一半赏给了成亲王永瑆。嘉庆帝在罗织和珅罪行时说："其园寓点缀竟与圆明园蓬岛瑶台无异，不知是何肺肠？"其"蓬岛瑶台"就是指的该园湖中小岛与岛上的建筑物。光绪帝的生父醇亲王奕譞在游览了"淑春园"后曾作了几首诗（他本人的花园"蔚秀园"，与"淑春园"相邻），其中有一首《中秋后游舒（"舒"即"淑"的谐音——笔者注）春园四律》写道：是园乾隆年间归和相珅，籍没后入宫。传闻禁园工作，每取材于兹，足证之亭台之侈之巨。后转变为睿邸园寓，虽栋宇仅存，山水之秀美固自若也。余园近在比邻，曾未获游览。迨庚申（1860年）变后，遂就荒芜。去岁匆匆一涉，辄为俗沉所扰，未得从容吟咏。兹赴差之便，更续旧游，遂物成诗四章：

归风待月楼

相业负林泉，登临怅昔年。

高楼悲去鹤，孤冢咽啼鹃。

果仅耽风月，何由汗简编。

主人迷零落，一倒幼云烟。

石舫

余概模糊辨，轩楹慨劫灰。

竟成填海物，不是济川材。

渭水曾推毂，严陵尚钓台。

临流一凭吊，蛰语动蒿莱。

巨石

（临风待月楼前有太湖石一座，高约二丈，

奇形不可名状。夹以老松二林，传系和珅时种。）

辇运千钧苦传邮，穷奢岂可倒风流。

相公空慕封构笼，闲客非缘败石留。

移此补天原有用，学他反璞自无尤。

即今屹立峥嵘势，似向沙河暗点头。

（和相茔俗名沙合身，识者以地名为恶讦。）

孤屿

杰阁凌云久渺茫，邱墟宛峙水中央。

敧垣剩础踪犹识，斩棘披榛兴以枉。

未觌蓬瀛仙万里，已成缧绁法三章

（闻是屿楼阁肖禁园蓬岛瑶台，逮问后列入大罪之一）

从来蜃气惊涛幻，每断风帆过客肠。

　　和珅除了什刹海畔的宅第和海淀淑春园外，在京城尚有住宅多处。例如，坐落在北长街路西会计司胡同的一所院落，因为离西华门很近，可能就是为了上早朝方便的临时住所。此外，凡是乾隆帝每年常去的地方（包括"行宫"附近）也都有和珅的私宅。例如，他在避暑山庄和蓟州盘山等地均有私人寓所。其中避暑山庄的住所在山庄丽正门外偏东南一条胡同里，是一座几进院落的大宅邸，并附有一座小花园。

　　和珅在营建宅第、别墅的同时，还大兴土木建造他家的新坟茔。此地在蓟州沙河身地方。这块"吉地"是他看好后，用软硬兼施的方法"侵占民田"得到的。该坟茔占地面积很大，建筑非常豪华、壮观。据史料记载，它有两道围墙，其"外围墙二百丈，内围墙一百三十丈，内有石门楼一座，石门二扇，前开隧道，正屋五间，僭称享殿，东西厢房各五间，僭称配殿，大门一座，僭称宫门，其门扇、梁檩均系红油飞金彩画，门用金包钉梁柁五彩描画中有金游龙"。这种建筑规模在清朝是逾制的，因为按当时规定，亲王的坟茔外围墙也不得超过百丈，不能有享殿、配殿与宫门等设置。而且在和珅家坟茔周围还建有大量阳宅（共有219间房屋），派了几十户家奴在此守陵，他们一边耕种土地，一边负责扫墓祭祀。在坟茔之外还建有多处堆拨（即岗楼），护卫坟茔，这也是属于逾制的。由于此坟茔规模宏大，建筑独特，因此蓟州百姓无人不晓"和陵"。和珅倒台后，"和陵"也被列入和珅的大罪之一，嘉庆帝命令将此坟拆除，砖瓦木料、石料一律变卖，同时令和珅子侄把坟迁移，此地便夷为平地。长期以来，民间流传和珅家坟选地"沙河身"或"沙合身"一词暗合"杀和珅"的谐音，因此是一个不祥的"恶讦"。

五 生活奢华 情趣广泛

和珅为官二十余年，利用手中的权力与乾隆帝的宠信，捞取了大量财富，家大业大，贵盛无比，成为了全国的首富。当时来华的朝鲜使者曾说：和珅家"豪奢富丽，拟于皇室，有口皆言，举世侧目"。至于和珅的日常生活，人们都说他"赋性吝啬"，惜金如命。其实他的这一面性格，是针对别人的，如对付下属、家奴则是能省就省，不肯随便多花一文钱。然而他自己与其亲属却过着挥金如土、骄奢淫逸的生活，毫不吝惜。他家每日灯红酒绿、纸醉金迷，享尽了人间的荣华富贵。他们一家锦衣玉食，山珍海味都吃腻了，便真的以珍珠佐餐。据说江苏吴县曾有一位珍珠商人，名叫石远梅。他每年都把采购的名贵珍珠贩运到扬州一带，深受此地富商大贾和达官贵人欢迎，并以盛宴歌舞招待他，诗酒名人陪着他，与他吟诗、写字、作画……之所以如此，不为别的，就是抢购他手中的名贵珍珠。他身边有一木匣，用锦囊包着，里面装着大珍珠，一般都是"以赤金作丸，破之则大珠在焉，重者一粒二万，轻者或一万，至轻者亦八千，争买之，惟恐不可得"。据石远梅说，这些珍珠都是盐商、官宦们献给和珅的。因为和珅每天早晨都要以珍珠粉为食，吃后则心窍灵明，过目即记，长久不忘。他日理万机，诸务纷沓，因为服用珍珠，故其心中许多事了然不忘。甚至比随手记下来效果要好。不过旧珍珠，或穿过孔的珍珠，就没有这种功效了。石远梅在嘉庆四年（1799年）曾获得一颗特大珍珠，形状颇似葫芦，人们都认为这是一件"异宝"，但是此时已无人问津了，因为和珅刚刚倒台，买它也送不出去了。

和珅及其妻妾、子女们平日不仅讲究吃喝，而且服饰亦非常时髦、精致。据说和珅有一件上衣的纽扣，全部是用西洋小钟表做成，这在当时是十分罕见的事，引起了人们的惊奇与羡慕。

和珅童仆成群，妻妾众多。他除正妻外，尚有爱妾多人，以致陈焯在《归云室见闻杂记》中说他："后房姬妾无数。"为了纳妾，他甚至不顾廉耻，不怕犯罪。例如，嘉庆帝在给和珅定的"二十大罪状"中有一条为："将出宫女子娶为次妻，罔顾廉耻，其大罪四。"此外，他为了追求美貌女子，竟不顾身份、地位，把别人遗留下来的小妾，纳为己有。例如，浙江巡抚王亶望因贪污罪伏法时，其爱妾吴卿莲（亦作卿怜）被侍郎蒋戟门所得，后来由于和珅看到她年轻貌美，十分喜欢，一见钟情，于是竟恬不知耻向蒋索要。在这种情况下蒋只好割爱将吴卿莲奉献给了他。和珅与其感情很好，经常把她带在自己身边，日夜厮守。和珅在被抄家的那天，她正在淑春园中，惊恐万状，不知所措。她在被拘禁期间，回想到几易其主，几度荣辱，又想到和珅对她的爱抚，不免有些眷恋，于是于嘉庆四年（1799年）正月二十日自缢身亡，临死前曾作绝句十章，叙说其一生悲怨的心情，现摘录如下：

晓粒惊落玉搔头（正月初八日晓起，理鬟惊闻籍没），宛在湖边（此湖指杭州西湖——笔者注）十二楼（王中丞抚浙时起楼阁饰以宝玉，传谓迷楼，和珅池馆皆仿王苑）。

魂定暗伤楼外景，湖边无水不东流。

香稻入唇惊吐日（和处查封有方餐者，因惊吐哺），海珍到鼎厌尝时（王处查封，庖人方进燕窝汤，列屋皆然，食厌多陈几上，兵役见之，纷纷大嚼，谓之洋粉云）。

峨眉屈指年多少，到处沧桑知不知。

缓歌慢舞画难图，月下楼台冷绣襦。

终夜相公看不足，朝天懒去倩人扶。

莲开并蒂岂前因，虚掷鸳梭廿九春。

回首可怜歌舞地，两番俱是个中人。

最不分明月夜魂，何曾芳草怨王孙。

梁间燕子来还去，害杀儿家是戟门。

白云深处老亲存（一作寻），十五年前笑语温。

梦里轻舟无远近，一声欸乃到吴门。

村姬欢笑不知贫，长袖轻裙带翠翘。

三十六年秦女恨，卿怜犹是浅尝人。

冷夜痴儿掩泪题，他年应变杜鹃啼。

啼时休向漳河畔，铜爵春深燕子栖。

　　传说和珅另有一个宠妾，名叫长二姑，人称"二夫人"。平日她与和珅感情甚好，和珅尤其对她的才干非常欣赏，认为她是个管家的好手。因此让她作为自己的助手，分管一些家务，参加理财，并相互商讨家政大事。当她得知和珅被赐死的消息后，心情十分悲伤，也提笔作诗，写了七律二章，作为挽悼。

谁道今皇恩遇殊，法宽难为罪臣舒。

坠楼空有偕亡志，望阙难陈替死书。

白练一条君自了，愁肠万缕妾何如。

可怜最是黄昏后，梦见相逢醒也无。

掩面登车涕泪潸，便如残野下秋山。

笼中鹦鹉归秦塞，马上琵琶出汉关。

自古桃花怜命薄，者番萍梗恨缘艰。

伤亡一派卢沟水，直向东流竟不还。

　　吴卿莲（怜）、长二姑等和珅爱妾，在得知和珅被赐死后，因受不了刺激，又非常害怕，感到前途渺茫，便各自自尽了，成了和珅的殉葬品。此外，和珅还有姬妾数人，出宫女子就是其中的代表，她们当中的不少人后来都被没入官府，或转给他人。

　　和珅在家庭生活中是一个性情中人，他很重视夫妻、兄弟、父子、叔侄间的关系。他希望自己的家族人丁兴旺，财富日增，官运亨通，世世代代保持显贵的地位。他与嫡妻冯氏感情很深，彼此尊重，恩爱相处。按着封建礼教，嫡妻在家庭中地位较高，主掌内政；姬妾只是男主人的玩物，只能是在嫡妻不在场时，才敢放肆、撒娇。和珅也深知这一点，一来嫡妻出身名门，二来又为他生儿育女多人，特别是他们的长子丰绅殷德，是当朝的驸马，母以子贵，和珅怎敢怠慢。三来结发夫妻冯氏平日对和绅体贴入微，恩爱有佳。例如，冯氏在重病期间还时时惦记和珅的足疾，为他求神拜佛，祈祷丈夫早日痊愈。和珅对冯氏也十分尊重、爱恋。冯氏在嘉庆三年（1798年）二月病故时，和珅非常悲痛，为她操办了隆重的葬礼（当然这也是他敛财的极好机会）。同时还作悼亡诗六首，表达了他的哀思。其诗如下：

> 结缡三十载，所愿白头老。
>
> 何期中道别，入室音容杳。
>
> 屏帏尚仿佛，经卷徒潦倒。
>
> 泪枯挽莫从，共穴伤怀抱。
>
> 游川分比鳞，归林叹支鸟。
>
> 追思病时言，尚祝余足好（时余足疾复作）。
>
> 犹忆含殓前，不瞑心未了。
>
> 自此退食余，谁与伴昏晓。
>
> 抚棺一长痛，彼蒙藏阿娇。
>
> 修短各有期，生死同别离。
>
> 均此一坏土，泉址会相随。
>
> 今日我哭伊，他年谁送我。
>
> 凄凉寿椿楼（亡妻居楼名），证得涅槃果。
>
> 夫妻辅车倚，唇亡则齿寒。
>
> 春来一齿落，便知非吉端。
>
> 哀哉亡子逝，可怜形影单。
>
> 记得去春日，携手凭栏杆。
>
> 玉蕊花正好，海棠秀可餐。

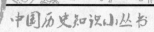

今春花依旧，寂寞无人看。

折取三两枝，恭作灵前观。

如何风雨炉，红紫同摧残。

从以上诗句中，可以知道和珅丧偶后的悲痛与孤单，回忆起自己是年春天偶然掉了一颗牙，就预感到这是不祥之兆。同时又回忆起小儿子病死，夫妻二人非常伤心，以及老妻在世时，两人和睦相处的情景。又作诗一首，现录如下：

明月有圆缺，人生苦别离。

念尔子孙幼（前秋幼子俎，去岁弱孙殇），先汝泉下随。

苟念伉俪笃，中夜来罗帷。

与子梦中晤，一言泉路思。

人生能几何，倏忽若朝露。

自知非金石，荣落讵委数。

翻然中路违，别我竟先去。

幽明从此隔，箪冷怯昏暮。

岭寂穗账空，长往不回顾。

似此享荣华，不日守荆布。

余鬓已半星，足病蹒跚步。

驾言出东郭，泪流望蓟路（茔地在蓟州）。

开汝东阁门，检点中服笥。

药干炉上温，泪重油犹渍。

触处实痛心，想象皆酸鼻。

幽灵叹潜翳，思与日俱积。

赋诗一写哀，掷笔泪盈眦。

以上几首诗均是和珅见景、见物而生情，回忆他与冯氏夫妻二人婚后几十年生活中，彼此关照，儿孙绕膝，许多值得回忆的往事，一去不能复返了，因此十分悲痛。当然和珅在写诗时肯定有着力渲染的成分，但总的说来应该是他真实感情的流露，反映出和珅对待自己的亲人还是十分重感情的。这一点也反映在他对待自己子女的疼爱上。和珅一生虽然妻妾众多，但只有两个儿子，因此更是无比疼爱。长子丰绅殷德自不必说，爱如心肝。就是在乾隆五十九年（1794年）生的次子，他也视若眼珠，爱护备至，生怕有一点闪失。由于这个小儿子比丰绅殷德小19岁，因此和家上上下下都很喜欢，倍加呵护。可是这个孩子寿命不长，在嘉庆元年（1796年）夏天，刚刚两岁时竟夭折了。对于次子的夭折，和氏全家都很痛惜。和珅夫妻自不必说，就连丰绅殷德得知这一消息后也十分悲痛。当时他正在奉命到湖南、贵州一带视察清军镇压苗民起义的战事，当他得到其弟夭折的消息后，立即写了挽辞六首，现录如下：

> 忆得临行见汝时，曾将果饵笑相嬉。
> 何期一月零三日，遂使千秋永别离。
> 记否亲承言笑时，曾云长幼太参差。
> 并期他日攻书侯，指谓吾堪作汝师。
> 尔我同生锦绣丛，吾亲恩育报难穷。
> 似兹富贵遭夭折，岂若贫困得寿终。
> 两载弟兄今永别，人间泉下路冥冥。
> 泪盈沧海千秋水，恨压蛮山万叠青。
> 惟有断肠歌当哭，不堪回首泪如波。
> 弟兄情义尚乃尔，父母之心应若何。
> 痛语岂能计工拙，泣书全不辨歌斜。
> 聊将向汝灵前吊，知未知兮空恸嗟。

和珅在次子夭折时不在京城，那时他正陪着乾隆帝在承德避暑山庄。当他得到自己小儿子的死讯时，十分悲痛，于是提笔写了《忆悼亡儿绝句十首，以当挽辞》等诗，表达自己的哀思。诗中写道："七夕节得家信，闻幼儿病势增剧，不意竟以是日夭折，悼惜之余感而成诗。"现摘录一首如下：

> 河汉盈盈两泪倾，都关离别恨难平。
>
> 双星既有夫妻爱，应识人间父子情。
>
> 老来惜子俗皆然，半百生男溺爱偏。
>
> 今竟无情抛我去，几回搔首问青天。
>
> 襁褓即知爱文章（是儿生而颖异，每逢啼哭乳母抱赴屏壁间，指

点字画，即转啼为笑），痴心望尔继书香。

> 归家不忍看题壁，短幅长条一律藏。
>
> 学语先知父母呼，每逢退食足娱吾。
>
> 秋来归去无聊甚，触处伤情痛切肤。
>
> 寄语老妻莫过伤，好将遗物细收藏。
>
> 当时昏眼如经见，竹马斑衣总断肠。

幼子的夭折对和珅是一个沉重的打击，对于这个老来得到的小儿子，他打心眼里疼爱、喜欢，并寄托了无限期待，希望他成为"书香门第"的继承人。但万万没想到爱子竟突然离他而去，犹如晴天霹雳，使他无法承受，悲痛欲绝。因此他怨天尤人，竟埋怨起同僚们为祝贺他老来喜得幼子，而鼓动他到乾隆帝面前要求重举"任子之典"的举动。他认为这是人们有意害他，故"迁怒于众"，经常大发脾气，找茬整人。

嘉庆元年（1796年），和珅连遭不幸，幼子刚刚死去，八月噩耗又从湘黔战场传来，正在镇压当地苗民起义的弟弟和琳，因受瘴气感染患病，继福康安后死亡。这无疑又是一个沉重打击。因为他与和琳手足之情很深，彼此相差三岁，两人从小在一起玩耍、读书吟诗，生母去世后他们相依为命，相互关照。成年后又一直共同生活数年，直到和珅盖起新居后，两家才分开。和琳的成长、升迁哪一样也离不开和珅帮助、提携。和琳长年任外职，家中的许多事情都由和珅照料。例如，家庭的生活开支、子婚女嫁等大事小情也都要由他操心。可以说和氏兄弟二人同舟共济，荣辱与共，十分密切。因此和珅对于刚刚44岁死去的和琳，感到十分痛心。和珅不但痛悼其弟，而且对于和琳随身的爱

妾，一个叫殷云卿的人为和琳殉身一事也非常感慨，大加赞扬。他说："宠姬云卿为之殉节，虽修短有数，亦可以生死无憾矣。"为此和珅还为和琳去世作了一些诗词，以作纪念。

刚刚给弟弟办完丧事，悲痛未息，转到第二年，也就是嘉庆二年（1797年），和珅唯一的长孙（丰绅殷德之子）又夭折了。估计这个孩子是和孝公主生的，但生下来没有多久便死了，从此丰绅殷德再没有生男孩。可以想见隔辈之人，又是个传宗接代的男婴夭折，和珅是多么的难受。在短短的两三年间，相继竟有四位亲人死去，这一连串的打击，使和珅难以承受。再加上此间相继爆发的湘黔苗民起义与川、陕、楚、豫、甘等五省白莲教大起义，更使他焦头烂额，急上加急，手足无措。在内外交困的情况下，他的足疾又发作了。

和珅从年轻时就经常腿脚疼痛，犯起病来痛苦难忍，有时腿和脚同时红肿，行走艰难。尤其是右腿膝盖骨周围最为严重。每年夏秋间多雨季节犯病，偶尔仲春时节也有发作，常常卧床不起。从今天的医学角度看来，他可能是患了严重的风湿性关节炎。为此乾隆帝曾特许他在紫禁城内乘坐椅轿、肩舆，在圆明园内可以骑马等。并亲派御医为他诊治。此外马戛尔尼使团的随团医生吉伦博士也曾为他看过病，但都没有得到根治。

和珅平日爱好很多，吟诗作画、书法、金石、文物古玩收藏等无一不好。虽然他算不上什么大文豪、大诗人，但也不能否认他熟读四书五经，懂得文墨，书法也不错。尤其是在诗词方面嗜爱成癖。公平地说，他所作的诗词是有佳句可寻的，并不像有的人说的那样："和珅对诗词一窍不通，拙劣异常……"否则乾隆帝为什么经常让他代替自己吟诗呢！和珅自己也以诗人、"骚人"自居，常与人唱和诗歌，相互切磋。如，他经常与舅父（号"彦翁"）等人唱和、品文、谈诗、欣赏书画。他也经常与同僚、属下、医生等以诗词交往。他多愁善感，好以诗词来倾诉自己内心的喜怒哀乐与各种经历。可惜他留下的文字，在他事败之后大部分都已散失、销毁了。目前只能在清朝档案与故宫收藏的文物中，找到少量他为乾隆帝代笔的文字，如抄写的经卷、条幅、匾额，以及他的书札等。再有就是他的后人为他刻印的《嘉乐堂诗集》。这部诗集是他的侄儿，和琳之子丰绅伊绵在其堂兄弟丰绅殷德死后，为纪念其父和琳、伯父和珅以及堂弟兄丰绅殷德等人，特意把他们生前的诗作经过筛选，把一些与政治有关的东西删除后草草编就的。除和珅的诗集外，尚有和琳的《芸香堂诗集》、丰绅殷德的《延禧堂诗抄》，三者合为一函，称为《英额和氏诗集》。

和珅的诗词在当时也曾得到他同时代人的欣赏和赞扬，如清朝著名学者袁枚、钱泳等人在他们的著述中都对和氏兄弟的诗作过适当的评价。乾隆帝对和珅的诗词很赏识，经常给予肯定、赞赏。例如，嘉庆元年（1796年），太上皇乾隆作了一首《重华宫茶宴诗》，命令廷臣们按其字韵吁嗟作和诗，但许多人作得并不得体，唯有和珅的"帝典王谟三日若，骖虞麟趾五吁嗟"得到了乾隆帝与嘉庆帝的夸奖。

和珅的诗词许多是反映日常生活和家庭琐事的作品。兹举数例如下：

夏日即事

同仁纳爽晚凉中，豪饮连倾百斗空。

自笑疏狂无检束，强颜犹爱入诗丛。

自题荷花扇头小照

浮踪幻影等浮家，欲渡迷津乘汉槎。

自笑自疑还自悟，当前实现妙莲华。

形模影像镜中游，心已忘机何狎鸥。

我本无言卿亦点，栩然身世一虚舟。

色空空色两微茫，彼岸同登一苇航。

欸乃数声天地阔，风清荷静自生香。

偶书

既道无愁却有愁，诗不良士自休休。

人情变幻同飘絮，世事沉浮等泛舟。

邻我东西皆一律，后先真妄总宜收。

成仙成佛由成己，始信庄生误解牛。

和彦翁谓阳近作二首，步碎吟篇韵借以奉箴

我素不善饮，寄情杯外。

喜与雅士觞，厌共酒徒会。

遮莫糟亦枕，何如医可盖。

昼起笑蚁旋，宵寝譬蛇蜕。

名教乐地多，及乱万恶最。

醉醒慎在躬，易为行止害。

和彦翁母舅氏送行四绝元韵

一任莺花到草堂，自惭庸拙敢徜徉。

金钗十二浑间事，漫拟同车携手行。

闻彦翁舅氏辞世诗以当哭

五十年来梦幻身，忽同老大忆青春。

慈亲两弟皆敦睦，一在天涯一故人（大舅远任边疆）。

和彦翁母舅致贺四旬初度元韵

不惑翻多惑，徒惊虚度年。

事浮惭后哲，政拙愧前贤。

碌碌时无补，苍苍鬓欲添。

相期修德业，荏苒任流迁。

此外，和珅还经常奉乾隆帝之命吟诗、作文。现举两例为证：

奉敕恭题肖照瑞应图

南渡争传说靖康，江山半壁守余杭。

贞符漫诩中兴讦，此守谁嗟禾黍伤。

瑞应图成十二帧，题词绘事两兼精。

为怜卷尾余缄素，不补霜天五国城。

应图协瑞溯生切，又见临安胜汴居。

欲借丹青好手笔，写成二章奉迎书。

荣辱分明睿制标，画书双绝表曹肖。

解嘲徒鹜铺张美，侄宋贻讥事小朝。

奉敕敬题射鹿图·御宝匣

木兰较猎乘秋令，苹野合围呦鹿竞。

霜叶平铺青嶂红，角弓晓狭寒风劲。

图来制匣宝装成，贮就天章玉彩莹。

文修武备双含美，犹日孜孜体健行。

再有，和珅还有一些悼念妻、儿，以及挽弟的诗词，因为要在章节引用，故在这里就不一一罗列了，以免重复。常言道"诗言志"，这种感情应该说是发自内心的，是别人无论如何也代不了笔的。可是有些人在和珅倒台后对他的诗作极力贬低，认为一无是处，什么都不行。例如，有个叫王芑孙的人说："和珅一日作七言古诗一首，凡数十句，而实无一句押韵，用典纰缪处亦甚多，携之直庐以示富阳（'富阳'即董诰之号——笔者注）嘱为改定。董不敢改，于是便让我帮忙。当时适值我正客居京城，因此知道此事。"看来这段话太偏激了，因为和珅这时已经倒台，所以人们什么罪都往他身上推，认为他什么本事也没有。虽然在和珅的大量诗词中，有些格调的确不高，亦不练达，存在次品，但是在他的诗作中找几首好诗，也不是难事。著名学者周汝昌先生就曾说："和珅的《嘉乐堂诗集》，实在不至像王芑孙所贬的那样不通，相反倒是时时有思致，有作意，有真情感，虽格调并不算高，亦何至如所言之陋劣。若说和珅，有人捉刀，或请人润色，那自然也是可能的，但应是就应制题咏的十分典则雅丽的篇章来讲，那是合乎情理的，绝不会是全部如此。比如他那些写家常生活、细琐抒怀、悼亡、伤子、挽弟、挽舅等诗篇，都很真切，不无感人之处。"同时他认为："和珅还是很能写一些诗句的，甚至有用一句杜牧诗连作五首辘轳体七律的本领，绝不是连押韵都不懂不通之人。……我的意思是以此来说明：和珅的诗虽不甚高但他还是个有诗意，懂诗境的人，也很通诗律。"此外，和珅的一些古体诗，能做到用状物写心，做到了恰到好处；他诗中所用典故亦很恰当，就连嘉庆帝看了他所作的诗后，也连连点头，十分赞赏，夸奖他"小有才"。

还应指出的一点是，在和珅的诗作中，深受曹雪芹《红楼梦》的影响，说明和珅曾熟读《红楼梦》一书，并在他的脑海中打下了深深的烙印。因此在他的诗作中有不少词句与《红楼梦》一书的诗词相同，或大同小异。例如，"岚气界空林"、"茫茫幻海待如何？生灭循环万劫过。当前境界皆空色，本地风光是寱歌"、"色空空色两微茫，彼岸同登一苇航"、"金钗十二浑间事，漫拟同车携手行"、"日边分种岭边栽，旅馆移将春色来。……爱此几枝消寂寞，满山桃李漫相猜"，这些诗句读起来并不生疏，因为在《红楼梦》一书的诗词中也有类似的诗句。

和珅嗜好诗词、书画，也许与乾隆帝有些关系，受其影响。因为他要讨乾隆帝的喜欢与青睐，有意习诗、练字、作画也是可能的；也就是说主子的爱好就是奴才的追求。再者，在封建社会中当官擅长诗文，写一手漂亮的字，并擅长绘画也是必备条件之一。乾隆帝喜欢吟诗、题字，对书画、古玩别有情趣，这是世人皆知的。保存至今的历代帝王诗词，论篇数应以他为最。至于乾隆帝的御笔，更可谓举目皆是。和珅为了投乾隆帝所好，也为了露一手，故在诗文、书画方面是下了一番苦功的。和珅的书法的确不错，字体颇似乾隆帝的手迹，我们可以从现存和珅的手札看到这一点。值得指出的是和珅虽然喜欢吟诗、作画与写字，但并不善饮酒。这在他的诗文中也有所反映。例如，"我素不善饮，寄情杯外。喜与雅士觞，厌共酒徒会。……名教乐地多，及乱万恶最。醉醒慎在躬，易为行止害。"又如，"同仁纳爽晚凉中，豪饮连倾百斗空。自笑疏狂无检束，强颜犹爱入诗丛"。从这些诗句中我们可以知道，和珅并不喜欢饮酒，为了逢场作戏偶尔喝上几口，那只是为了助兴而已，但从不暴饮。

和珅生性诙谐，好开玩笑。昭梿在《啸亭杂录》中就有这方面的记载："和珅虽位极人臣，然殊乏大臣体度，好言市井谑语，以为嬉笑。尝于乾清宫演礼，诸王大臣多有俊雅者，和相笑曰：'今日如孙武子教演女儿兵矣！'又安南（即今'越南'——笔者注）贡金座狮象空其底者，和诧曰：'惜其中空虚，不然可多得黄金无算也。'为夷官所姗笑，其器量浅隘若此。尝阅《闻见后录》，载章子厚好为市衢之谈，以取媚于神宗语，可见古今权奸如出一辙也。"再则，每当在军机处值班时他也喜欢与同僚开玩笑，拿别人开心。例如，有一次他与军机大臣王杰同在军机处值班，便凑到王杰身边，拉着王杰的手，摸来摸去，连声说道："你的手怎么这么又白又嫩呢？"这种戏弄使王杰非常生气，立刻回敬了他一句："王杰手虽好，但不会捞钱呀！"其实喜诙谐，爱开玩笑并不能算什么大缺点，只是要看时间、地点与场合罢了。在任何时代都不能要求每一个人都是"正人君子"、"道貌岸然"，不能说如果谁开了个玩笑，那就失去了高贵者的风度。认为开玩笑只能是市井小民的事，不能登大雅之堂的看法是不妥的。其实，和珅同时代的许多文人学士，以及他的同人，如纪昀、刘墉、洪亮吉等人也都喜欢诙谐，开玩笑的事也时而有之。其实，开玩笑是有学问的，玩笑开好了，不但可以活跃气氛，而且可以拉近彼此的感情。但是和珅开玩笑经常是不注意时间、场合、对象，而且开玩笑的内容也很庸俗，有失宰相的身份。

再有，和珅平日心胸狭窄，气量很小，史载其"性阴毒，小有嫌隙，必致中伤"。但是他又佞佛怕鬼。有一例可以说明：据柴小梵著《梵天庐丛录》记载：当庆桂等人奉命抄和珅家时，在其徽式房屋中发现有"人皮一张，中饱实草，外髤以漆。衣朝服全套，挂蜜腊珠一串，手持金一锭。庆桂问其家人是何像。家人跪禀曰：'相爷生时，少爷外出游猎，为人欺，归诉与爷。刘管家全请于即日捕是人来剥皮。不然，爷之威福扫地尽矣。爷颔之。擒是人至，缚挞数千，然后剥其皮。爷以人皮乃稀世之珍，命保存之。刘全乃干之为，实以草。初藏皮张库内，夜为鼠啮，其声驳驳，群以人皮为祟。禀诸爷，爷畏鬼，命髹之，朝衣冠，供于室。爷每入朝，必先诣人皮一揖。拈香毕，喃喃自语，声息殊微。初不辨何语，想系默求消弃前怨耳。'庆桂即据以密奏。上闻之，大怒。然未见人皮像作何状，命密界人。一见骇然，举以付内侍曰：'趣焚之，勿使此不祥物留人间也'"。由此可见，和珅草菅人命是何等凶残；但又迷信怕鬼前来报应，因此又烧香拜佛，祈求宽恕与保护。

第七章

乾隆让位 退居太上

一 乾隆内禅 嘉庆登基

乾隆帝即位之初，就曾对天焚香发誓，如果上天保佑他能做满60年皇帝，也就是他能活到85岁的话，那他就把皇位禅让给嗣子，"归政退闲"，自己当太上皇。他还说：现在自己已经是做皇帝"纪年周甲，康强逢吉，九旬望衷，五代同堂，吉庆延祺"。"昔皇祖（即康熙帝——笔者注）御极六十一年，予不敢相比……"由此可知，为了兑现默祷的誓言与许诺，是乾隆帝要禅位的原因之一。再则，乾隆帝觉得已经做了60年皇帝，各项事业成就辉煌，功绩卓著。自己也可说是德高望重，功德无量，中国历史上的任何一个帝王在文治武功方面，没有人可与他相比的。他在禅位诏书中认为自己即位以来勤勤恳恳，孜孜以求，日夜操劳，国泰民安，各国来朝，中外一家。先后"平定伊犁、回部、大小金川，扩土开疆数万里。缅甸、安南、廓尔喀以及外藩属国，咸震慑威棱，恪修职贡，其自作不靖者，悉就殄除，功迈十全，恩覃六合，普逸各省漕粮者三，地丁钱粮者四，展义巡方，行庆施惠，蠲逋赈贷，不下数千万亿。振兴士类，整饬官常，嘉舆万邦黎献，海隅苍生，同我太平跻元仁寿。朕持盈保泰，弗懈益谦，勤念雨旸，周咨稼穑。于庶言、庶狱、庶慎，靡不躬亲……"除此之外，在文化方面他主持编纂了《四库全书》，并修建"文渊"、"文源"、"文津"、"文溯"四阁藏之。并举行"千叟宴"、建辟雍、修海塘……总之，他这一辈子上不辜负列祖列宗的期望，下对得起百姓的拥戴。他的功德比天高，恩情比海深。他自以为是中国有史以来少有的圣君，是一位十全十美的天子。如今他已做满了60年的皇帝，余年就该实行训政，再过一把太上皇的生活。历史上的太上皇有过许多位，如汉高祖刘邦的父亲刘太公、北魏献文帝拓跋弘、北齐武成帝高湛、唐高祖李渊、唐睿宗李旦、唐玄宗李隆基、宋徽宗赵佶、宋高宗赵构、明英宗朱祁镇等，但他们当中绝大部分都是由于在外力的干涉下，不得已才成为太上皇的，并非自行退位。乾隆帝认为这些人是"丧败余生，不足比数"。他要做一个名副其实的既有尊位，又掌实权的太上皇，也就是说他虽然把皇位让给了嗣子，但自己仍要临政治民，一如往常。为此乾隆帝在位期间，就指令和珅着手在皇宫东北部地区大兴土木，修建了"宁寿全宫"。这组建筑主要包括宁寿门、九龙壁、皇极殿、宁寿宫、养生殿、乐寿堂、颐和轩与花园（即"乾隆花园"——笔者注）等，以备自己做太上皇时享用。同时他还用喜字第一号玉镌刻了"太上皇帝之宝"的玉玺。自诩"古稀老人"、"十全老人"。在乐寿堂前门内他自撰并亲笔书写了一副对联："乐在人和，肯寄高闲归宋殿；寿同民庆，为申尊养托潘园。"以表达他要与宋高宗赵构和明朝工部尚书潘恩（上海"豫园"的始建者——笔者注）相比的心愿。宋高宗做太上皇时有"德寿宫起居注"，他决定自己做太上皇后也要有"太上皇起居注"；同时他还决定当新皇帝即位后；外廷用新年号，内廷仍用乾隆年号；并仍用乾隆六十一年时宪书，太上皇仍称"朕"；他的谕旨则称为"敕旨"；新皇帝即位诏书首先要盖"太上皇帝之宝"玉玺，然后再盖"皇帝之宝"玉玺。如此等等，不一而足。

　　乾隆六十年（1795年）的秋天，一切准备妥当，即将举行禅让鸿仪。85岁的老皇帝乾隆把欲传位于皇十五子永琰的事跟和珅说了。和珅有自己的想法，他原本是不愿意老皇帝把皇位传给儿子的，因为他尚不知新皇帝到底对他有什么看法，万一弄不好就将前功尽弃，自己的地位就保不住了。于是他对乾隆帝说："您现在龙体康健，精神焕发，虽然八十有五了，可一点老态也看不出来，完全可以再在位一二十年，然后再禅位也不算晚啊！再说举国上下，四海之内，臣民们都把皇上作为父母一样敬仰，您多在位一天，百姓就多一天福分，也就多感戴您一天，我们这些奴才更愿意永远得到您的庇护……"可是"禅位"是乾隆帝的"既定方针"，这是不好反驳的。尽管乾隆帝宠信他，但如果执意反对这件事，万一激怒了龙颜，在老皇帝、新皇帝面前都要失宠。他也想到乾隆帝虽然已是耄耋之年，可身体还算硬朗，若能再长寿些时日，自己在这一段时间把方方面面安排好，首先把文武百官控制好，多用私人，狠狠打击政敌，控制局面；在新皇帝面前，既以出纳老皇帝命身份出现，以示自己地位的特殊，同时他也不时向新皇帝暗送秋波、献媚取宠，求得新皇帝的信任，这样也许会成为两朝股肱之臣。例如，乾隆帝决定是年九月初三日举行册封皇太子典礼，和珅九月初二日就偷偷地送了一个玉如意给皇十五子永琰，示意他即将成为新皇帝。没想到偷鸡不成，反蚀把米。就是因为先递如意这件事，嘉庆帝亲政后把它作为和珅的第一大罪状公布于众："朕于乾隆六十年九月初三日，蒙皇考册封为皇太子，尚未宣布，和珅于九月初二日在朕前先递如意，以拥戴自居，大罪一。"

乾隆帝于九月初三日发布一道上谕，把他即位60年来的丰功伟绩一一罗列一番，并谈到他决定实践他的誓言85岁后禅位于嗣子。虽然王公大臣、黎民百姓都恳请他不要退位，他都没有动摇。但是在二十多年之前，当皇太后对他说："你勤政爱民，身体强健，不要再谈禅位之事"时，他曾有些动摇。那时他再次向上苍默祷："如果上天保佑皇太后能寿过百岁，朕即使年过85岁，也不敢言归政之事。"可是，没想到皇太后在乾隆四十二年（1777年）初，就去世了，享年86岁。从此他再没有到"即为周甲"后继续干下去的打算。当他在上谕中把要做太上皇的来龙去脉，以及内禅的步骤与训政意图和盘托出后，明确指出他只是把皇位让出来，但决不会交出实权。他说得十分明确，凡军国大事及用人行政等大权还要牢牢掌握在手中，丝毫不让，要做个名副其实的太上皇，也可以说是中国历史上最体面、最有权威的太上皇。与此同时，他还通过和珅发布："明年降旨归政之后，凡内廷人等俱称上万万岁。"他的谕旨应称为"敕旨"。为了表达禅让归政的心情，他还特意作了一首诗：

归政丙辰天佑荷，改元嘉庆宪书观。

祖孙两世百二纪，绳继千秋比拟难。

弗事虚名收实益，唯循家法肃朝端。

古今敦史诚希见，愧以为欣敬染翰。

嘉庆帝原名永琰，是乾隆帝第十五子。乾隆二十五年十月初六日（即1760年11月13日）生，其母为孝仪纯皇后魏佳氏。永琰于乾隆三十八年（1773年）被封为嘉亲王。乾隆六十年（1795年）九月初三日被册封为皇太子，时已36岁，改"永琰"名为"颙琰"。同年十月初十日移居毓庆宫。本来乾隆帝拟于同年冬至正式传位，但因同年十二月初一日发生了日食，再加上湘黔两省爆发了苗民起义，故决定第二年元旦举行归政典礼。同时还决定在归政前后，在宁寿宫皇极殿举行千叟宴，招待全国70岁以上的官员、缙绅与耆庶人等。

诚如乾隆帝自己所言：朕亲授大宝后，并未颐养天年，而是孜孜训政，毫不倦勤。时时默祷上苍和祖宗保佑，国泰民安，五谷丰登，六畜兴旺……他还说："归政后，凡遇军国大事，及用人行政诸大端，岂能置之不问，仍当躬亲指教。"凡事无巨细嗣皇帝都要向他请示汇报，最后由他裁决，下达指令。其实，乾隆帝并没有移居宁寿宫，而是依然居住在养心殿中。他仍然一如往日自称为"朕"，人们均称他为"万万岁爷"……这样一来，嘉庆帝的权力，受到了极大限制，他没有行政权、用人权，更不能单独接见外藩首领和贡使，他只能从事一些诸如祭祀、经筵、大阅、耕种以及传胪等礼仪性活动而已，确实成了一个不折不扣的儿皇帝。

和珅此时乘机上下其手，以出纳太上皇意旨的身份出现，于是他便经常把自己的主意假太上皇的意旨传达下去。这样不但控制了大权，而且控制了外交权，从而进一步稳固了自己的地位和权力。此时太上皇乾隆记忆力日衰，视力与听力也大不如前。据说他常常是昨天的事，今天就忘了；早晨作出的决定，晚上就要改变；甚至刚刚吃完饭，还吵吵要吃饭……在这种情况下"和珅之专擅，甚于前日，人皆侧目莫敢谁何云"。

嘉庆帝对此心里是一清二楚的，他知道和珅在左右太上皇的意旨，自己的命运则掌握在太上皇手中，并且在某种意义上说亦掌握在和珅手中。在这种情况下，他采取了韬晦策略，每天保持着"状态和平洒落"，但沉默少语，喜怒不露声色。每到临朝时，总是侍坐在太上皇身边，毕恭毕敬，唯命是听；遇有奏报，他则顺水推舟，请太上皇决断，自己不发表意见。如有筵席或观戏时，他也是侍坐在太上皇旁边，"太上皇喜则喜，太上皇笑则笑"。他每天到

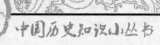

太上皇住处请安、朝拜，恭恭敬敬，十分虔诚。每当太上皇巡幸、木兰秋狝、拜谒祖陵、朝佛拈香和举行各种祭祀活动，他都亦步亦趋地跟着，事事俯首帖耳地顺从，表现得非常温顺、驯服。当时人们都认为嘉庆帝是依靠太上皇与权相和珅当上皇上的。于是嘉庆帝便得到了乃父乾隆太上皇的认同和欢心，同时也解除了和珅的不少疑虑。

二　挟太上皇以令皇帝

嘉庆帝即位时已经37岁，胸有城府，沉着稳重，他吸取了曾祖父康熙时期皇太子立而复废，废而复立的教训，小心翼翼地侍奉着太上皇乾隆帝。虽然他对父皇乾隆帝的做法有时并不同意，可是他并不露声色。对于和珅，嘉庆帝虽然心里积郁了许多怨气与不满，看不惯他的所作所为与飞扬跋扈、揽权擅政的行为，但是他深知和珅是父皇的大红人，是其耳目与影子，还是出纳太上皇之命的人；同时他也知道和珅也在时时注意和提防着自己。为了不让和珅在父皇面前说自己的坏话，更主要的是为了巩固嗣皇帝的皇位，嘉庆帝决定实施韬晦策略，他故意作出唯唯诺诺的姿态，遇事顺水推舟，得过且过，听任和珅放纵行事，专横跋扈，一意孤行……他自己则躲在一边等待时机算总账。

和珅在此期间正踌躇满志，得意忘形。他趁太上皇耄耋昏聩，精力不如以前的机会，颇有"挟太上皇帝以号令皇帝"之势。他权倾一时，举国上下从中央的"部院群僚"到地方的"督抚提镇"等文武百官，多是出自和珅之门，由他控制。当时爆发于湖南、贵州的苗民起义还没有彻底平定；嘉庆元年（1796年）正月，在湖北、四川、河南、陕西、甘肃等省，又爆发了震惊中外，连续九年之久的白莲教大起义。在嘉庆四年（1799年）嘉庆帝亲政以前，一切军事用兵大权，实际上都掌握在和珅手里，调兵遣将、军需开支等也由其控制；一切"军营封章"、军报都必须先向他汇报，然后才转达给太上皇和皇帝。和珅虽然也曾想到一旦太上皇归天，新皇帝嘉庆会不会继续信任自己，还是个未知数。因此，他也在时时提防着嘉庆帝，但是当他看到嘉庆帝平日庸庸碌碌，无所作为，也就放下了心。他利欲熏心，目空一切，文武官员无人敢公开与之抗衡。朝野上下许多人对他敢怒不敢言，有的阿谀奉承，有的敬而远之，有的嘴上不说，心里嫉恨，甚至连乾隆帝的诸皇子们都对他望而生畏，不敢得罪。据说当时和珅借着太上皇衰老、健忘、脾气暴躁、喜怒无常的状态，越发骄纵专横起来。他经常在太上皇召见后，边走边说："今天'老佛爷'（指乾隆帝）很生气，要对××阿哥杖几十，要对××阿哥进行惩罚……"吓得皇子、皇孙们个个胆战心惊，就连嗣皇帝也不例外。和珅不但轻视皇子、皇孙，有时甚至连乾隆帝他也没放在眼里。乾隆帝暮年，因年老体衰，视力衰退，手握笔时还常常打颤，批奏折时丢三落四，笔画不清。和珅见此，竟毫不顾忌地说："不如撕去，另行拟旨。"在嘉庆帝亲政后，宣布和珅罪状时就有这么一条："皇考力疾披章批谕，字画间有未真之处，和珅胆敢口称不如撕去，另行拟旨。"显然，这在封建专制社会中是绝对不能容忍的。当然，在大多数场合，和珅还是利用太上皇乾隆的手与嘴，来达到他自己不可告人的目的。例如，在阿桂去世后，虽然他已是首席军机大臣与文华殿大学士，也就是一般所说的内阁首辅，即"真宰相"，但在爵位上并不算显贵，只是个伯爵。于是，他便借勒保"生擒"白莲教起义军首领王三槐一事，请求太上皇乾隆帝给他晋爵。乾隆帝满足了他的要求，于嘉庆二年（1797年）八月初九日，晋封他为公爵。而这件事压根就没有通过嗣皇帝嘉庆就批准了，当然嘉庆帝心里是不会高兴的。又如，同年春天，嘉庆帝曾发布上谕，打算在那一年冬季举行"大阅典礼"。可是和珅觉得不合时机，于是他鼓动太上皇下了一道相反的谕旨："现在川东北的教匪虽将次剿除完竣，但健锐营、火器营官兵尚未撤回，故本年大阅着行停止。"这就给人造成一种印象，太上皇可以直接提升、加封官吏的职位和爵位，嗣皇帝只有默许、认可；反过来，嗣皇帝决定的事，太上皇可以否决。而太上皇所作的决定，又多半是权相和珅的主意，嗣皇帝嘉庆实质上并无多少实权，纯粹是个傀儡。嘉庆帝对此虽不满意，却也无可奈何，只好诸事让和珅三分。于是他装出一副与世无争，事事依靠和珅的样子，以此来麻痹他。虽然也有不少大臣偷偷向嘉庆帝告状，但他并不生气，反而表示自己要依靠和珅处理政务。当时来华的朝鲜使节有这样的一段记载；"皇帝登极以后，虽恶和珅，而无一言相及。一日和（珅）筵奏太上皇减太仆寺马匹，皇帝独自语曰：'从此不能复乘马矣。'筵臣之旁闻之者，知珅之必无幸焉。"这一切都说明嘉庆帝非常有心计，外表上不动声色，任和珅为所欲为而不加干涉，并不时表示对和珅十分尊重。史料记载说：嘉庆帝"自丙辰（即1796年）即位以来不欲事事，和珅或以政令奏请皇旨，则辄不省曰：惟'皇爷（指乾隆帝——笔者注）处分，朕何敢与焉'"。因此，当时人们都赞许嘉庆帝聪明、智慧，说他："自即位以来，知和珅必欲谋害，凡于政令，惟珅是听，以示亲信之意，俾不生疑惧，此智也。"嘉庆帝这样做，既麻痹了和珅，又瞒过了太上皇，并博得了一个"孝"字，真可谓两全其美，何乐不为。嘉庆帝为了蒙蔽和珅，表现出对和珅十分信任、尊重与依托。嘉庆帝每遇有事向父皇乾隆帝奏报时，往往请和珅"代言"；每当身边有人反映和珅种种不法行为时，他常常解释说："朕方倚相公（即和珅）理四海事，汝何可轻也。"表示他对和珅一点都不怀疑。

　　和珅虽然聪明过人，但却没有把嘉庆帝的心理活动摸清楚。他一方面采取拉拢、套近乎的办法，想把嘉庆帝拉到自己这边来。例如，在嘉庆帝即位前，通风报信，假献殷勤，先呈上如意，表示自己有拥戴之功，并向嘉庆帝说："皇上今后衣食住行全部由臣负责，不用动用国库帑金。"以博得嘉庆帝的感激之情；另一方面，他又在嘉庆帝周围布置了一些亲信，以窥视嘉庆帝的动向。例如，他让自己的亲信吴省兰，以帮助嘉庆帝整理诗文为名，安插在皇帝身边，监视皇帝的活动，摸清皇帝思想。但嘉庆帝早知其阴谋，在吴省兰面前连一句不满和珅的话也不说，从而瞒过和珅，为日后亲政立即扳倒和珅打下了基础。

【第八章】

嘉庆帝亲政诛和珅

一　太上皇乾隆突然病逝

太上皇乾隆85岁退位，开始了训政生活。当时他身体还算健康，饮食、睡眠等尚属正常；每年除在皇宫、圆明园住些日子外，还到热河避暑山庄走走……只是精力已大不如前，表现为健忘、视力不佳、手不大灵活，甚至常常抖动、打颤等等。特别是湘黔苗民起义和川楚等五省白莲教大起义，使他精神受到很大刺激和打击，他觉得这是自己一生的耻辱。不由得想起自己一生东讨西伐，南征北战，"武功十全"，开疆拓土，什么事都经历过了，但从来未遇到这次由一些"乌合之众"的"草民"组成的"造反"队伍，这么难对付。派了几十万官军和地方武装（即"团练"）进行镇压、围剿，战争拖了好几年，经费花了数千万两白银，可怎么也平定不了。这沉重的负担，犹如千斤巨石压在身上，使他喘不过气来，他终日精神忧郁，闷闷不乐，这就更加速了他的衰老。不过，总的说来，当时他的身体还算可以，还能接见外国使节。例如，嘉庆三年（1798年）十月二十九日，太上皇乾隆还下谕旨传令朝鲜、暹罗等国使臣到重华宫来，在漱芳斋接见了他们，同时还设宴、演戏招待他们。又如，嘉庆四年（1799年）正月初一，他还在乾清宫率领嗣皇帝、诸皇子、王公及文武大臣、蒙古王爷、额驸、台吉与外藩使节等，举行庆贺典礼，并赐宴款待他们。万万没想到第二天太上皇竟一病不起了。嘉庆帝赶忙跑到养心殿探视，又是找御医，又是虔诚祈祷上天……可是都不见效果，到了晚上太上皇的病更加重了。正月初三日辰刻便撒手人寰了。临终时，太上皇还拉着嘉庆帝的手，两眼望着西南方向，意思是说，在他活着时，没能看到把白莲教起义镇压下去，非常遗憾，希望儿子一定要完成他未竟的事业。

据嘉庆帝说，太上皇在嘉庆三年的冬天，就"偶感风寒"，身体不佳。朝鲜使臣也曾记载说："太上皇帝自昨冬有时昏眩。"看来乾隆帝由于年老体弱，患上了高血压，可能心脏也不大好，因此有时感到头晕目眩。等到次年元旦，各种繁杂的礼节又迫使他硬挺着参加，加上心里又总惦记着川楚等省的战事，使其心情久久不能安静。这么一折腾，他的病情便加重了，因此突发中风，或心脏病发作，便一命呜呼了。

关于乾隆帝的死因，著名史学家朱希祖先生认为："太上皇训政之日，其政务皆为和珅一人把持，彰彰明甚。太上皇帝信之愈深，皇帝恨之愈切；太上皇愈以为功高，皇帝愈以为罪大。不除和珅则祸害无已，欲除和绅则投鼠忌器，是以史载太上皇于正月初二辛酉不豫，初三壬午即崩。清代学者多疑其非全终，亦非无因。惜当时史官要如周必大者为宋高宗作思陵录，一露其病状也。此嘉庆三年之太上皇帝与皇帝相水火之最后一年。"看来这种说法不大可靠。清朝入关后的皇帝，从顺治帝到光绪帝之死，差不多都有不全终的说法："顺治帝出家当和尚不知所终"；"康熙帝喝了雍正帝送给他的人参汤而亡"；"雍正帝被吕四娘所刺而死"；以及同治帝、光绪帝同为西太后害死等等。可以说除了嘉庆、道光和咸丰三帝，几乎每个皇帝的死因都有异说。可是，经过许多史家的考证，顺治、康熙、乾隆、同治与光绪诸帝，无一例外都是正常病死的，可疑性并不大。之所以有这么多异议说法，多半都是清朝末年至民国初年，人们为了反满而对清朝历史进行的臆测，是不足为信的。看来，乾隆帝主要是由于年迈体弱，猝然发病而死的，属自然死亡。他活了89岁，在中国历史上是最长寿的皇帝了。

二　和珅被拘捕

太上皇乾隆帝病逝，使嘉庆帝得以亲政。于是，他立即将埋藏在心中多年的整肃朝政的计划开始实施。嘉庆帝效仿他祖父雍正帝上台时的策略，先稳住政局，然后再下手处置政敌。康熙帝去世的第二天，尚未正式即位的雍正帝就着手做了几件事。首先任命贝勒胤禩、十三阿哥胤祥、大学士马齐、舅父尚书隆科多四人为总理大臣。这其中有他日后要任用的人，但也有他要铲除的人。在清朝，总理大臣位尊权重，可谓新朝的核心人物，应是前朝的元老重臣和亲信。雍正帝"重用"他的政敌胤禩应该说是一个重大策略。这样做可以起到稳住政敌的作用，使局势不会一下子突变。否则，打草惊蛇，闹出乱子不好收拾。待雍正帝腾出手后，立刻分期分批地将他的政敌一个个全部收拾干净。嘉庆帝干得比雍正帝还要利落、迅速。他一开始让和珅、福长安负责处理乾隆帝的后事，要求他们"详稽旧典，悉心酌议，随时具奏施行"。这无疑是嘉庆帝给和珅吃了一颗定心丸。此时和珅也暗自高兴，"窃自喜依任如故"。可是他没想到第二天风云突变，正月初四日，嘉庆帝突然宣布罢免和珅军机大臣、九门提督等重要官职，让和珅、福长安二人昼夜留在宫内"守直殡殿，不得任自出入"。这实际上就是把他们软禁起来了。接着，嘉庆帝又针对和珅发了一道谕旨："父皇临御六十年，天威远震，武功十全，迅出师征讨，即荒徼部落，无不立奏荡平。若内地乱民，如王伦、田五，偶作不靖，不过数月之间，即就殄灭。从未经历数年之久，糜饷数千万两之多，而尚未藏功者，总由带兵大臣及将领等全不以军务为事，惟思玩兵养寇，藉以冒功升赏，寡廉鲜耻营私肥囊。"这实际是向朝野各界宣布，和珅是这次用兵不利、贪赃枉法的总后台。初五日，给事中王念孙、御史广兴、大学士刘墉等人纷纷上疏，列举和珅种种不法情状，对其进行弹劾。实际上这是嘉庆帝早已布置好的，暗中鼓动这些人所为。正月初八日，嘉庆帝又下了一道谕旨，宣布革除和珅及其党羽福长安的职务，并下令将他们逮捕，关入刑部大狱。同时他又命令仪亲王永璇、成亲王永瑆、定亲王绵恩、额驸拉旺多尔济及大学士刘墉、董诰与兵部尚书庆桂等人负责查抄和珅、福长安两家及其管家的财产；同时命令诸王大臣会同三法司对他们二人进行审判，并将他们两家的亲属也暂时圈禁起来，以防止他们相互串供，隐匿财产。据说和珅被捕时，身上只披了一件貂皮袍子，带着一个鼻烟壶和一个装鼻烟的荷包。当永璇、庆桂等人来到和珅家时，正值隆冬的一个早晨，和珅一家上下人等，立即慌作一团，惊恐不已，正在吃饭的人，有的情不自禁地扔掉碗筷；有的竟呕吐起来。刚刚起床梳头的妻妾、使女们吓得哆嗦不止，有的人竟哭叫起来。甚至连和孝公主与额驸丰绅殷德也感到震惊，心慌意乱，不能平静。

有关和珅的档案资料，在中国第一历史档案馆中保存的并不多，今天看到最多的是有关他被抄家与籍没财产的资料；至于他的生平以及受审的原始档案则所存无几。究其原因，很可能是出于种种考虑，如许多事情都直接牵连乾隆皇帝或皇室的机密等等。因此，这些档案多被销毁，或散失掉了；有的还可能落到了私人手中。例如，李梦符在《春冰室野乘》中收录的《和珅供词》，就属于这种性质。现将他写的说明及和珅供词抄录于下：

　　宣统庚戌（1910年）秋，北游京师，从友人某枢密处，获睹嘉庆初故相和珅供词，用奏折楷书，犹是进呈旧物，惜仅有四纸，不过全案中千百之一，其讯与供亦多不相应，盖又非一日事矣。录而存之，以见当时狱中事之梗概。

　　一纸系奉旨诘问事件，凡两条；

　　一问和珅："现在查抄你家产所盖楠木房屋，僭侈逾制，并有多宝阁，后隔段样式，皆仿照宁寿宫安设，如此僭妄不法，是何居心？"

　　一问和珅："昨将抄出你家藏珠宝进呈，珍珠手串二百余串之多。大内所贮珠串，尚只六十余串，你家较大内多至两三倍，并有大珠一颗，较之御用冠顶苍龙教子大珠更大。又真宝石顶十余个，并非你应戴之物，何以收贮如许之多，而正块大宝石，尤不计其数，具有极大为内府无者，岂不是你贪黩证据么？"

一纸系和珅供词，凡三条；

奴才城内不该有楠木房子，多宝阁及隔段式样是奴才打发太监胡什图，到宁寿宫看的样式，仿照改造的。至于楠木都是奴才自己买的，玻璃柜子内陈设都是有的，总是奴才糊涂该死。

又，珍珠手串，有福康安、海兰察、李侍尧给的。珠冒顶一个，也是海兰察给的。小些的给了丰绅殷德几个。其大些的有福康安给的。至大珠顶是奴才用四千余两银子，给佛宁额尔登布代买的，亦有福康安、海兰察给的。镶珠带头是穆腾额给的，蓝宝石带头系富纲给的。

又，家中银子，有吏部郎中和精额于奴才女人死时，送过五百两。此外寅著、伊龄阿都送过，不记数目。其余送银的人甚多，自数百两至千余两不等，实在一时不能记忆。再肃亲王永锡袭爵时，彼时蕴住（布）有承重孙，永锡系蕴住（布）之侄，恐不能袭王，曾给过奴才前门外铺面房两所。彼时外间不平之人，纷纷议论，此事奴才也知道。以上俱是有的。

又，一纸亦系供词，而问词已失。凡十四条：

大行太上皇龙驭宾天，安置寿皇殿，是奴才年轻不懂事，未能想到从前圣祖升遐时，寿皇殿未供奉御容，现在殿内已供御容，自然不应在此安置，这是奴才糊涂该死。

又，六十年九月初二日，太上皇帝册封皇太子的时节，奴才先递如意，泄露旨意，亦是有的。

又，太上皇帝病重时，奴才将宫中秘事向外廷人员叙说，也是有的。

又，太上皇所批谕旨，奴才因字迹不甚识，将折尾裁下，另拟进呈，也是有的。

又，因出宫女子爱喜貌美，纳取作妾，也是有的。

又，去年正月十四日，太上皇帝召见时，奴才一时急迫，骑马进左门，至寿山口，诚如圣谕，无父无君，莫此为甚，奴才罪该万死。

又，奴才家资金银房产，现奉查抄，可以查得来的。至银子约有数十万，一时记不清数目，实无千两一锭的元宝，亦无"笔一支，墨一盒"的暗号。

又，蒙古王公原奉谕旨，是不出痘的不叫来京。奴才（决定）无论已未出痘都不叫来，未能仰体皇上圣意。太上皇帝六十年来抚绥外藩，深仁厚泽，外藩蒙古原该来的，总是奴才糊涂该死。

又，因腿痛有时坐了椅轿抬入大内，也是有的。

又，军报到时，迟延不即呈递，也是有的。

又，苏凌阿年逾八十，两耳重听，数年之间由仓场侍郎用至大学士，兼理刑部尚书。伊系和琳儿女姻亲，这是奴才糊涂。

又，铁宝是阿桂保的，不与奴才相干。至伊犁将军宁升授协办大学士财，奴才因系边疆重地，是以奏明不叫来京。朱珪前在两广总督任内，因魁伦参奏洋盗案，奉旨降调，奴才实不敢阻抑。

又，前年管理刑部时，奉敕旨仍管户部，原叫管理户部紧要大事，后来奴才一人把持，实在糊涂该死。至于福长安求补山东司书吏，奴才实不记得。

又，胡季堂放外任实系出自太上皇的旨意，至奴才管理刑部，于审情实缓决，每案都有批语，至九卿上班时奴才在围上并未上班。又吴省兰、李潢、李光云都系奴才家的师傅，奴才还有何办呢？！至吴省兰声名狼藉，奴才实不知道，只求问他就是。

又，天津运司武鸿，原系卓异交军机处记名，奴才因伊系捐纳出身，不行开列也是有的。

又，清单一纸开列正珠、小朝珠三十二盘；正珠、念珠十七盘；正珠手串七串；红宝石四百五十六块，共重二百二十七两七分七厘；蓝宝石一百十三块，共重九十六两四钱六分八厘。金锭、全（金？）叶二两平，共重六千八百八十二两，金银库所贮六千余两。

这篇残缺不全的"供词"，虽刊载在"清人笔记"之中，但是笔者认为是比较真实的，是可信的史料。因为和珅的"供词"与《清实录》中所开列的二十大罪状基本吻合。

总之，嘉庆帝之所以刚刚亲政就把和珅拘捕入狱，固然是因为他贪污数额巨大，富可敌国，要用他家的财富充实空虚的国库。但深层次的原因则是和珅经过20多年的惨淡经营，在乾隆帝的庇护、纵容下已经从中央到地方，形成了一个巨大的关系网，盘根错节，尾大不掉。和珅一手遮天，气焰熏灼，不可一世；当时全国的政治、经济、军事和文化均由他一人把持；他弄权舞弊，结党营私，"内外官员皆出自和门"，他们畏其权势"不敢违拗"；甚至到了人们"只知有和珅，不知有皇帝"的地步。这一切都严重威胁到嘉庆帝的权威与尊严，也就是，影响了皇帝的中央集权专制统治，影响皇帝独断朝纲。还有一个原因，就是如火如荼，旷日持久的白莲教大起义不能迅速被"剿平"，也要找个"替罪羊"。因此嘉庆帝必须先拿和珅开刀。

三　被赐自尽

和珅下狱后，嘉庆帝对他的处置采取了速战速决的办法，即快审快判。于是他于嘉庆四年（1799年）正月十一日，下了一道谕旨，其中罗列了和珅的二十大罪状，具体内容如下：

乾隆六十年九月初三日，蒙皇考册封皇太子，尚未宣布谕旨，而和珅于初二日即在朕前先递如意，泄露机密，居然以拥戴为功，其大罪一。上年正月，皇考在圆明园召见和珅，伊竟骑马直进左门，过正大光明殿，至寿山口，无父无君莫此为甚，其大罪二。又因腿疾，乘坐椅轿抬入大内，肩舆出入神武门，众目共睹毫无忌惮，其大罪三。并将出宫女子娶为次妻罔顾廉耻，其大罪四。自剿办教匪以来，皇考盼望军书，刻萦宵旰，乃和珅于各路军营递到奏报，任意延搁，有心欺蔽，以至军务日久未竣，其大罪五。皇考圣躬不豫时，和珅毫无忧戚，每进见后，出向外廷人员说笑如常，丧心病狂，其大罪六。昨冬皇考力疾批章，批谕字画间有未真之处，和珅胆敢口称不如撕去，竟另行拟旨，其大罪七。前奉皇考御旨，令伊管理吏部刑部事务，嗣因军需销算，伊系熟手，是以又谕令管理户部题奏报销事件，伊竟将户部事务一人把持，变更成例，不许部臣参议一字，其大罪八。上年十二月内，奎舒奏报循化、贵德贼番聚众千余，抢夺达赖喇嘛商人牛只，杀伤二命，在青海肆劫一案，和绅竟将原奏驳回，隐匿不办，全不以边务为事，其大罪九。

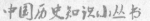

皇考升遐后，朕谕令蒙古王公未出痘者，不必来京，和珅不尊谕旨，令已未出痘者，不必来京，全不顾国家抚绥外藩之意，其居心实不可问，其大罪十。大学士苏凌阿，两耳重听，衰迈难堪，因系伊弟和琳姻亲，竟隐匿不奏。侍郎吴省兰、李潢、太仆寺卿李光云皆曾在伊家教读，并保列卿阶，兼任学政，其大罪十一。军机处记名人员，和珅任意撤去，种种专擅，不可枚举，其大罪十二。昨将和珅家产查抄，所盖楠木房屋僭侈逾制，其多宝阁及隔段式样皆仿照宁寿宫制度。其园寓点缀竟与圆明园蓬岛瑶台无异，不知是何肺肠，其大罪十三。蓟州坟茔居然设立享殿，开置隧道，附近居民有和陵之称，其大罪十四。家内所藏珍宝内珍珠手串竟有二百余串，较之大内多之数倍，并有大珠，较御用冠顶尤大，其大罪十五。又宝石顶并非伊应戴之物，所藏真宝石顶有数十余个，而整块大宝石不计其数，且有内府所无者，其大罪十六。家内银两及衣服等件数逾千万，其大罪十七。且夹墙藏金二万六千余两，私库藏金六千余两，地窖内并有埋藏银二百余万，其大罪十八。附近通州、蓟州地方均有当铺、钱店，查计资本又不下十余万，以首辅大臣下与小民争利，其大罪十九。伊家人刘全，不过下贱家奴，而查抄资产，竟至二十余万，并有大珠及珍珠手串，若非纵令需索，何得如此丰饶，其大罪二十。

嘉庆帝在宣布和珅种种罪状的同时，又把直隶总督胡季堂列款弹劾和珅罪过的奏疏，发给在京的王公显贵、三品以上的文武大臣，以及翰詹科道官员阅看，让他们悉心妥议，然后上奏。如果有人自陈己见，可以"专折封陈"；如见解相同者，也可以"连衔具奏"。同时要求他们就如何处治和珅发表意见。

在宣布和珅罪状的同时，嘉庆帝在谕旨中还严厉斥责福长安与和珅狼狈为奸，甘作死党的种种行径，指出："福长安祖、父、叔、侄、兄弟世受厚恩，尤非他人可比。在军机处行走，与和珅朝夕聚处，凡和珅贪黩营私，种种不法罪款，知之最悉。伊受皇考重恩，常有独对之时，若果将和珅纵恣藐玩各款，据实直陈，较之他人举劾，尤为确凿有据，皇考必早将和珅从重治罪正法，如从前办理讷亲之案，何尝稍有宽纵，岂尚任其贻误军国重务，一至如此"，退一步说，如果福长安看到太上皇帝年高体衰，"不敢仰烦圣虑"，也应在皇帝面前"据实直陈"，但三年的时间过去了，福长安对和珅的罪行只字未提，足以说明他们二人通同作弊，本为一丘之貉，必须严惩。随后，嘉庆帝下令革去福长安一切职务，并派人查抄他家财产。

在嘉庆帝的直接指挥下，负责审理和珅案的亲王、郡王及刑部、三法司的官员几次向皇帝提出处理方案。最后嘉庆帝在一道谕旨中宣布了处理结果。他说："内阁大学士、九卿文武大员，翰詹科道等定拟和珅、福长安罪名，请将和珅照大逆律凌迟处死；福长安照朋党律拟斩，请即行正法等因一折。和珅种种悖妄专擅，罪大恶极，于法实无丝毫可贷。"可是考虑到和珅曾为首辅大臣，再加上皇妹和孝公主多次求情，请求给和珅一个全尸，思索再三，联想到康熙帝除鳌拜、雍正帝诛年羹尧、乾隆帝诛讷亲的做法，决定对和珅采取"赐死"的办法，结束他的性命。他在谕旨中说："此三人（指鳌拜等人）分位与和珅相等，而和珅之罪尤为过之。从前办理鳌拜、年羹尧皆蒙恩赐令自尽，讷亲则因贻误军机，于军前正法。今就和珅罪状而论，其压搁军报，有心欺隐，各路军营，听其意旨，虚报首级，坐冒军粮，以致军务日久未竣，贻误军国，情罪尤为重大，即不照大逆凌迟，亦应照讷亲之例，立正典刑，此事若于一二年后办理，断难宽其一线。惟现当皇考大事之时，即将和珅处决，在伊固为情真罪当，而朕心究有所不忍。且伊虽浮于讷亲，究未身在军营，与讷亲稍异。国家本有议亲议贵之条，以和珅之丧心昧良，不齿人类，原难援以议量从减，姑念其曾任首辅大臣，于万无可贷之中，免其肆市。和珅着加恩赐令自尽，此朕为国家起见，非为和珅也。至福长安受皇考厚恩，即居和珅之次，且与和珅朝夕聚处，于和珅罪状知之最悉，且常有独对之时，如果据实举劾，罪绩昭著，皇考必将和珅即正刑诛，断不肯偏护和珅，转坐福长安以讦发之罪。即谓皇考春秋已高，恐触圣怒，藉小忠小信为辞，不敢举发，自朕立为太子，及受宝后，已及四年。此数年中，伊常有在朝内值宿，不与和珅同值之时，何难

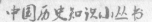

自请独对，或将和珅罪状胪列，具密折奏陈。如先前有片纸只字，则此时朕不但不肯将伊与和珅一同治罪，并不肯夺伊官爵，乃始终并无一语，是其有心扶同循隐，百喙难辞。现在查抄伊家内财产，已非伊分内之所应有，若非平日肆意贪婪，何以得此饶裕？即照大学士所请按照办理，实罪所应得。"但嘉庆帝又考虑到他的罪过终不及和珅严重，况且他的家产也不及和珅的十分之一二，和珅现已从宽赐令自尽，于是将福长安也予以从宽处理，改为"斩监候秋后处决，并着监提福长安前往和珅监所，跪视和珅自尽后，再押回本狱监禁"。后来嘉庆帝再一次对福长安宽大处理，让他儿子锡麟继续承袭福灵安的云骑尉世职；福长安本人免死，只是夺去他的侯爵，并退还了他部分财产，派他与其子锡麟一起到遵化的裕陵（乾隆的陵寝）当守陵的拜唐阿。同时嘉庆帝还解释说，因为福长安之父傅恒的坟墓也在裕陵附近，故派他们父子守陵，以尽人子之责。

嘉庆四年（1799年）正月十八早晨，嘉庆帝派人前往和珅监禁处所，"赏赐"他一条白练，令其自尽。此时和珅接过白练，知道自己死期已至，百感交集，于是提笔写下了一首诗："五十年来梦幻真，今朝撒手谢红尘。他时水泛含龙日，认取香烟是后身。"此时他还看到同伙福长安，也夹杂在为他"送行"的人群之中，于是便顺从地悬梁自尽了，结束了刚刚50岁（虚岁）的生命。

四　廿载枉劳神

和珅入狱以来思绪万千，不禁想到自己惨淡经营一生，特别是自己进入仕途这20余年来，才华尽显，好运连连，妻财子禄样样齐全，高官做遍，家业富比王公，人间的富贵荣华也应享尽享；真可谓"一人之下，万人之上"，呼风唤雨，不可一世。可到头来这一切，却落得个鸡飞蛋打，竹篮打水一场空，处境如此悲惨。他思来想去万分感叹，这一次自己锒铛入狱，身陷囹圄，尝到了凄凉、孤独、寂寞、冷清、饥饿、刑讯与身心痛苦的种种苦辣滋味。特别是正月十五日，正值元宵佳节，他自然想到往年家中欢天喜地，其乐融融，自己在众人侍奉下怡然自得，尽情享乐的情景，提笔作了题名为《上元夜狱中对月两首》的诗：

夜色明如许，嗟令困不伸；
百年原是梦，廿载枉劳神。
室暗难挨晓，墙高不见春；
星辰环冷月，缧绁泣孤臣。
对景伤前事，怀才误此身；
余生料无几，空负九重仁。
今夕是何夕，元宵又一春；
可怜此月夜，分外照愁人。
思与更俱永，思随节共新；
圣明幽隐烛，缧绁有孤臣。

从以上两首诗中可以得知，和珅已经预感到自己的余生时间不会太长了，末日即将来临。伤感前事，发出几声悲鸣。他至死执迷不悟，觉得自己浑身是才，是个能人、强人，可是竟是因为才华、智慧却害了自己，真乃"怀才误此身"也！表现出一种"落花流水春去也"的无可奈何的心情。

嘉庆帝办理此案，以诛杀巨蠹，稳住政局，解除自己身边的隐患为宗旨；同时也为了迅速扭转镇压白莲教起义战事的颓势，借此把一切过失全部推给和珅。因此不在枝节上纠缠不休，采取快刀斩乱麻的方式，速战速决，终结此案。于是他把和珅的罪状梳理成文，公布于众，抄没财产后，即急忙宣布处死和珅。嘉庆帝此举的目的有二：一是以此为转机，重修内政，整肃朝纲，严明法纪，树立自己的绝对权威，以挽救清统治的危急局势。二是迅速平息如火如荼的白莲教农民起义。嘉庆帝在上谕中指出：白莲教"聚众滋事，皆以官逼民反为词……朕闻之殊为恻然"。他认为只要杀了和珅，就可以平息民愤，安定民心，为他早日平定这次农民大起义创造有利条件。也就是说他幻想抛出一个和珅，以平息民怨，以换取百姓对他的信任，从而达到大清统治长治久安。

和珅死后，其子丰绅殷德正在接受隔离审查，为了收尸办丧事，和孝公主曾几次入宫找皇兄嘉庆帝恳求施恩；最后经嘉庆帝批准，允许其夫丰绅殷德"暂行出城，料理丧事"。丰绅殷德的堂兄丰绅伊绵也被批准允许协助其料理丧事。据朝鲜使节记载，和孝公主为了和珅能够得到宽大处理，曾经多次找其兄嘉庆帝，要求网开一面。他写道："珅之京第，宝玩山积，过于王府，皇帝初欲剐杀之，皇妹之为和珅子夫者，涕泣请全其肢体，屡恳不止。大臣董诰、刘墉亦乘间言，珅罪虽万剐犹轻，曾任先朝大臣，请从轻次律，皇上久乃可知。"由此可知，和孝公主在处理和珅丧事时是起一定作用的。这时和珅在蓟州营造的陵墓已被拆除、变卖，看坟的奴仆已奉命迁回京城，等待发落。于是，丰绅殷德在其堂兄丰绅伊绵的帮助下，只好在蓟州刘村地方找了块地，作为和氏新墓地，草草埋葬了和珅；把和珅正妻冯氏，以及和珅胞弟和琳的坟一并迁入此地。新中国成立后因为兴修水利，现在此地已经成为水库。

第九章

和珅家产知多少

一　被夸大的家产

关于和珅家产到底有多少，说法颇多，莫衷一是。野史、笔记与民间传说、口碑，甚至在档案馆保存的"档案"均与正史、官书所记的数字相差悬殊。民间流传的口谚（即"顺口溜"）："和珅跌倒，嘉庆吃饱。"果真如此吗？因此，这个问题确有进一步澄清的必要。

有关和珅家产的种种传说，大多是小道消息，而且随着时间的推移，简直是越传越奇，越传越多，以至到了让人们难以相信的地步。例如，在《清朝野史大观》一书中记载："其家产先后抄出八百兆两（即八亿两白银）有奇，甲午、庚子两次偿款（即指'中日甲午战争'与'八国联军战争'的赔款——笔者注）总额，仅和珅一人之家产足以当之。政府岁入七千万，而和珅以二十年之宰相，其所蓄当一国二十年岁入之半额而强。以法国路易第十四，其私产以不过二千余万，四十倍之，犹不足以当大清国之宰相云。"徐珂在《清稗类钞》中也有相同记载，认为是"八亿两"。其次，史梦兰在《止园笔谈》中记载："乾隆末和相当国……籍没之物见于邸抄者，银九千四百余万，金五千百余万。玉器价七千万。外有玉马、珊瑚……作价百三十万。"无名氏在《殛珅纪略》中记载："当铺十处，本银八十万两；赤金五万八千两；元宝五万六千六百个；京锞五百八十三万个；苏锞三百一十五万个；洋钱五万八千元；制钱一百五十万千文。总共值银五千四百余万两。"

此外，尚有说法与谣传，由于说得太离谱、太玄乎了，简直令人无法相信，这里就不一一罗列了。值得指出的是在清末民初之际，一些文人、学者虽然也在自己的著述中抄录了一些有关查抄和珅家产"清单"等文字，但他们一边抄写，一边产生怀疑，并不十分相信。例如，薛福成在《庸盦笔记》中记载说："前令十一王爷、庆桂、盛柱等，查抄和珅家产，呈奉清单，朕已阅看，共计一百零九号。内有八十三号尚未估计，已估者二十六号，核算共计银二万二千三百八十九万五千一百六十两，着存户部外库，以为川、陕、楚、豫抚恤归农之用。"按此推算，和珅家产当在八亿两以上；但是对于这个数字，薛福成本人也产生了些怀疑。他说："总之此单传抄已旧，余所见数本，大致相同，断非凭空捏造，而与《东华续录》又似不无抵牾之处，盖私家记载颇资耳食，难尽为凭，官书又外间所不能多见，事隔九十余年，见闻已歧若如此。兹特兼志于此，以待搜考。"事实也确实如此，这些传抄的所谓"抄家清单"，最早的来源可能是邸报、小抄之类的东西。在辗转传抄过程中，难免有人故弄玄虚、添枝加叶，任意夸张，因此愈传愈奇，愈传愈多，传到后来简直到了令人难以相信的地步了。

有关私家传抄和珅的"家产清单"很多，但都大同小异，最具代表性的是今天还保存在中国第一历史档案馆的所谓《和珅犯罪全案档》中的《御览抄产单》，与民间流传很广的《查抄和珅家产清单·目录》，非常相似，现在分别将全文抄录如下：

（一）《和珅犯罪全案档》

正房一所十三（进）共七十八间、东房一所七（进）共三十八间、东西侧房共五十二间，徽式房一所共六十二间、花园一座楼台四十二所、钦赐花园一座亭台六十四所、四角更楼十二座（更夫一百二十名）、堆子房七十二间（档子兵一百八十名）、杂房六十余间、汉铜鼎一座、古铜鼎十三座、玉鼎十三座、宋砚十方、端砚七百十余方、玉磬二十架、古剑二把、大自鸣钟十架、小自鸣钟三百余架、洋表二百八十余个、玉马一匹（高一尺二寸，长四尺）、珊瑚树八株（高三尺六寸）、大东珠六十余颗（每颗重二两）、珍珠手串二百三十六串（每串十八颗珍珠）、素珠十一盘、宝石素珠一千一十盘、珊瑚素珠五十七盘、密蜡素珠十三盘、小红宝石三百八十三块、大红宝石二百八十块、蓝宝石大小四十三块、白玉观音一尊（高一尺二寸）、汉玉寿星一尊（高一尺三寸）、玛瑙罗汉十八尊（高一尺二寸）、金罗汉十八尊（高一尺三寸）、白玉九如意三百七十八支、宝石珊瑚帽顶一百三十二个、嵌玉九如意一千九百八支、嵌玉如意一千六百十支、整玉如意二百三十支、白玉大冰盘十六个、碧玉茶碗九十九个、玉汤碗一百五十三个、金碗碟三十二桌（共四千二百八十八件）、银碗碟三十二桌（共四千二百八十八件）、白玉酒杯一百二十个、水晶杯一百二十个、金镶玉簪二百刷、金镶象箸二百刷、赤金吐盂二百二十个、白银吐盂二百余个、赤金面盆四十三个、白银面盆五十六个、白玉鼻烟壶三百七十四个、汉玉鼻烟壶二百七十六个、镂金八宝大屏十六架、镂金八宝床四架（单夹纱帐俱全）、镂金八宝炕屏三十六架、赤金镂丝床二顶、镂金八宝炕床二十四张、嵌玉炕桌二十四张、嵌玉炕屏十六张、金玉朱翠首饰（大小二万八千余件）、赤金元宝一百个（每重一千两，估银一百五十万两）、白银元宝一百个（每重一千两）、生金沙二万余两（估银十六万两）、赤金五百八十万两（估银八千千百万两）、元宝银九百四十万两、白银五百八十三万两、苏元银三百十五万四千六百余两、洋钱五万八千元（估银四万六百两）、制钱一千五百串（折银一千五百两）、人参六百八十余斤（估银二十七万两）。当铺七十五座（本银三千万两）、银号四十二座（本银四十万两）、古玩铺十五座（本银三十万两）、玉器库二间（估银七千万）、绸缎库四间（估银八十万）、瓷器库二间（估银一万）、洋货库二间（五色大呢八百版、鸳鸯呢一百五十版、五色羽毛呢六百版、五色哔叽二百版）、皮张库二间（元狐十二张、色狐一千五百二十张、杂狐三万六千张、貂皮八百余张）、铜锡库六间（共二万六千九百三十七件）、珍馐库六间、铁犁紫檀库六间、玻璃器库一间（共百余件）、貂皮男衣七百十三件、貂皮女衣六百五十余件、杂皮男衣八百六十件、杂皮女衣四百三十七件、绵夹单纱男衣三千八百八件、绵夹单纱女衣三千一百十八件、貂帽五十四顶、貂蟒（袍）三十七件、貂褂短罩四十八件、貂靴一百二十四只（疑为双）、药材库二间（估银五千两）、地亩八千余顷（估银八百万两）。

（二）《查抄和珅家产清单·目录》

钦赐花园一所、亭台二十座，新添十六座、正屋一所，十三进共七百十三间、东屋一所，七进共三百六十间、西屋一所，七进三百塞十间、徽式新屋一所，七进共六百二十间、私设档子房一所，共七百十三间、花园一所、亭台共六十四座、田地八千顷、银号十处、本银六十四万两、当铺十处，本银八十万两，另件未计。

金库：赤金五万八千两。银库：元宝五万五千六百个、京锞五百八十三万个、苏锞三百一十五万个、洋钱五万八千元。钱库：制钱一百五十万千文。以上共约银五千四百余万两。人参库：人参大小支数未计，共重六百斤零。

玉器库：玉鼎十三座（高二尺五寸）、玉磬二十块、玉如意一百三十柄、镶玉如意一千一百零六柄、玉鼻烟壶四十八个、玉带头一百三十件、玉屏二座二十四扇、玉碗一十三桌、玉瓶三十个、玉盆十八面、大小玉器，共九十三架、未计件，以上作价七百万两。

另又，玉寿佛一尊高三尺六寸、玉观音一尊高三尺八寸（均刻云贵总督献）、玉马一匹（长四尺三寸，高二尺八寸）。以上三件均未作价。

珠宝库：桂圆大东珠十粒、珍珠手串二百三十串、大映红宝石十块（计重二百八十斤）、小映红宝石八十块（未计斤重）、映蓝宝石四十块（未计斤重）、红宝石帽顶九十颗、珊瑚帽顶八十颗、镂金八宝屏十架。

银器库：银碗七十二桌、金镶箸二百双、银镶箸五百双、金茶匙六十根、银茶匙三百八十根、银漱口盂一百零八个、金珐琅漱口盂四十个、银珐琅漱口盂八十个。

古玩器库：古铜瓶二十座、古铜鼎二十一座、古铜海三十三座、古剑二口、宋砚十方、端砚七百零六方，以上共作价八百万两。另又，珊瑚树七支，高三尺六寸，又四支高三尺四寸、金镶玉嵌钟一座，以上三件未作价。

绸缎库：绸缎纱罗共一万四千三百匹。

洋货库：大红呢八百版、五色呢四百五十版、羽毛六百版、五色哔叽二十五版。

皮张库：白狐皮五十二张、元狐皮五百张、白貂皮五十张、紫貂皮八百张、各种粗细皮共五万六千张，以上共作价银一百万两。

铜锡库：铜锡器共三十六万九百三十五件。

文房库：笔墨纸张、字画、法帖、书籍，未计件数。

珍馐库：海味杂物，未计斤数。

住屋内：镂金八宝床四架、镂金八宝炕二十座、大自鸣钟十座、小自鸣钟一百五十六座、桌钟三百座、时辰表八十个、紫檀玻璃水晶灯彩各物，共九千八百五十七件；珠宝、金银、朝珠、杂佩簪钏等物，共二万零二十五件；皮衣服共一千三百件、绵夹单纱衣服共五千六百二十四件、帽盒三十五个、帽五十四顶、靴箱六十口、靴一百二十四双。上房内，大珠八粒，每粒重一两；金宝塔一座，重二十六斤；赤金二千五百两；大金元宝一百个，每个重一千两；大银元宝五百个，每个重一千两，以上均未计价。

夹墙内：藏匿赤金二万六千两。地窖内埋藏银一百万两。另又，家人六百零六名，妇女六百口。尚有钱店、古玩等铺，俱尚未抄。

可是在清史档案与正史中记录的和珅家产数字与以上数字迥然不同，二者相差悬殊，由此可见私人记载的数字是夸大的，并不可信。下面将官方有关和珅家产的史料归纳摘录如下：

（一）清史档案中的有关记载

1.绵恩、淳颖、缊布等人奏折

　　臣等奉旨查抄和珅及伊家人刘全等家产，所有查出和珅家：二两平金兰万三千五百五十一两，银三百一万四千九十五两三钱三分。俱已交广储司收讫，并经奏文在案。续查出和珅借本银钱所开当铺十二座，及家人刘全、刘印、刘陔、胡六自开、伙开当铺共八座，亦经奏闻在案。臣等自正月初八日起迨今查得和珅契置取租房计一千另一间半，取租地计一千二百六十六顷零，通计价银二十万三千三百两零，价钱六千一百吊零。此外，查出和珅借出应追本利银二万六千三百十五两，并自栓大车八十辆，每辆银一百二十两，共发出车价九千六百两，分给各户办。今已在各户名下追出二两平银三千九百六十两，尚有未经交出银五千六百四十两，逐一另缮写清单恭呈御览。臣等拟将房地、车价、银两分别交户部、内务府照例查办，其未经呈交之车价造具清册，移咨内务府就近着追。和珅家人经手管事之刘全、刘印、刘陔、方二、王平、胡六、太监呼什图各名下，现在查出金银、钱文及查出银钱，今已分析，另缮清单。……查出和珅家借出银两开后：

　　计开

　　陈偏儿借银二千两（陈偏儿系和珅取房租家人，所借银两并无利，此项银两于每月工食内坐扣）。除扣过银二十二两，尚欠一千九百七十八两，又欠房租五百五十八两。

　　傅明借银一千两（傅明系和珅已故家人，现有伊子花纱布还所借银两，每月八厘起利）。欠利银二百两，共欠一千二百两。

　　兴儿借银一千两（兴儿系和珅家人，所借银两每月一分起利，此项本利银于每月工食内坐扣）。除扣过本利银二百三十五两，尚欠一千一百五十九两。

　　明保借库平银一万五千两（明保系和珅母舅，所借银每月一分起利），欠利银六千四百五十两。

四人共借出本银一万九千五百六两，共欠利银六千八百九两，通共本利银二万六千三百十五两。

查出和珅家取租房地开后：

计开

京城内外取租房三十五项。按契载共房一千零一间半，共价银四万九千四百八十六两，价钱二千三百二十五吊。每年共取租银一千二百兴十八两三钱，取租钱四千四百九十二吊二百四十文。

安肃县等处地七十二项。按契载共地七百六十六顷七十一亩七分一厘，共价银十一万八千六十五两一钱二厘，价钱三千八百吊，每年共取租银二千五百四十六两，取租钱二万六千九百十六吊七百二十八文。

蓟州地十九项。按契载共地一百十七顷六十三亩七分三厘，共价银二万八千九百二十二两四钱，每年共取租钱三千五百十九吊。

古北口等处地三项。按契载共地三百八十三顷，共价银六千八百五十两，每年共取租银九百五十二两四钱。以上地亩九十四项，共地一千二百六十六顷三十五亩四分四厘，共价银十五万三千八百三十七两五钱二厘，价钱三千八百吊，每年共取租银三千四百九十八两四钱，取租钱三万四百兰十五吊七百二十八文。统计取租房地共价银二十万三千三百二十三两五钱二厘，价钱六千一百二十五吊。每年通共取租银四千七百六十六两七钱，租钱三万四千九百二十七吊九百六十八文。

2.内务府奏折

总管内务府谨奏，为奏闻事，由提督衙门交到查抄和珅家产案内：二两平纹银九十六万两，杂色元宝六十八万两，色银一百三十七万四千四百九十五两三钱三分，以上共银三百一万四千九十五两三钱三分，随即令噶（广）储司银库官员弹兑查收。现据该库官呈所有前项钱两逐一弹兑数目俱属相符，已照例按库法弹兑，共得库平银二百八十三万三千二百四十九两六钱一分，理合奏明归入月折收贮，为此谨奏。嘉庆四年正月二十九日，具奏奉旨知道了，钦此。

3.内务府官房租库呈稿

京城内外取租房一千零一间半，涿州等处当铺取租房二百七十九间，有契典卖热河小南门等处房二百二十八间。赏给十公主住房六所，计九十八间。赏给庆郡王宅门口等处铺面房七十五间。会计司胡同等处房一百四十一间，正阳门外大栅栏等处铺面住房四百九十六间、马圈一所，房四十五间。和珅花园内，房一千零三间，游廊、楼亭共房三百五十七间。马圈一所，房四十五间。善缘庵寓所一处，房八十六间，游廊四十二间，共三千八百五十一间半。

4.永锡、绵懿、永来等人奏折

和珅园内金银器皿房间清单：

金小如意一对、金锞九个、金盆十三个、金镶松石盆二个、银盒二十件、银渣斗十五件、银烛阡一对、银茶盘六件、银茶碟四个。马圈一所（计房四十五间），善缘庵寓所一处，房八十六间，游廊四十二间。

5.《内务府来文》等档案

查抄和珅家产内，查出钱五万九千一百二十六吊七百十四文。曾经准奏将此项钱文动用给发抬运呈进物之苏拉、步甲等饭食，并

买绳杠等项。今将用钱文逐一核实，共享出钱二万三千五百五十三
吊五百八十文，现在实存钱三万五千五百七十三吊一百三十四
文。又查出刘全等各家钱一千三百二吊二百文，追出欠刘全等
二十名下钱四万八千五十吊，以上共实存钱七万七千七百二十五吊
三百三十四文，应交广储司银库。

热河总管查出和珅等人入官闲散房间：

计开

和珅名下：

附近房三处，马圈二处，计房一百六十五间半，内灰棚七间。
生落宫门口红栅栏内：房一所计五十三间半。坐落皮袄街北头胡同
内，房一所计三十间。坐落新街内，铺面房一所，现开德兴号，计
房二十二间。坐落皮袄街下坡，马圈七间、马棚五间。坐落二道
街，马圈房二十七间，马棚十八间。又零星大小房六十三间半，内
灰棚十七间。坐落小南门西口内租给民人堆货房五间，相连灰棚
五间。坐落北大门外西边，房九间，灰棚二间；坐落东边门，房
二十六间半，灰棚五间。坐落小南门，铺面房，铺面房六间，灰棚
三间。坐落皮袄街下坡，马圈文灰棚二间。

自两间房至阿穆呼郎图寓所八所，计房一百七十六间，内草房
十七间。坐落两间房下处，草瓦房二十五间。坐落长山峪下处草瓦
房二十三间。坐落喀拉河屯下处，瓦房三十一间。坐落中关下处，
计房十四间。坐落张三营下处，计房二十一间。坐落吉尔哈郎图下
处，计房二十二间。

呈报总管内务府行交各该处查办：

热河寓所一处，计房间、游廊三百八十六间。附近三处，马
圈二处计房一百六十五间半，内灰房十七间。自两间房至阿穆呼郎
图寓所八处，计房一百七十六间，内草房十七间。坐落承德府地方
墙子路口外，山平地三百五十顷。坐落滦平县地方四泉庄山平地
二十九顷九亩二分，贵口山平地八顷六十九亩，牧放马十六匹，家

人三户，计男妇大小十名口。

和珅书五百零一套。交御书房一百五十套，东西陵行官一百二十九套，赏二阿哥五十六套，三阿哥二十二套，交军机大人拟赏王公大臣一百四十四套。

又，

查出和珅等名下粮食数目清单：

容城县：粮食四千八百五十七石七斗三升六合。

新城县：粮食二千一百一十一石四斗十七升。

大城县：现报粮食二千起始石二斗一升四合。

天津县：粮食四十七石九斗。

静海县：粮食一百八十四石四斗。

交河县：粮食八十四石三斗。

青县：粮食一千二百零九石四斗。以上共粮一万一千六十五石四斗二升。系奏明赏借文安、大城二县被水村庄口粮、籽种之用。

又，

青县尚有查处无名色杂粮五百一十余石，不在奏，请赏借文安、大城被水村庄。

三河、通州、蓟县、宛平、昌平、顺义、密云等处，尚有查出粮食约一万余石。并查出三河等州县和兴当等当铺，现存银钱及存铺架货约二十余万两。

又，

查出正珠手串二百余挂，其余珍宝、金银不可胜计。

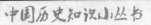

又，有关和珅家、奴仆人数的部分数字：

现已收到在京和珅家奴七十九户，共三百零八名，移送分卖。未经收到蓟州家人朱慧、热河家人喜尔（儿），并在逃亡连元等十八户家奴，俟收到之日，再行办理。

（二）《清实录》、《清史稿》、《清史列传》中有关记载

1.《清实录》

"家内银两及衣服等件，数逾千万，其大罪十七"；

"且有夹墙藏金二万六千余两，私库藏金六千余两，地窖内并有埋藏银二百余万两，其大罪十八"；

"附近通州、蓟州地方，均有当铺、钱店，查计资本又不下十余万。以首辅大臣下与小民争利，其大罪十九。"

"伊家人刘全，不过下贱家奴，而查抄资产竟至二十余万，并有大珠、珍珠、手串，若非纵令需索，何得如此丰饶，其大罪二十。"

以上是属于现金部分，此外，和珅家还藏有大量世间罕见的珍奇宝物，更是价值连城。因此，嘉庆帝也把它列入和珅罪状当中，"家内所藏珍宝，内珍珠、手串竟有二百余串，较之大内多至数倍，并有大珠，较御用冠顶尤大，其大罪十五"。"又，宝石顶并非伊应戴之物，所藏真宝石顶有数十余个，而整块大宝石不计其数，且有内府所无者，其大罪十六。"

2.《清史稿》

所藏珍珠手串二百余，多于大内数倍，大珠大于御用冠顶，大罪十五；宝石顶非所应用，乃有数十，整块大宝石不计其数，

胜于大内，大罪十六；藏银、衣服数逾千万，大罪十七；夹墙藏金二万六千余两，私库藏金六千余两，地窖埋银三百万两，大罪十八；通州、蓟州当铺、钱店资本十余万，与民争利，大罪十九；家奴刘全家产至二十余万，并有大珍珠手串，大罪二十。

3.《清史列传》

家内所藏珍珠手串二百余，较之大内多至数倍，并有大珠较御用冠顶尤大，其大罪十五；又，宝石顶非伊应戴之物，伊所藏数十，而整块大宝石不计其数，且有内府所无者，其大罪十六；银两、衣服等件数逾千万，其大罪十七；且有夹墙藏金二万六千余两，而地窖内藏埋银三百余万，其大罪十八；附近通州、蓟州有当铺、钱店资本又不下十余万，以首辅大臣下与小民争利，其大罪十九；伊家人刘全不过下贱家奴，而查抄家产竟至二十余万，并有大珠及珍珠手串，若非纵令需索，何得如此丰饶，其大罪二十。

以上诸史料，均采于档案、实录、正史，而且各种史料所载的和珅家产数字也大体相同，因此，一般说来是较为可信的。当然其中也免不了和珅家族中有人事先隐匿了一些家产；还可能有办案人员与监护人员贪污、侵吞或不如实上报等事。但无论如何，以上所列数字是和珅家最主要的资产，隐匿和侵吞的数量不会超过抄出来的数目太多，相差太悬殊。

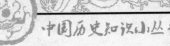

二　和珅家产考实

和珅家产被籍没后，抄出了大量动产与不动产。此事轰动了朝野上下，成为震惊中外的头号新闻，也成了街头巷尾议论的话题。和珅家财巨富，是清朝任何官吏所不能相比的。朝鲜使臣就曾说："阁老和珅权势隆盛。则天子亦不足贵。"以至他家的财产使皇子与王公贵胄们都为之羡慕、倾倒和垂涎；甚至有的皇子认为如果要能得到和珅家那么多财产，比当皇帝还要得意，因为他知道皇帝这个宝座，他无论如何是当不上的，因此就把希望寄托在有朝一日，能得到和珅家财了。和珅家产被籍没后，民间就广为流传说其家财达八亿两白银，而且这些说法被民国以来的某些史家所承认。甚至有人说：和珅家财"凡109号。赤金580万两，生沙金200万两"，连同其他财产，"估计不少于8亿两黄金"。果真如此吗？很值得考证一番。

8亿两黄金相当于当时国库收入的10多倍，因为清朝在乾隆末年的国库收入在7000万两左右。难道在和珅当政的20多年中，他一人每年的贪污收入，竟能相当于当年国库收入的一半？再说他家能有藏金780万两（相当于4.875万斤，约合244吨黄金），如果当时清朝全国生产的黄金全都落入和珅家，也需要年产10吨以上。当时黄金全靠手工生产，其勘探、生产设备、机械，以及生产技术都是十分落后的，要年产10吨黄金是不大可能的。因为据新闻报道说，我国在1955年时，全国黄金的生产量指标才不过100吨，因此，这8亿两的数字是很值得怀疑的。再有，史载雍正帝统治后期，国库存银大约有2400万两，"积贮可供二十年之用"；但是这个数字只相当于和珅贪污总数"8亿两"的

3%左右，这可能吗？！绝对不可能。

从《清实录》与其他正史、档案的记载来看，和珅家除了珍藏大量稀世宝物、珠玉、古玩和字画（这部分财产是难于估价的）外，能够估价的现金、土地、房屋等，当在一二千万两之谱。仅就这个数字来看，那已是够惊人的了。这在清朝268年的历史中，已属罕见；同时他也是整个清朝被抄家的官吏中家资首屈一指者，鳌拜、明珠、年羹尧、隆科多与讷亲等人没有一个能与他相比。

说"和珅富比皇室"是并不过分的。据查，在"升平昌阜，财赋丰盈"的康熙六十一年（1722年）时，户部库存也不过800余万两，而和珅的家财竟比这个数字多百余倍，这又怎么可能呢？！还有，和珅的家业就是比起当时地位显赫的亲王、郡王们的家财也是有过之而无不及。例如，简仪亲王德沛（即德济斋），在乾隆十三年（1748年）嗣王位时，得知"邸库中存贮银数万两"，就吓得不得了，非常恐慌，赶忙对王府中管事的长史说："此祸根也，不可不急消耗之，无贻祸后人也。"不久，他决定把部分存银分给府中一些人，其余的则用于建造别墅、亭榭楼台……迅速花费掉了。又如，在嘉庆朝以富有著称的成亲王永瑆，邸库中存银也不过80万两。由此可见，在嘉庆时期，一个王爷家中库存白银几万两、几十万两就算很大的豪富了。可这比起和珅来，真可谓小巫见大巫了。

应该指出官书与清朝档案中有关和珅家产的记载大体上是一致的，可以相互印证。只有个别地方稍有不同。如前面提及的和珅家地窖藏银《清实录》中记载为200万两，而在《清史稿》与《清史列传》中为300万两。其他地方基本相同，只是语句和修辞稍有差异。这些官书的记载，又大体上都能与今天保存在中国第一档案馆的有关档案对上号，可见这些官书是来源于档案的，应该说是可信的，这是研究和珅家产数量的主要根据。比起官书和档案有很大差异的是野史、笔记等民间流传的记载。两者有关和珅家产的数目出入颇大，相差悬殊；就是相互传抄的所谓《查抄和珅家产清单》，彼此间也有一定差距，互不统一。因此，对于它们的真实性和可靠性必须作一番认真的考订。首先应该指出，野史、笔记中所载《查抄和珅家产清单》，表面上彼此大致相像，但要仔细推敲又很不相同。例如,房屋的数量、金银的数目、珠玉珍宝的数目都大不一样。在《查抄和珅家产清单》中记载和珅在海淀花园中的亭台一共是36座,而在薛福成《庸盦笔记》中记载为64座;《查抄和珅家产清单》中记载:宅第中,正屋一所(十三进,共七百三十间)、东屋一所(七进,共三百六十间)、西屋一所(七进,共三百五十间)、徽式房屋一所(七进,六百二十间而在《庸盦笔记》中却记载为:正屋一所(十三进,七十二间)、东屋一所(七进,三十八间)、西屋一所(七进,三十三间)、徽式屋一所(六进,六十二间)、东屋侧室一所(五十二间)、四角楼更楼十二座(更夫一百二十名,杂房一百二十余间)。又,在《查抄和珅家产清单》中记载:和珅家藏赤金五万八千两、银元宝五万五千六百个。而《庸盦笔记》中却记载为:赤金五百八十万两、元宝银九百四十万两。此外,有关和珅家的当铺、银号数目也不相同,《查抄和珅家产清单》中记载为:当铺十处,本银八十万两、银号十处,本银六十万两;而《庸盦笔记》中却记载为:当铺七十五座,本银三千万两,银号四十二座,本银四十万两两。

还应该指出:野史、笔记中所载的各种《查抄和珅家产清单》,虽然是相互传抄,但由于途径不同,时间较长,难免以讹传讹,造成家产数字彼此不尽相同,真可以说是千奇百怪,五花八门。因此,不能不使人怀疑这些东西的可靠性。

在各种《查抄和珅家产清单》中,以中国第一历史档案馆保存的《和珅犯罪全案档》极为典型,它与《庸盦笔记》所载《查抄和珅住宅花园清单》非常相似,数目也大体相同。我们不妨以此为例,作一下考实。

《和珅犯罪全案档》与中国第一历史档案馆保存的其他档案截然不同,由于它所记事实与其他档案、《清实录》、《东华录》、《清史列传》及《清史稿》等不同,却与市井传说或野史、笔记所述相似。仔细研读后,发现其中破绽百出,疑云丛生。不论从形式、字体、用词、称谓和财产数量等各方面彼此间都差异极大。现摘其要者,分述如下:

(1)从形式上看它与中国第一历史档案馆所保存的其他档案不同。该件档案,本名为《录和珅犯罪全案》(以下简称《全案档》,其封面《和珅犯罪全案档》的题签是后人托裱后才加上的），从一个"录"字，就可以知道它不是原始的档案。从其内容上看，它既包括嘉庆皇帝的上谕，也包括《御览抄产单》；既有和珅的二十大罪状，也有他与爱妾的诗文，可以说是一盘名副其实的"大杂烩"。经仔细与《清仁宗实录》（以下简称《实录》）、《清史列传》、《清史稿》等官书及其他原始档案比较，出入颇大。其中不但讹舛很多，而且有些嘉庆帝的上谕在其他档案和《实录》等官书中根本找不到，不知源于何处。总之，《全案档》不像是一份经过官方系统整理后编辑的文书档案，却仿佛是一份民间传抄的杂录。

（2）从《全案档》成档的时间上看，也可以证明它不是原档。并且可以肯定它不是在嘉庆年间成"档"的。因为在《全案档》中，凡遇"宁"（繁体字为"寧"）字均写成"寍"（少两笔为"笔讳"——笔者注），不言而喻，这是为了避讳嘉庆帝的儿子道光皇帝旻宁的名字。由此可见，这件"档案"一定是道光年间以后才搞成的。

（3）《全案档》所载审办、查抄和珅家产、园寓人员与正式档案、《实录》及其他官书所载审办、查抄和珅家产、园寓人员名单及分工均不相符。

《全案档》所列查办和珅人员是八王爷（即仪亲王永璇）、十一王爷（即成亲王永瑆）、绵二爷（即定亲王绵恩）、七额驸（即拉旺多尔济）、刘中堂（即刘墉）、王中堂（即王杰）、董中堂（即董诰）、盛柱、庆桂等人。具体分工为：永璇、拉旺多尔济、刘墉、王杰、董诰等负责审讯和珅；永瑆、盛柱、庆桂等负责查抄和珅住宅。

绵恩负责查抄和珅花园（即淑春园），并奉旨将和珅儿子丰绅殷德交宗人府看管。但在原始档案中所列却不大一样，在《军机处上谕档》与《录副奏折》中记载，主持审理和珅案件的是永璇、拉旺多尔济、王杰、刘墉与董诰等人，有时还有永瑆、布彦达赉、那彦成等人。最早派去查抄和珅家产的是永瑆，后来增加了绵恩、淳颖、缊布、庆桂等人。查抄和珅在海淀钦赐花园的则是永锡、绵懿和永来等人。查抄和珅热河寓所的是书鲁、姚良（二人均是热河总管）与穆腾额等人。查抄和珅在蓟州坟茔的是绵懿、特清额等人。根本就没有盛柱。由此可见《全案档》与原始档案记载不同，却与野史、笔记的记载相

雷同，故不难看出《全案档》并非第一手材料。

（4）在《全案档》中收录的嘉庆帝上谕中对大臣的称谓，与一般官书不同。一般说来清朝皇帝称臣下多是直呼其名，偶尔才有缀上封爵和官职的。但无论如何不会有什么"八王爷"、"十一王爷"、"七额驸"、"绵二爷"、"王中堂"、"刘中堂"和"董中堂"之类的称呼。这一破绽，也可以证明该《全案档》并非原始档案，同时也不能不使人们对它的真实性与可靠性产生怀疑。

（5）《全案档》所录嘉庆帝上谕多与《实录》的同一上谕差异很大，错字、丢字和添字比比皆是，极不严肃。相反，《实录》中的该上谕却与档案（包括内阁上谕、军机处上谕、起居注等）中的同一上谕（除个别字句外）大体相同。这就说明《实录》是源于档案的，而《全案档》中的文字，却是辗转传抄而来的。例如，关于嘉庆四年（1799年）正月初四日上谕，《实录》原文是"自用兵以来，皇考焦劳军务，寝膳靡宁，……"《全案档》中却是"自用兵以来，皇上焦劳军务，寝膳靡宁……"《全案档》中称"皇上"显然不通。首先，嘉庆帝根本不可能称自己为"皇上"；其次，从上下文的情况来看，此处系指乾隆帝为妥，因此应该称"皇考"，而不应该称"皇上"。

（6）《全案档》中错字、丢字俯拾皆是，如把"靖"字写成"竣"字；把"咎"字写成"疚"字；把"有"字写成"不"字；把"继"字写成"计"字；把"斩"字写成"渐"字；把"苦"字写成"若"字；把"每"字写成"再"字；把"昭"字写成"照"字；把"妾"字写成"妄"字；把"德"字写成"怀"字；把"伸"字写成"深"字；把"和琳"写成"和珅"等。此外，《实录》中有"尚未抄毕约有数千万两之多"；而《全档案》中为"所藏金银、古物等物，尚未抄毕约有万万余两之多"。《实录》中"数年来"，《全案档》却写成"数十年来"，《全案档》并且还把"十一王爷"写成"十三王爷"；把"贵德"写成"贵怀"；把"刘马二家人"写成"刘二马家人"；把"朋党"写成"明党"等等。

（7）《全案档》所载《御览抄产单》与原始档案所载的数字不合。

首先，查抄的房屋数量不合。《全案档》记载数为"正房一所，十三层（进），共七十八间，东房一所，七层（进）共三十三间。东西侧房共五十二间、徽式房一所共六十间、花园一座楼台四十二所，钦赐花园一座亭台六十四所、四角更楼十二座（更夫一百二十名）、堆子房七十二间（档子兵一百十名）、杂房六十余间"。而实际和珅拥有的房屋要大大超过此数。他家除北京城内什刹海畔的居所（即今恭王府）外，仅在京城西郊海淀附近的别墅和花园内就有房屋一千零三间、游廊、楼亭共三百五十七间。其次，他家京城内外取租房共有三十五项，按契载共房一千零一间半。此外尚有涿州、蓟州等处当铺取租房二百七十九间、在热河小南门等处有典卖房二百二十八间、京城会计司胡同住房一百四十一间、赏给和孝公主居住房六所，共计九十八间、赏给庆郡王永璘宅门口等处铺面房七十五间、正阳门外大栅栏等处铺面住房四百九十六间。此外，尚有马圈一所房四十五间、善缘庵寓所一处，房八十六间，游廊四十二间，这样加在一起，约计共有房屋三千八百五十一间半。这里并没有包括留给庆郡王永璘的和珅住宅的前半部分与祠堂、马圈在内，也没有包括留给和孝公主居住的和珅住宅的后半部分与花园内房屋在内。显然和珅实际所拥有的房屋比《全案档》所载房屋数字要多得多。

其次，《全案档》所载和珅在京家资数目与正式档案所载数目不合。《全案档》引述嘉庆帝上谕说："和珅家产一百零六号中二十五号，即折算成银二万二千三百八十九万五千一百六十两。""所藏金银、玉石、古玩等物，约值万万两之多。"可是这两条上谕不见于正式档案和正史。笔者认为和珅的家资，除难以估价的稀世珍宝、文物古玩外，其他财产是不会达到上亿两白银的。这从嘉庆帝的一道上谕中就可以得到证实。上谕中说："从来人言，多以外任为可羡，得资丰衣足食，以京官为清苦，不免生计艰难。殊不知外任官员，如果洁清自矢，亦岂能积有余资？而身任京员者，觊营私法，任意贪婪，如和珅、福长安，何曾一日外任，而封殖自肥，家资累至数十百万，胜似外任百倍，可见居官苦乐，不在京外之分，而在贪廉之别也。"这里嘉庆帝只说和珅"家资累至数十百万，胜似外任百倍"，看来他是有根据的，如果和珅果真有几亿两白银，皇帝是绝不会替他隐瞒的。

再有，清末以来，一些学者就曾对"和珅家产抄家清单"之类的东西表示怀疑。如薛福成、邓之诚等人，在他们的著述中都认为这些数字不可靠。薛福成认为："世俗私相传抄之本。乃其实数耶？抑或当时共谂和珅之富，遂于查抄清单之下，浮写其估价之数日久延，遂莫能辨真伪耶。总之，此单传抄以旧，余所见数本大致相同，断非凭空捏造，而与《东华续录》又似不无抵牾之处。盖私家记载颇资耳食，难尽为凭，官书又外间不能多见。事隔九十余年见闻已歧异若此，兹特兼志于此，以待搜考，并质世之博物洽闻耳。"邓之诚也说："是时军饷告竭，欲得其家产以瞻军耳。世传《查抄和珅家产清单》，出于当时民间小抄，实不足据。"这说明民间传抄的"查抄和珅家产清单"是很值得怀疑的。

还有，和珅及其家人所经营当铺的本银数量与一般当铺本银数量不符。《全案档》记载，和珅有"当铺七十五座（本银三千万两），银号四十二座，本银四十万"。但原始档案却记载为："查出和珅借出本银开当铺十二座及家人刘全、刘印、刘陔、胡六自开、伙开当铺共八座。""附近通州、蓟州地方均有当铺、钱店，查计资本又不下十余万……"

从上述材料可以看出，除当铺数量不相符外，《全案档》所列每座当铺的本银多者高达三四十万两，少者也在一二十万两左右，这是颇值得怀疑的。从现存的内务府档案中看，清代在乾嘉时代，北京地区当铺的本银一般是达不到此数的。当时开一座当铺，大致有二三万两白银作为本银也就足够用了。如果一座当铺的本银和架上货物的价银加在一起，能够达到五六万两，那在当时已是一座很大的当铺了。无论如何一座当铺本银也不会达到三四十万两之多。如和珅入官的恒升当，原来为13.6万两吊，按当时的银价折算，合价本银57800两，这在当时已是一座很大规模的当铺。又如，福长安所开三座当铺的本银多在白银几千两，最多也不超过二三万两。例如，他开的广泰号当铺，本银也就是在7000两左右。由此可见，一座当铺本银如果达到五六万两就已经是相当大了，如果一座当铺成本过多，就有碍于生意运营了；既不利于经营（即积压资金），也会造成浪费，因此在这种情况下，当铺主人就要想办法分号经营了。

再则，和珅所拥有的土地数目与《全案档》所载的数目不合。《全案档》记载和珅有土地8000顷，但是档案中却记载为："取租地计一千二百六十六顷零。"此数字虽然只是和珅在京畿与热河地区的田产，但这些地区是和珅家田产最多、最集中的地区。虽然可能在其他地区或隐匿未查出来的土地还有一些，如，他家在盛京义州（今辽宁省义县）地区，就有许五德私自馈送给他的官地20顷；其次在直隶易县、静海地区也还有一些零星地亩，但这些地区的土地数目不是很大，加起来绝不会有六七千顷之多。由此可知，《全案档》所载和珅拥有土地数量也是夸大其词的。

总之，《全案档》的漏洞百出，舛误颇多，是不足为信的。当然，档案或其他官书中的数字也未必可靠。其中有些数字很可能被缩小了，或者他家的部分财产为本家所隐匿，或为经办人员侵吞，或因其家产分散、零星因此未能查出来。但是不管怎样，档案中公布的数字应是和珅家产的绝大部分。除他家宅第、花园与大量稀世珍宝、书画，以及文物古玩外，其他财产加在一起是很难达到上亿两白银的。

（8）《全案档》在行文中也存在着许多明显的讹错，与事实不符。例如，把和琳革去公爵，撤出太庙、拆毁专祠，其子丰绅伊绵革去公爵、斥退侍卫等事都张冠李戴地安在了和珅及其儿子丰绅殷德头上。

通过以上考察，可以得出结论：《全案档》至今仍然保存在中国第一历史档案馆里，但是笔者认为它并不是一份正式档案。可以肯定它的文字不是原办案机构整理编纂的，而是后人汇集草成的。有种种迹象可以说明，《全案档》最早的材料来源是由宫内太监或好事者从邸报、小抄，以及人们传闻口碑中转抄、记录下来的。其中有真有假，特别是许多数字是经过渲染、夸大的。后来又在市井流传添枝加叶，添油加醋，尤其是对和珅的家产进行了无限膨胀、夸大，至道光年间后才汇集成册，变成了今天这个样子的。

长期以来，《全案档》在清宫内外流传，加上人们又轻易看不到原始档案材料，因此便以讹传讹，着力渲染，很少有人去认真核实、考察、比对与订正，致使鱼目混珠，真假难辨。甚至有不少人以类似这样虚假的材料来说明历史问题。

由于《全案档》与原始档案、官书等相差甚远，而与野史、笔记极为相近，故可以推知它们是同出一源。这样通过证实可知《全案档》不翔实、不可靠，亦可以证实《查抄和珅家产清单》、《庸盦笔记》等一类有关和珅家产的记载也是不真实、不可靠的。这些记载只能供人们研究和珅问题时参考而已，而不能以此为依据。通过以上的考察，可以得出这样的结论：和珅的家产肯定不像传闻所说有8亿两白银。这个数目之大，简直难以令人相信。因为和珅出身于满族中上等的武官之家，并不是祖传的殷实巨富，所以家里没什么雄厚的积蓄；且他为官20余年，也不是一开始就是军机大臣、大学士与一等公。即使20多年来一直做上述高官，那他每年的薪俸也只有白银2000两左右；从乾隆四十一年（1776年）至嘉庆四年（1799年）的23年左右的时间，累计俸银也不过4万—5万两之数，除去他一家人的开销，所余不会太多。加上他招权纳贿、贪污中饱的各种财源，肯定会有不少积蓄，按常理来看，无论如何一个人每年收入也不会等于全国每年财政收入一半以上。因为当时的社会生产力只发展到那个水平，封建国家从广大人民身上所榨取的剩余劳动，不可能再增加50%或更多。况且当时清皇朝举国上下贪污成风，如果各级官员都依照和珅敛财这个比例敛财的话，那广大劳动人民将无法维持再生产了，社会必将立刻崩溃。可是乾嘉之际的清皇朝还没有危急到那种程度，当时只是由盛转衰的开始，而不是社会的总崩溃。

近200年来，为什么人们对和珅的家产这么感兴趣，记载这么多呢？这是由于和珅是乾嘉时期非常有名的权相，是个"大奸大蠹"式的人物，他营私舞弊、贪污受贿的数量的确是"从来罕见罕闻"的。因此在审理和珅案件的同时，举国上下，街头巷尾都在流传着有关他的逸闻轶事。人们认为嘉庆帝诛和珅就是要籍没他家财产，用来接济军事上镇压白莲教农民起义的开支，故不少好事者就在财产问题上大做文章，添油加醋，无限夸大，以致越传越多，越传越神，几至到了令人难以相信的地步。到了清末民初时期，由于人民反清情绪高涨，对于清统治者，特别是对满族出身的高官更是无比仇恨；于是人们对清史中的一些问题，更是以传闻为史实，并以此对满族统治者进行鞭挞和痛斥。这样使本来就眉目不清的一些问题，如，"皇后下嫁"、"雍正夺位"、"乾隆帝非雍正帝所出"……弄得更加混乱，扑朔迷离，以致真假难分，现在有必要进一步澄清。有关和珅家产问题，近年来已有不少触及，但始终没能得出令人信服的结论。因此，至今许多论著还是因袭野史、笔记中的说法，认为和珅家资有8亿两白银……有鉴于此，做一些认真的考实、澄清工作是完全必要的。

三 和珅家产何处去

和珅家产被籍没后，全部由以嘉庆帝为首的国家接管。他家的现金，包括金、银、制钱等绝大部分被送到了户部大库与内务府广储司银库。他家所有的珠宝玉器、金银器皿、首饰、字画、书籍、古玩、铜器、锡器、皮张、绸缎、布匹、瓷器、家具以及衣物鞋帽等，除一少部分由嘉庆帝赏给了王大臣、公主及御前侍卫和太监等，另外一小部分（主要是一些破旧的物件、戏装等）在崇文门税关和热河（即承德）等地变卖成现金，交广储司银库外，绝大部分直接归内务府接收，成为皇帝的私人财富了。

和珅在京城的住宅、别墅（花园）除留下一部分给和孝公主与丰绅殷德居住外，大部分赏给了几个亲王、郡主了。具体赏赐情况如下：和珅住宅的前所，以及祠堂、马圈等，赏给了乾隆帝第十七子，嘉庆帝的亲弟弟，庆郡王永璘；和珅住宅的后所仍留给和孝主使用。和家的老宅，即和琳原来居住的西四驴肉胡同住宅，仍然赏给和琳之子丰绅伊绵居住。

和珅在海淀的别墅花园东段赏给了成亲王永瑆，西段赏给了和孝公主与丰绅殷德。在和珅家入官的当铺中，嘉庆帝把永庆当赏给了永璇、庆余当赏给了永璘、恒兴当赏给了奕纯、恒庆当赏给了永琅外，其余的当铺仍交给内务府管理。与此同时，嘉庆帝除把和珅在京城内的一些铺面房赏给了王公大臣外，其余的也全部归内务府照管。

和珅家的土地也大部分入官，其中将和家在京郊的零星小块土地赏给了太监等。例如，把和珅在西直门外白塔庵一块1顷80亩和一块1顷9亩的两块土地赏给了圆明园太监。另外，把一块1顷40亩与一块47亩，及一块58亩的土地赏给了南府景山太监。

和珅在热河的寓所东所赏给了成亲王永瑆，西所仍然由和孝公主与丰绅殷德使用。

和珅家的衣物、书籍等除了少部分赏赐给人外，大部分都交给了内务府处理、变卖。

和珅家在外地的粮食赏给或借贷给因灾而陷于饥荒的灾民，作为口粮或籽种。

此外，和珅家在蓟州的坟茔被拆除后，连同附近守坟人的房屋一起，由特清额负责招商变卖。

和珅家奴79户，共计308口，以及逃亡后被抓回来的二十几户奴仆一起被变卖后身价钱全部交给了内务府。

和珅管家刘全家的现金39462两9钱6分白银，全部交给了内务府广储司银库。这就是说和珅的家产大部分都落到了嘉庆皇帝手里了。

嘉庆帝把抄和珅的家产钱的一部分还用于在招抚起义的农民重新归农的费用（如，买粮食、农具、修理房屋等），以安顿百姓，平息民怨。另一部分成为了镇压白莲教农民起义的军费开支了。

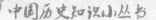

四　树倒猢狲散

和珅被赐死后，一些平日依附他的内外官员有的被隔离审查，有的隐蔽起来，尽量与他脱离干系，装得像无事人一样，大部分都作了"鸟兽散"，那真是"爹死娘嫁人，各人顾各人"了；就是往日靠他的淫威横行一时的鹰犬，其中包括管家、恶仆和太监等，也如丧家之犬，惶惶不可终日，没有一个落得个好下场的。例如，刘全及其子刘印、刘陔等，都被拘捕、审讯；此外，还有呼什图、马瑞麟、胡六（一名都萨阿）、方二（一名存儿）与王平等人，一个个也被抄家、判罪，落得个可悲下场。

刘全是和珅的头号大管家，也是他家的家事代理人与忠实奴仆。他从年轻时期就在和珅家作家仆，并且经常跟随和珅东奔西跑，充当车夫，或四处为和家办事。他自己也承认："为和珅素所信任，所有银钱出入一切皆经手，并由伊子刘印、刘陔分办。"

刘全在和珅的卵翼庇护下到处招摇，广为搜刮，贪赃受贿，心黑手辣，无所不为，积累了大量钱财；抄其家时竟有白银20万两，在清朝的家仆中他可谓首屈一指，独占鳌头了。他不但修建了逾制的深宅大院，过着骄奢淫逸的生活，而且纵容其子胡作非为，横行霸道。他有一个小儿子，俗名"刘三儿"，平日吃喝嫖赌，胡作非为，"甚不肖，致有南郊私毙人命事"。刘全除了帮助和珅经营家业、管理崇文门税关外，自己也借着主人的淫威，大肆贪赃受贿，捞钱捞物，并且大做生意，开当铺、银号、印房、药铺、旅店、粮店、酒店、古玩店等，同时还大放高利贷剥削百姓。在做生意时，他经常凭借主人的权势与自己的特殊身份，欺行霸市，强取豪夺，赚取了大量不义之财。在短短的20多年中，除了积聚了20多万两家财外，还搜集了大量珍珠手串、玉石珠宝以及各种珍贵的皮毛（如，黑狐皮、白狐皮、貂皮袍褂）。刘全不但生活比一般官吏奢侈、富裕，而且社会地位也相当高。平日不但与一般巨商豪富往来频繁，而且还与许多品级很高的官员称兄道弟，拉拉扯扯。例如，吏部有个郎中（正五品）名叫和德，他与刘全"素日通向往来，彼此用兄弟称呼，以致两家厮仆辄用市井干亲家之语为口实"。甚至社会上广为流传刘全与和德是儿女亲家。

呼什图，原来也姓刘，人称"内刘"，直隶（今河北）大城人，呼什图是他后来起的满族名字。他是和珅家里一个得宠的太监，主管和珅家里的一切家内之事。他与刘全一内一外，可以说是和珅的左膀右臂，深得主子信任。和珅在前海西街修建新宅时，曾经派他与皇宫内总管太监串通，潜入宫内偷偷地仿照宁寿宫中乐寿堂的建筑格局、样式做了烫样，回去后建造了那座有名的楠木房屋（原名"庆德堂"，今称"锡晋斋"）。

呼什图倚仗和珅的权势，"招摇受贿，婪索多赃，恣肆妄行，目无法纪"。他平日"舞弊婪索"，多方收求财货，在老家大城县以及附近的静海、容城、青县、文安、新城、天津与交河等地都购置了大量土地，收取地租。仅嘉庆四年（1799年）初，他家被抄时，就查得他与和珅在该地区有米、麦、杂粮等11060余石，后来被赏给文安、大城二县受水患的灾民作为口粮、籽种。呼什图的家资亦十分富足，估计共值白银10万两以上。

除此之外，呼什图还倚仗和珅的势力，先后为其弟刘宝榆捐官州守备衔、刘宝梧直隶知州衔、刘宝杞州同衔等。刘全、呼什图同时被捕、被抄，但他们在狱中，并未老实接受审理，听候发落。他们曾幻想通过行贿、送礼，得到关照，有朝一日出狱后重整旗鼓，东山再起。

刘全曾经让他的小儿子刘三儿偷偷地送给监管他的番役曹七300两白银，以求得照顾，并"代送饭食"；呼什图也把一个随身佩戴的价值7000两白银的宝石扣带等物送给了一个名叫朱五（又名福旺）的副管领，以求得关照。可是这些事被人揭发出来，两个受贿人也受到了应有的惩处。最后决定判刘全、呼什图两人处以绞刑，秋后执行。但是后来和珅被赐死，他们也相应减刑为流放到黑龙江给索伦、达斡尔人为奴。并判刘全子刘印、刘陔和刘三儿，呼什图之弟刘宝榆、刘宝梧与刘宝杞等杖100，流放3000里。和珅其他几名恶仆，如，

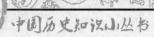

王平、方二、张五、胡大、胡六、方四与周七等人,也被发往广东、福建等地给驻防兵丁为奴。

和珅的另一个宠信管家马瑞麟,暗地结交官员,并把儿子过继给正红旗蒙古护军为子,改名福成额。他平日收受贿赂,经营买卖(如,在京郊门头沟地方开煤窑),放高利贷等,获取暴利,发家致富。和珅事败后,他也被抄家,并被流放到山西服劳役。和珅家其他一般下层家人、奴仆以及在他家土地上耕作的农民,后来均被转卖给他人,有的甚至转移到他乡异地,生活并没有得到丝毫改善;他们是最痛苦、最可怜的一部分人。

五　和珅家的后人

和珅事败后，其子丰绅殷德受到很大影响，被革去了一等公与贝勒的爵位，只准保留伯爵称谓。嘉庆帝为此特下谕旨："丰绅殷德系固伦额驸。且公主最为皇考钟爱，自应仰体恩慈，曲加体恤，若此时丰绅殷德职衔斥革，齿于齐民，于体制亦觉未协。和珅公爵，系因拿获王三槐所得，应照议革去，著加恩仍留伊伯爵，即令丰绅殷德承袭，在家闲住，不许外出滋事。"可是，事情并未就此了结，随着抄家的继续深入，定亲王绵恩等在抄和珅家时，查出他家藏有正珠手串200余挂，同时查出正珠、朝珠一挂，其数量比宫内还要多，其质量比御用的更大更好，嘉庆帝看后，不觉大吃一惊。因为正珠、朝珠是皇帝乘轿外出时的御用之物，一般人是不准许私藏的。于是嘉庆帝责令绵恩等人审问和珅家人。据和珅家人交代："和珅日间不敢戴用，往往于灯下无人时私自悬挂，临镜徘徊，对影谈笑，其语言声息甚低，即家人亦不得闻悉。"嘉庆帝认为这是和珅图谋不轨，有野心的表现，他说：如果这件事发现在正月十八日以前，即使不照叛逆罪凌迟处死，也要处以大辟。现在事情已经过去，又有皇妹恳请，故决定"姑免磔尸"，维持原来判决。嘉庆帝对丰绅殷德也十分气愤，派绵恩等人多次询问，但是丰绅殷德一口咬定，"实不知情"，并且恳请皇上开恩，宽大处理。按照清朝法律规定，家中藏匿违禁、逾制之物，知情而不检举者，应按照大逆律缘作处罚。嘉庆帝考虑到皇妹和孝公主的面子，才下谕旨："加恩免其追问，但不应仍叨世袭"，"赏给散职大臣衔，当差行走。"从而免去了丰绅殷德伯爵爵位，仍习旧职三等轻车都尉。

丰绅殷德在和家被抄家后，看到万贯家业与崇高的社会地位顷刻之间化

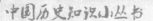
为乌有，不禁百感交集，心情凄凉。从此便心灰意懒，大有看破红尘的味道。他知道自己在政治上只是挂个空衔，不会再有什么前途，因为嘉庆帝是不会信任和重用他的。他本来性情好静，"持重老成，不苟言笑"，故每天在家中吟诗作赋、写字作画、练习武功，并苦读《道藏》，除此之外，沉湎于女性。此间，他曾作了一首自咏的小诗，倾诉了他的心情：

> 朝亦随群动，暮亦随群动；
> 荣华瞬息间，求得将何用。
> 形骸与冠盖，假合相戏弄；
> 何异睡着人，不知梦是梦。

嘉庆八年（1803年），和孝公主府长史奎福，因被辞退而怨恨丰绅殷德，于是他向内务府大臣缊布控告丰绅殷德"演习武艺，图谋不轨，并欲害公主，还将小妾带至坟园与国服内生女各款"。嘉庆帝命董诰、缊布等留京王大臣及刑部堂官对其会审，结果证明纯属奎福诬告，只有在"国服"内妾生一女事自认不讳。嘉庆帝为此事曾专门下了谕旨："此案缊布奏上时，朕即知事实虚诬，但所控谋逆案事关重大，朕若少露意旨，即使审讯实系诬控，而外间无识之徒妄生臆度，必以朕过于仁慈，不忍遽兴大狱，而承审大臣亦似有心迎合，转不足以破群疑，而成信谳。当即特派董诰回京，与王大臣等会同秉公研讯，兹据王大臣等连日详鞫，惟丰绅殷德在国服内生女一节已自认不讳，此外如公主疑心饮食下毒，金供实无其事。额驸与公主和睦，诬妄实属显然。至演习白蜡杆，始自乾隆五十九年，藉以练习身体，并非起自近日其私放利债，尚非违例盘剥，即引进高升、郑二戏耍杆棍，亦止少年不谨。所作诗文，经保凝等亲至府内查出封固进呈，多系嘉庆三年前所作，惟《青蝇赋》一篇，系四年在坟茔栽树，闻外间有大动工程之语，忧谗畏讥所作，详细检阅无怨望违悖语句，实系奎福因革去长史心怀怨恨，捏词诬控，今爱书已定，丰绅殷德并无谋为不轨之事，其罪惟在私将侍妾带至坟园，于国服一年妾生女，实属丧心无耻，前已降旨革去公衔所管职任，仍著在家圈禁，令其闭门思过，如此惩办已足蔽辜，其他俱属轻罪不议。"

丰绅殷德在中年之后，原来无所作为的思想，又向前发展了一步。他更专心道教，经常与方士、道士往来，崇尚无为，习拳弄棒，操练武术，大讲养生之术，自号"天爵道人"。丰绅殷德本来身体就比较弱，再加上其父被处死，家境中衰，又有意无意糟蹋自己的身体，无节制地接近女性，因此体格日渐衰老，思想更加消极、颓废。这种思想在他的诗词中也有反映。例如，他在《安稳眠》一诗中说："家虽日渐贫，忧未苦饥冻。身体日渐衰，幸无疾病痛。眼逢闹处合，心向闲时用。既得安稳眠，亦无颠倒梦。"他还在《观我观物诗八首》写道："功名事业俱泡影，埋骨何劳墓志铭。"

嘉庆十一年（1806年），嘉庆帝考虑到丰绅殷德与和孝公主夫妻感情尚好，人也表现得老实听话，没什么不满的表现，故又授予他"头等侍卫，擢副都统，赐伯爵衔"。可是他此时身体愈加虚弱，又得了哮喘病与肺病，经常咯血，且耳鸣重听。不久，他以散秩大臣之职，奉命出京到西北边疆的乌里雅苏台地区任职，"星驰瀚海，日近斗魁，秉公执法"。到嘉庆十五年（1810年）二月，病情进一步加重，实在坚持不下去了，才请求解任回京。后经多方诊治，仍不见效，于当年五月去世，终年36岁。在他临死之前，嘉庆帝"念其平日小心供职，赏给公爵衔"。

丰绅殷德无子，只有二女，当年长女11岁，次女5岁。后来和孝公主过继了一个儿子，名叫福恩。福恩承袭了三等轻车都尉世职。

和珅事败后，和家的一切事务几乎全靠和孝公主主持、支撑。丰绅殷德体弱多病，对家务一概不闻不问，这样就加重了和孝公主的负担，使其事无巨细都要关心。在此期间，嘉庆帝以及后来的道光帝都很关照她家，曾经多次赏赐银两、物品，并派内务府官员帮助她家收租、理财等等。和孝公主十分能干，治家有方，深受人们赞扬。说她家"内外严肃，赖以小康"。

道光三年（1823年）九月，和孝公主因病去世，终年49岁。道光帝赐银资助料理丧事；并亲临公主灵堂祭奠。

和珅之侄，和琳之子丰绅伊绵，原名良辅，号存谷。他不但稍懂诗文，而且"善堪舆"，经常给人家看风水，很受有钱有势的人家欢迎。在和珅事败

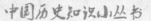

之后，他的公爵的荣职被夺，只留个三等轻车都尉的世职，在家赋闲。他政治上得不到信任，心里闷闷不乐，精神萎靡，于是他平日总是借酒消愁，频繁接近女人，日久天长身体渐渐垮了下来，没有几年也去世了。留下一儿一女，当时其子刚刚四岁。此外，和珅有一女嫁给了贝勒永鋆；和琳有一女嫁给了质恪亲王绵庆。

　　总之，和珅事败后，其家产虽然大部分籍没入官，但他的家属并没有被惩处和充军外地；家业虽然没有和珅在世时那样显赫、威风，但是也没有彻底破产，而是一直顺顺当当地生活在京城，过着小康人家的生活，一直延续下来了。

附录　和珅年表

公历	农历	年龄（周岁）	经历大事
1750年	乾隆十五年	出生	和珅生于京师（即北京）西四驴肉胡同（今西四头条）。
1751年	乾隆十六年	1岁	乾隆帝首次南巡；黄河在河南阳武决口。孝圣皇太后六十寿辰，将瓮山泊改称万寿山；将西海改称昆明湖。
1752年	乾隆十七年	2岁	浙江东部地区发生严重自然灾害。江南、湖广等地发生马朝柱聚众闹事案。
1753年	乾隆十八年	3岁	和珅弟和琳生。乾隆帝视察永定河工程。
1754年	乾隆十九年	4岁	准许各地驻防汉军出旗为民。乾隆帝在热河避暑山庄接见阿睦尔撒纳，并册封其为亲王。
1755年	乾隆二十年	5岁	清军平定新疆伊犁地区叛乱。发生胡中藻、鄂昌诗狱案（即文字狱）。
1756年	乾隆二十一年	6岁	乾隆帝到山东曲阜祭孔，并至直隶易州祭谒泰陵（雍正帝陵寝）。
1757年	乾隆二十二年	7岁	乾隆帝第二次南巡。发生彭家屏、段昌绪文字狱。
1758年	乾隆二十三年	8岁	乾隆帝命兆惠等人率军讨伐新疆回部，平定大、小和卓木叛乱。
1759年	乾隆二十四年	9岁	新疆南北麓皆入清朝版图，设伊犁将军总统两疆事务。命阿桂驻阿克苏办事。
1760年	乾隆二十五年	10岁	乾隆帝命清军在乌鲁木齐屯田；兆惠班师凯旋，乾隆帝亲临良乡"郊劳"。命阿桂都统、总理伊犁事务。皇十五子永琰（后来改名颙琰，即嘉庆帝）生。

公历	农历	年龄 （周岁）	经历大事
1761年	乾隆二十六年	11岁	乾隆帝西巡五台山。明瑞代阿桂驻伊犁总理新疆事务。为孝圣皇太后举行七十寿典。
1762年	乾隆二十七年	12岁	乾隆帝第三次南巡。和珅、和琳兄弟先后离开家塾，考入咸安宫官学读书。在伊犁修建二城，赐名绥定、安远，设伊犁参赞大臣。
1763年	乾隆二十八年	13岁	乾隆帝命阿桂等人赴直隶霸州督办水利。果亲王弘瞻因干预朝政削王爵为贝勒。将乌鲁木齐改名迪化。
1764年	乾隆二十九年	14岁	重修《大清一统志》。《红楼梦》作者曹雪芹病逝。历代帝王庙修建完毕。
1765年	乾隆三十年	15岁	乾隆帝第四次南巡。追论素诚贪淫激变罪，抄没其家产。
1766年	乾隆三十一年	16岁	普免全国漕粮。皇后乌拉纳喇氏病故。缅军入侵云南，明瑞率领清军入缅甸作战。
1767年	乾隆三十二年	17岁	和珅与大学士英廉孙女冯氏结婚。乾隆帝命开馆修《续通志》、《续通典》，并改订《续文献通考》。
1768年	乾隆三十三年	18岁	明瑞在与缅军作战中身亡，乾隆帝命傅恒赴云南，经略征缅事宜。御试詹翰等官，吴省钦等三人为大考一等，其余各有升降。
1769年	乾隆三十四年	19岁	和珅承袭三等轻车都尉，乾隆帝命阿桂、阿里衮等协助傅恒剿缅，败缅军于南底坝。乾隆帝巡幸天津。
1770年	乾隆三十五年	20岁	和珅参加顺天府科举考试，未中。土尔扈特蒙古族脱离沙俄羁绊，在首领渥巴锡率领下，经长途跋涉，返回祖国。
1771年	乾隆三十六年	21岁	乾隆帝东巡，登泰山，至曲阜，谒孔庙、孔林。
1772年	乾隆三十七年	22岁	和珅被挑补黏竿处，任銮仪卫校卫。乾隆帝下谕征集天下遗书。

公历	农历	年龄（周岁）	经历大事
1773年	乾隆三十八年	23岁	乾隆帝命开《四库全书》馆，并命编撰《日下旧闻考》一书。以皇十五子永琰为储君。
1774年	乾隆三十九年	24岁	王伦领导清水教民在山东寿张、临清等地起事。
1775年	乾隆四十年	25岁	和珅擢御前侍卫，值乾清门，并兼任正蓝旗副都统。和珅长子丰绅殷德生。和孝公主亦生。乾隆帝下谕免除江南与沧州等地旱灾额赋。
1776年	乾隆四十一年	26岁	大小金川平。乾隆帝东巡，登泰山，谒孔庙、孔林。是年正月，和珅擢为户部右侍郎。三月，任军机大臣。八月，兼任镶黄旗满洲副都统。十一月，充国史馆副总裁，戴一品朝冠。十二月，总管内务府三旗事务，赐紫禁城骑马。和珅全家被抬入正黄旗。乾隆帝命《四库全书》馆详核违禁各书。乾隆帝命国史馆修《贰臣传》，洪承畴、冯铨等人被列入"贰臣"。
1777年	乾隆四十二年	27岁	和珅兼任户部右侍郎、步军统领。王锡候文字狱（即"字冠"案）起；江西巡抚海成因庇护王锡候被革职。甘肃等省发生大旱灾。孝圣皇太后（钮祜禄氏）病逝，享年86岁。
1778年	乾隆四十三年	28岁	和珅以"扶同瞻徇"罪降二级留任。旋督崇文门税务总监。授御前大臣，补镶蓝旗满洲都统。授镶白旗都统。乾隆帝谕山东巡抚国泰严惩山东冠县义和拳起事者。徐述夔、王尔扬文字狱起。
1779年	乾隆四十四年	29岁	命和珅在御前大臣上学习行走。智天豹文字狱（即"万年书"案）起。
1780年	乾隆四十五年	30岁	乾隆帝第五次南巡。和珅偕侍郎喀宁阿至贵州、云南查处云贵总督李侍尧贪污案。和珅被任命为户部尚书、议政大臣、御前大臣、领侍卫内大臣、《四库全书》正总裁，兼理藩院尚书。乾隆赐名和珅长子丰绅殷德，并赏戴双眼花翎；指婚为和孝公主额驸。第二次普免漕粮。六世班禅觐见乾隆帝。乾隆帝举行七十大寿庆典。乾隆帝命阿桂勘察江浙海塘。

公历	农历	年龄（周岁）	经历大事
1781年	乾隆四十六年	31岁	苏四十三领导循化撒拉尔回族起义，和珅、阿桂前往镇压，因和珅部署指挥不利，致使清军总兵钦保战死，乾隆帝命和珅返京。尹嘉铨文字狱起。甘肃省发现捐监冒赈案，乾隆帝命刑部逮问勒尔谨、王亶望，并处死。御史钱沣弹劾陕西巡抚毕沅"瞻徇畏避"罪，将其罚款、降级留任。乾隆帝谒五台山。
1782年	乾隆四十七年	32岁	和珅偕刘墉、钱沣等人至山东审理山东巡抚国泰、布政使于易简贪污案。和珅擢为太子太保，充经筵讲官。《四库全书》成。闽浙总督陈辉祖贪赃案发，后被处死。
1783年	乾隆四十八年	33岁	乾隆帝赐和珅双眼花翎。和珅任国史馆正总裁、文渊阁提举阁事、清字经馆总裁。和珅妻祖父英廉病逝。甘肃田五领导回民起义。
1784年	乾隆四十九年	34岁	乾隆帝第六次南巡。乾隆帝曾孙奕纯生子名载锡，故五世同堂。因镇压甘肃回民起义胜利，乾隆帝赏给和珅轻车都尉世职。和珅任协办大学士兼户部尚书与吏部尚书，并授一等男爵。
1785年	乾隆五十年	35岁	正月举行千叟宴，官民90岁以上者，准许其子孙一人扶掖参加。《大清一统志》修成。
1786年	乾隆五十一年	36岁	乾隆帝西巡五台山。御史曹锡宝弹劾和珅家人刘全"奢僭造屋逾制"。和珅被授文华殿大学士，免崇文门税务总监，而转由其子丰绅殷德充任。台湾彰化民林爽文领导天地会起义。
1787年	乾隆五十二年	37岁	河南凤凰厅苗民起义。乾隆帝命福康安为将军赴台湾镇压林爽文起义。乾隆帝命阿桂赴江南勘察高堰等地堤工。
1788年	乾隆五十三年	38岁	因镇压林爽文起义胜利，和珅被晋封"三等忠襄伯"，赐紫缰。赈济河南、直隶、安徽等地水灾灾民。廓尔喀军入侵后藏，乾隆帝命鄂辉、成德率领清军剿之。安南内乱，阮惠等反。
1789年	乾隆五十四年	39岁	和珅充殿试读卷官、教习庶吉士。和珅子丰绅殷德与和孝公主成婚。

公历	农历	年龄（周岁）	经历大事
1790年	乾隆五十五年	40岁	乾隆帝八十大寿，和珅与金简负责庆典事。普免各省钱粮。乾隆帝巡幸山东，至曲阜谒孔庙、孔林。和珅被赐黄带四开旗袍。内阁学士尹壮图上疏言"各省府库亏空"，乾隆帝命和珅党羽庆成与尹壮图去各省查核，由于庆成的种种牵制，没能查出亏空；尹壮图受到处罚。丰绅殷德任散秩大臣。
1791年	乾隆五十六年	41岁	乾隆帝命和珅为刻石经正总裁。乾隆帝额辉入藏抵御廓尔喀军再度入侵西藏。
1792年	乾隆五十七年	42岁	乾隆帝命福康安、和琳等人率领清军入藏击败廓尔喀入侵军。和珅因襄赞功兼任翰林院学士。和琳留西藏管理藏务。清政府制定金奔巴瓶抽签制度。《十全武功记》一书成。
1793年	乾隆五十八年	43岁	和珅任教习庶吉士，兼管太医院、御膳房等事务。和珅负责接待英国特使马戛尔尼一行。
1794年	乾隆五十九年	44岁	因吉林人参缺库额，和珅受牵连被降二级留用。和珅幼子生。和琳任四川总督。台湾爆发陈周全领导的天地会起事。
1795年	乾隆六十年	45岁	乾隆帝立皇十五子永琰为皇太子，决定次年"禅让"，归政，改元嘉庆元年。湖南、贵州等地爆发苗民起义。
1796年	嘉庆元年	46岁	乾隆帝以太上皇身份训政，嘉庆帝登基。和珅调正黄旗领侍卫大臣、镶黄旗都统。湖北四川、陕西、河南、甘肃等省白莲教大起义爆发。和琳因患瘴气，死于军中。和珅幼子病亡。丰绅殷德奉命赴湘黔清军中视察。举行千叟宴。
1797年	嘉庆二年	47岁	和珅任刑部尚书，仍管户部，负责军需报销事务。阿桂病逝，和珅为首席军机大臣。
1798年	嘉庆三年	48岁	和珅充任参赞机政，兼理部务。因诱捕白莲教起义首领王三槐成功，和珅被晋封为"一等忠襄公"。和珅妻冯氏病故。
1799年	嘉庆四年	49岁	正月初三日，乾隆帝病逝。嘉庆帝亲政。给事中王念孙、御史广兴及大学士刘墉等人首劾和珅不法。正月初八日和珅、福长安被逮捕入刑部狱。正月十八日，和珅被赐死。享年50岁。嘉庆帝命成亲王永瑆为军机大臣。

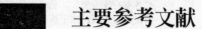

主要参考文献

1.中国第一历史档案馆所藏有关清朝历史档案。

2.《清实录》，台湾华文局影印本。

3.《清史稿》，中华书局1977年版。

4.《清史列传》，中华书局1987年版。

5.孟森编著：《清史讲义》，中华书局1981年版。

6.蔡冠洛编著：《清朝七百名人传》，北京中国书店影印。

7.昭梿：《啸亭杂录》，中华书局1980年版。

8.《清朝野史大观》，上海书店1981年版。

9.徐珂编撰：《清稗类钞》，中华书局1984年版。

10.冯尔康：《清代人物传记史料研究》，商务印书馆2000年版。

11.陈康祺：《郎潜纪闻》，中华书局1984年版。

12.薛福成：《庸盒笔记》，江苏人民出版社1983年版。

13.钱泳：《履园丛话》，中华书局1979年版。

14.斯当东：《英使觐见乾隆纪实》，商务印书馆1963年版。

15.吴晗辑：《朝鲜李朝实录中的中国史料》，中华书局1980年版。

16.朱桂昌：《钱南园传》，云南人民出版社1995年版。

17.冯佐哲：《和珅评传》，中国青年出版社1998年版。

18.周汝昌：《"红楼梦"全璧背后》，《红楼梦学刊》1980年第4期。

19.邓之诚：《骨董琐记》，中华书局1979年版。

20.李景屏、康国昌：《乾隆与和珅》，陕西人民教育出版社1998年版。

后 记

应中国社会科学出版社之邀，编写历史知识丛书系列中的《和珅其人》一书，感到非常愉悦。因为在国民中普及历史知识，让历史走近现实，走近广大群众是我们史学工作者义不容辞的责任与光荣使命，更是老一代史学家们多年的夙愿。例如，郭沫若、翦伯赞、吴晗、顾颉刚和张荫麟等先生在世时，都提倡历史知识应该普及大众，让更多国人了解历史、热爱历史。他们都主张历史读物应该尽量写得生动活泼，通俗易懂，引人入胜，雅俗共赏。可惜他们这一愿望并未完全实现。因此，今天的史学工作者任重道远，责无旁贷，应该为完成这一光荣使命而继续努力，贡献自己的绵薄之力。特别是在影视剧"戏说历史"成风的今天，普及"国学"，贯彻正确的历史观与真实的历史知识，应该是当务之急。尤其是对于那些打着"戏说"的幌子，为了追求最大经济效益，而胡编滥造，胡言乱语的一些"作品"，更应该及时向人们明确指明；可以说那不是把历史知识戏剧化，而是在调戏历史，调戏群众，在某种意义上也是调戏自己，最终必将为广大群众所鄙弃。

还应该指出，本书在写作过程中，吸取了前辈史学家与当代史学家的一些研究成果，但是由于笔者理论修养和业务水平有限，错误之处在所难免，祈请方家、读者不吝指正。本书在写作过程中曾得到老友何兆武先生的鼓励与支持，并得到中国社会科学出版社王浩、王磊诸先生的帮助，特此表示衷心的谢忱。

笔者

2007年10月于北京望京蜗牛斋